DESAFIOS DE VENDAS

2ª edição, Revista e Atualizada

DESAFIOS DE VENDAS

2ª edição, Revista e Atualizada

OS 30 MAIORES DESAFIOS DE VENDAS E 89 FERRAMENTAS PARA VOCÊ SUPERÁ-LOS

ORGANIZADO POR

RAÚL CANDELORO E
MARLUS JUNGTON

ALTA BOOKS
EDITORA
Rio de Janeiro, 2015

Desafio de Vendas — Os 30 Maiores Desafios de Vendas e 89 Ferramentas para Você Superá-los

Erratas e arquivos de apoio: No site da editora relatamos, com a devida correção, qualquer erro encontrado em nossos livros, bem como disponibilizamos arquivos de apoio se aplicável ao livro. Acesse o site www.altabooks.com.br e procure pelo título do livro desejado para ter acesso às erratas e/ou arquivos de apoio.

Impresso no Brasil — 2ª Edição, 2015

Produção Editorial
Editora Alta Books

Gerência Editorial
Anderson Vieira

Produtor Editorial
Thiê Alves

Supervisão e Qualidade Editorial
Angel Cabeza
Sergio de Souza

Design Editorial
Aurélio Corrêa

Captação e Contratação de Obras Nacionais
J. A. Rugeri
Marco Pace
autoria@altabooks.com.br

Marketing e Promoção
Hannah Carriello
marketing@altabooks.com.br

Vendas Atacado e Varejo
Daniele Fonseca
Viviane Paiva
comercial@altabooks.com.br

Ouvidoria
ouvidoria@altabooks.com.br

Equipe Editorial
Claudia Braga
Carolina Gianinni
Gabriel Ferreira
Jéssica Carvalho
Juliana de Oliveira
Letícia de Souza
Mayara Coelho
Mayara Soares
Milena Lepsch
Rômulo Lentini
Silas Amaro

Revisão Gramatical
Paola Gossain de Souza Lima

Diagramação
Ana Lucia S. Quaresma

Dados Internacionais de Catalogação na Publicação (CIP)

D441 Desafios de vendas : os 30 maiores desafios de vendas e 89 ferramentas para você superá-los / organizado por Raúl Candeloro e Marlus Jungton. – Rio de Janeiro, RJ : Alta Books, 2015.
480 p. : il. ; 24 cm.

Inclui apêndice.
ISBN 978-85-7608-908-7

1. Vendas. 2. Vendas - Técnicas. 3. Planejamento. 4. Satisfação do consumidor. 5. Estratégia. I. Candeloro, Raúl. II. Jungton, Marlus.

CDU 658.85
CDD 658.85

Índice para catálogo sistemático:
1. Vendas 658.85

(Bibliotecária responsável: Sabrina Leal Araujo – CRB 10/1507)

ALTA BOOKS EDITORA
Rua Viúva Cláudio, 291 — Bairro Industrial do Jacaré
CEP: 20970-031 — Rio de Janeiro
Tels.: 21 3278-8069/8419 Fax: 21 3277-1253
www.altabooks.com.br — e-mail: altabooks@altabooks.com.br
www.facebook.com/altabooks — www.twitter.com/alta_books

SUMÁRIO

PREFÁCIO

Ninguém melhor para prefaciar este livro do que aqueles que conhecem muito bem desafios, pois assumem todos os meses os riscos que envolvem o comprometimento com empresários ou acionistas na meta de vendas de uma empresa: os gerentes e diretores comerciais. Então, antes de iniciar sua leitura e, principalmente, a sua cruzada para realizar os 30 desafios, confira a opinião de profissionais que lideram equipes e grandes metas em empresas de diversos segmentos e regiões do país:

"Este é um livro para os profissionais que atuam na área de vendas e que não desejam perder tempo em conquistar seus objetivos. Ele ajudará a conquistar novos clientes, a reativar os inativos e a manter os atuais. Assim o fará atingir, com maior facilidade, seus objetivos de vendas e suas metas. Acredito que uma das formas mais simples de atingir suas metas é por meio de objetivos bem definidos. Anote por escrito suas metas, faça planos para alcançá-las e trabalhe diariamente em seus planos. E este livro lhe dará essas condições para superar os maiores desafios de vendas, por mais difíceis que sejam. Com tudo isso à sua disposição, será mais fácil conquistar a sua independência financeira na área de vendas."

Osmar Della Valentina

Diretor comercial — Grupo Gazin

Paraná

"Sempre estabeleça metas de captação para novos clientes, mas jamais deixe de dar atenção aos seus antigos clientes. Uma venda benfeita é um 'boomerang', ela sempre trará retorno. CORAGEM = VENDAS, só quem desafia a si próprio tem o privilégio de crescer. **Desafios de Vendas** é um perfeito guia de consulta, no qual, de forma clara e sucinta, podemos medir nossa atitude assertiva, em cada uma das etapas da venda.

Obs.: Se o livro não tivesse ainda o nome, sugeriria 'O Google' das Vendas!"

Walter Antonio Scuccimarra Marichal
Diretor — Exame Consultoria Imobiliária; vice-presidente — Secovi/Agademi-RS
Rio Grande do Sul

"As metas e os desafios são tão importantes no dia a dia dos profissionais de vendas quanto o treinamento dos campeões mundiais em qualquer tipo de esporte. Não consigo imaginar o profissional de vendas saindo para seu trabalho de visita aos seus clientes sem estar com suas metas gravadas em sua cabeça. Do mesmo modo que o atleta faz seu planejamento, realiza exaustivamente seus treinamentos e traça suas estratégias para vencer a competição, o vendedor também precisa fazer essas coisas. Não existe jogo jogado ou competição vencida antes da hora. É imprescindível traçar as metas, fazer o planejamento, dedicar-se exaustivamente na preparação e nos treinamentos, para que na hora da decisão você seja o grande vencedor. A venda é uma competição constante e apenas aquele que leva o pedido vence. **Desafios de Vendas** leva você a ser esse grande campeão. Um livro realmente inovador que desafia você a todo momento. Os autores dão oportunidades para você testar seus conhecimentos e suas habilidades na técnica de vender; extremamente prático, com linguagem simples e dicas fundamentais para que a preparação e execução da venda sejam um sucesso."

Delmar Winkler Raguzzoni
Diretor comercial — Rede de Farmácias São João
Rio Grande do Sul

"O profissional de vendas é constantemente desafiado e, para superar esses desafios e alcançar suas metas, deve sempre estar preparado. O livro **Desafios de Vendas** é rico em informações que propiciam aos leitores o aprendizado de técnicas para alcançar suas metas. Ao ler e aplicar os ensinamentos nele propostos, certamente os vendedores alcançarão o sucesso."

José Luiz Bianchi
Gerente comercial — CONNAN
São Paulo

"Vender é uma arte. Como em outras artes, alguns artistas vendem seu produto por um milhão de reais enquanto outros vendem por cem reais. A diferença entre os dois é que um usa as ferramentas corretas para que o cliente pague o valor solicitado pelo produto e saia feliz e satisfeito por acreditar ter feito um bom negócio. Este livro irá mostrar os passos para você escolher o valor da sua arte."

Lígia Tavares
Diretora comercial — Pena Indústria e Comércio Ltda.
Ceará

"Mais importante que conhecer bem o produto e o serviço a ser vendido é a técnica de como transmitir e concluir a venda. Fiquei encantado ao ler este livro. Para ser um excelente profissional, não precisa inventar a roda, basta ser obstinado."

Gabriel Torres de Amorim
Gerente de marketing — Vita Derm
São Paulo

"Meta para um bom vendedor é como um troféu de campeonato de futebol que deverá ser conquistado após longas e duras partidas, mas que tem o gosto da vitória no final. Esse campeonato de vendas geralmente dura um mês. São vários jogos — vendas; com muitos jogadores adversários — concorrentes; campos difíceis — mercado; torcida incentivando — família; e um só objetivo, ser o melhor — o campeão. A preparação — conhecimento, habilidade e atitude — o vendedor encontrará neste maravilhoso livro **Desafios de**

Vendas que está em suas mãos, e que será de fundamental importância para superar todas as dificuldades encontradas pela frente. O juiz — cliente — tem todo o poder de decisão. Não se devem infringir as regras, o jogador — vendedor — poderá ser punido e expulso, e estará fora do campeonato. Não se pode chutar a bola para fora. Cada gol perdido é uma venda não feita. O bom vendedor é artilheiro."

Claudiano Freitas
Gerente de vendas — Cimento Nassau
Pernambuco

"Vender é a arte de encantar, satisfazendo expectativas e desejos de clientes que esperam, em uma negociação, obter a conquista almejada. Este livro conduzirá o leitor aos conhecimentos necessários para garantir o sucesso de continuar evoluindo seu potencial em vendas."

Ana Maria
Première Moda
Rio Grande do Norte

"O profissional que tem consciência dos desafios atinge suas metas com mais facilidade, pois aproveita melhor o tempo, otimiza a produtividade e lida melhor com o estresse. Dessa forma, terá seus sonhos realizados."

Antonio Cesar Marini
Chefe depto seleção e desenvolvimento pessoal — COAMO (administração central)
Paraná

"O livro **Desafios de Vendas** nos mostra, de forma objetiva, como montarmos uma visão de futuro, dando-nos ferramentas para a composição de uma estratégia bem definida, estabelecendo metas claras, tangíveis, possíveis e de fácil execução. O livro nos coloca em alinhamento com o pessoal de vendas, identificando competências, desenvolvendo habilidades e sugerindo atitudes por meio de desafios que nos capacitarão a alcançar o sucesso."

Márcio Rocha
Empresário — Execute Computadores
Ceará

"A importância de metas e desafios na vida dos profissionais de vendas e como este livro pode ajudá-los nisso.

Sem as metas não teríamos sonhos, conquistas, nem parâmetros. Sem os desafios não teríamos ousadia, criatividade e vitórias. Porém, sem o embasamento teórico, será muito difícil alcançar qualquer objetivo. Portanto, metas, desafios e leitura são palavras de ordem dos profissionais de vendas. Por isso, consulte diariamente esse material inovador."

Mário Santana Junior
Diretor — Paradigma Comunicação
Pará

"**Desafios de Vendas** é um guia fascinante para qualquer profissional que está ou deseja se aventurar no universo das vendas; com linguagem simples e dicas importantíssimas, o leitor poderá perceber que no momento não adianta ter apenas um perfil comercial, mas o foco no cliente e o conhecimento do mercado no qual se pretende aventurar são fundamentais para obtenção de resultados positivos, e os autores, de forma brilhante, não se restringem a conceitos de vendas genéricas. Esta é a principal característica deste livro: passar um detalhamento do processo de vendas, ou seja, desafios postos e como superá-los."

Sérgio Henrique Teixeira da Silva
Gerente de desenvolvimento de negócios — SICOOB Central Crediminas
Minas Gerais

"Em minha opinião, o Raúl conseguiu um feito incrível: consolidar em um livro um treinamento prático que torna o profissional de vendas um especialista. Tenho contato com diversos palestrantes e professores do segmento e nunca tinha visto um material desta qualidade. Destaco o desafio 29, em que se reforça a preocupação de não só treinar o vendedor, mas, também, a questão de ajudar outros vendedores, e o desafio 30, o qual é uma consolidação de todo treinamento. Em resumo, um material único no Brasil."

Toshio Kiwara Junior
Coordenador de capacitação de mercado — Tigre S.A.
Santa Catarina

"**Desafios de Vendas** é um verdadeiro armário de ferramentas afiadas para o vendedor, seja ele iniciante, seja ele veterano. Um completo tratado de vendas, no qual os autores tiveram a felicidade de reunir conhecimento acumulado em décadas de estudo, de consultorias e, sobretudo, de prática, compartilhando experiências de especialistas que também souberam dar vida a este tema sempre desafiador. Com uma metodologia simples, interativa e ao mesmo tempo instigadora e repleta de exemplos, a obra chama o vendedor para a ação e o faz repensar seus conceitos sobre vender."

Antônio Augusto Simão Neto
Gerente de Trade Marketing — Seculus da Amazonia Ind. e Com. S/A
Minas Gerais

AGRADECIMENTO

"Eu consigo!"

Nós queremos agradecer e dedicar este livro a todos os vendedores do Brasil que batem no peito e dizem: "Eu consigo". E dizem isso em voz alta sempre que recebem uma nova meta, quando tem de começar a montar uma nova carteira de clientes, quando ouvem do gerente: "A meta da equipe depende de você", ou quando recebem de um prospect a sentença: "Não, não preciso do seu produto/serviço, já tenho outro fornecedor". Profissionais de vendas que se preparam e estudam para serem os melhores e, justamente por isso, sentem-se seguros para encarar seja qual for o desafio.

E, para tornar os vendedores brasileiros mais profissionais a cada dia, é que diversos especialistas investem tempo, dedicam suas vidas, desenvolvem artigos, matérias, outros livros, pesquisas e muito mais sobre a riquíssima ciência de despertar necessidades e, então, vender. Nesse sentido, queremos agradecer aos profissionais que lá estão e àqueles que já passaram pela redação da Editora Quantum e a todos os colunistas que cederam seus artigos para tornar este livro uma ferramenta ainda mais poderosa: André Silva, André Santos, Antônio Carlos Cavalcanti, Beatriz Teixeira de Freitas, Brasílio Andrade Neto, Carlos Alberto Júlio, César Frazão, Cláudio Queiroz, Conrado Navarro, Fabiano Brum, Fernando Lucena, João Alberto Costenaro, João Baptista Vilhena, José Teofilo Neto, Luis Paulo Luppa, Marcelo Caetano, Marcelo Ortega, Paulo Ferreira, Sandra Camelier e Silvia Campos.

Também queremos agradecer ao jornalista, ciclista e coxa-branca João Guilherme Brotto, que com seu talento participou do desenvolvimento deste livro.

E, como não poderia deixar de ser, queremos agradecer às nossas esposas, as quais são fontes incríveis de apoio, força e motivação!

Forte abraço a todos!

Raúl Candeloro e Marlus Jungton

O valor de um bom desafio

Por natureza, a profissão de vendedor nos desafia diariamente. A dura rotina exige muito de quem escolheu como forma de ganhar a vida essa maravilhosa carreira que existe para ajudar pessoas e empresas a realizar sonhos e alcançar objetivos. "Matar um leão por dia" pode ser um clichê no ramo, mas nada é capaz de definir melhor como é o dia a dia do incansável profissional de vendas.

Agora, deixando um pouco de lado essa característica do nosso apaixonante mercado, abrimos espaço para a seguinte reflexão: qual foi a última vez que você desafiou a si mesmo?

Essa é muito mais do que uma simples pergunta. Desafiar-se, buscar a superação a cada dia e saber como mandar a zona de conforto para os ares são qualidades comuns a todos os campeões de vendas.

Os que não vivem cada venda como se fosse a última jamais passarão de vendedores medianos. Esses nunca serão a referência dentro da empresa, aqueles em que todos se espelham e sonham um dia ser igual.

Pior.

Vendedores acostumados com uma renda que seja suficiente para pagar as contas são aqueles que dificilmente terão oportunidades de crescimento. Afinal, se mal conseguem bater as metas estipuladas pela gerência, como é que conseguirão se destacar em meio a tantos outros bons profissionais?

A falta de ousadia, de senso de inovação e diferenciação reflete também na vida pessoal de cada um. Sonhos cada vez mais distantes e a triste realidade de ser apenas mais um desiludido com o maravilhoso e, por tantas vezes, incompreendido universo das vendas, é o que rege a vida desses vendedores.

Deixar de lado a arte de se desafiar diariamente só abre espaço para os concorrentes e para reforçar o argumento daqueles que dizem que o profissional de vendas está com os dias contados.

Você acha que seu trabalho pode ser substituído pelos avanços da tecnologia, pela internet e pelas mais diversas ferramentas que existem atualmente por aí? Cuidado com a resposta.

Martin Luther King Jr. já dizia que "a verdadeira medida de um homem não se vê na forma como se comporta em momentos de conforto e conveniência, mas em como se mantém em tempos de controvérsia e desafio".

A partir desse contexto, **Desafios de Vendas** surge para instigar vendedores de todo o Brasil a fazer mais, muito mais do que fazem hoje.

Nossa experiência desde 1994 à frente da VendaMais, conduzindo palestras, acompanhando especialistas de diversos países, atuando em projetos de consultoria em vendas para empresas de diferentes portes e dos mais diversos segmentos, sempre nos fez perceber que o profissional de vendas brasileiro é diferente, único e capaz de realizar feitos incríveis.

Se você comprou este livro, é porque você quer mais; se alguém lhe presenteou com ele, é porque está claramente o desafiando. Seja qual for a sua situação, este guia surge como uma ferramenta para impulsionar o que sabemos que você carrega consigo: a criatividade para inovar, a energia para se superar e o talento para fazer os maiores desafios de vendas virarem pó.

Mais que um livro, você tem em mãos uma ferramenta ou, como preferimos chamá-lo, um "guia", que irá orientá-lo para o sucesso.

Desafios de Vendas irá colocá-lo em um seleto grupo que não contempla apenas os batedores de meta e os campeões de venda. Estamos falando de um time que reúne aqueles que são incansáveis na busca pela superação e por fazer brilhar os olhos dos clientes.

O que propomos neste livro é que você inicie uma revolução em sua carreira. São 30 desafios elaborados nos mínimos detalhes para testar seu conhecimento e sua capacidade de inovar, de ser criativo e ousar, mas sem deixar de lado a dedicação, o planejamento e a estratégia.

Procuramos trazer desafios que se encaixam em todos os segmentos de mercado e nos mais variados tipos de vendas, sempre com a missão de tirar você da zona de conforto e extrair o máximo de seu potencial.

Mas lembre-se: o verdadeiro desafio de vendas não irá acabar quando você preencher a lição do último desafio presente no livro. Da mesma forma que uma casa não se constrói apenas com tijolo sobre tijolo e que futebol não é apenas chutar a bola para o gol, a leitura e a aplicação das estratégias, dicas, técnicas e ferramentas que trazemos aqui são apenas o início da mudança que começa agora em sua carreira.

Como autores, nossa missão só estará completa quando soubermos que você não apenas concluiu com sucesso os 30 desafios, mas, também, incorporou a essência do livro em seu cotidiano. Desafiar a si mesmo não é algo que acaba ao terminar de ler a última página do livro, mas é um hábito que se inicia.

No ótimo livro *Os segredos da mente milionária,* da Editora Sextante, Harv T. Eker diz: "Se você tem um grande problema, isso significa que você precisa crescer e deixar de ser pequeno. O que importa não é o tamanho do seu obstáculo, mas, sim, o SEU tamanho". E é essa a primeira reflexão que propomos. Antes de virar a página e começar a leitura, questione-se: você acredita que os desafios que tem de enfrentar em seu cotidiano são maiores do que você ou a sua capacidade de superação está acima de tudo?

É um prazer tê-lo aqui conosco.

Além de uma boa leitura, desejamos a você um excelente trabalho, pois você tem os maiores desafios de vendas pela frente!

Como utilizar o livro

Desafios de Vendas não é apenas um livro cuja autoria é dividida entre dois especialistas. É um material de treinamento e autodesenvolvimento em vendas que tem você como peça-chave da obra.

É somente a sua dedicação, o seu entusiasmo e foco que farão que **Desafios de Vendas** seja um sucesso. O desfecho positivo da obra depende única e exclusivamente de você, do seu empenho, interesse, foco, suor e dedicação para superar os 30 desafios e torná-los um estilo de vida em sua carreira.

O espaço que criamos para você inserir suas anotações e percepções faz que você seja o terceiro autor do livro. E fazemos questão de reforçar isso, porque a ideia é que estejamos próximos, mesmo longe.

Foi por isso, inclusive, que criamos o site **www.desafiosdevendas.com.br**. Nele, você poderá contar as experiências que vivenciou graças ao livro, ter acesso a relatos de outros profissionais da área e trocar ideias com eles. Queremos fazer do site uma comunidade para reunir os vendedores que tem uma característica em comum: desafiam-se a cada venda, a cada dia, a cada nova meta, e buscam sempre crescer na carreira e na vida.

O livro tem uma estrutura padronizada para que todos os desafios possam ser facilmente compreendidos e bem executados, sendo assim um guia facilitador. Mas, para ajudá-lo, trazemos aqui um resumo do que você irá encontrar em cada capítulo:

Etapas da venda: é o primeiro tópico de cada desafio. Foi criado para contextualizar o desafio com o Passo da Venda a que ele corresponde. Incluímos essas etapas para facilitar sua compreensão para o que vem na sequência. A seguir você confere um breve resumo sobre cada uma das Etapas da venda:

> **Preparação e planejamento:** tem a ver com tudo o que precisa ser feito para que sua rotina seja a mais produtiva possível. Nesta etapa, você deve criar sistemas que facilitem a execução de processos que se repetem, utilizando técnicas e ferramentas de administração de

tempo, preparando-se para situações que podem vir a ocorrer nos processos da venda que irá encarar e buscando soluções prévias para problemas que podem ser mensurados.

> **Prospecção:** é explorar o mercado à procura de clientes potenciais, investindo tempo e dedicação para encontrar pessoas dispostas a adquirir seus produtos e serviços. Além disso, neste momento, é importante saber o que seus prospects precisam, como você pode oferecer isso a eles e qual é a melhor forma de estabelecer contato com cada um deles.

> **Abordagem:** o primeiro contato com o potencial comprador é o momento de estabelecer vínculos e conquistar a atenção dele. Aqui, é importante que você conheça técnicas para ganhar a confiança dos clientes, por isso deve saber como falar sobre orçamentos e como utilizar palavras persuasivas.

> **Levantamento de necessidades:** não se deve presumir de que o comprador precisa, mas, sim, descobrir quais são seus reais desejos. Nesta etapa é sua obrigação identificar o que realmente importa para o cliente e quais são os motivadores de compra dele.

> **Proposta de valor:** após ter cumprido a etapa anterior, chegou a hora de oferecer soluções adequadas às necessidades de cada cliente. É o momento de fazer o cliente perceber que seus produtos e serviços apresentam benefícios diferenciados dos da concorrência.

> **Negociação**: já passou o tempo em que um dos lados precisava sair derrotado em uma negociação. Negociar é dedicar tempo ou dinheiro a algo que vai trazer benefícios para todas as partes envolvidas.

> **Fechamento:** não existe regra que determine a melhor hora para encerrar uma venda, isso depende do ritmo e da necessidade do cliente. Porém, é sua obrigação estar atento a todos os movimentos e sinais emitidos pelo cliente que possam indicar que ele está propenso a fechar o negócio.

> **Pós-venda:** porque a venda não acaba quando o contrato é assinado. Manter o contato com o cliente após a venda ser efetuada é fundamental para conquistar novas negociações e propagar uma boa imagem do vendedor e da empresa.

Definição: um breve resumo para contextualizar o desafio, explicar sua origem e trazer uma introdução para a tarefa que será apresentada após o Sintoma.

Sintoma: o que acontece quando você deixa de aplicar o desafio em questão. Os sintomas são sinais que evidenciam a urgência de você aplicar o que propomos.

Descrição da tarefa: é o desafio em si. Descrição detalhada do que você deve fazer para cumprir a missão com sucesso.

Nossas sugestões: neste ponto, apresentamos alguns caminhos que poderão ajudá-lo a criar um planejamento para executar a tarefa e citamos dicas sobre como conduzir o desafio de forma mais produtiva.

Comprovação: o objetivo deste espaço é avaliar como você agia antes e como agirá depois de enfrentar o desafio. Cada capítulo traz perguntas para você responder e refletir, fazendo uma autoavaliação.

Data de início e conclusão: em alguns desafios, nós sugerimos quanto tempo você tem para realizá-los, mas é importante que você se organize e realize cada desafio em um determinado período; nesse sentido, sugerimos que registre a data de início e conclusão do desafio.

A grande lição: o que de mais importante você aprendeu durante o período em que trabalhou no desafio? Faça o registro e lembre-se sempre dele.

Ferramentas: cada desafio traz até quatro artigos e/ou reportagens que consideramos essenciais para que você possa compreendê-los, nos mínimos detalhes, e executá-los com sabedoria e conhecimento. Esse conteúdo especial foi extraído da revista *VendaMais*, a maior e principal publicação da área de vendas no Brasil.

Isso é tudo o que você precisa saber para aproveitar ao máximo o que o **Desafios de Vendas** tem para lhe oferecer. Portanto, prepare-se: você está prestes a começar uma jornada que irá mudar para sempre sua carreira.

Convoque seus colegas, promova os desafios entre os integrantes da sua equipe de vendas, compartilhe as experiências que viveram e as que irão viver ao usufruir o livro.

A troca de ideias e de vivências é muito importante para que você absorva a essência do que queremos transmitir.

Estamos ansiosos para receber seus comentários relatando o aprendizado adquirido, as dificuldades enfrentadas e, é claro, as vitórias que conquistar graças aos **desafios de vendas**. Não deixe de acessar o site **www.desafiosdevendas.com.br** e compartilhar suas histórias com a comunidade que reúne vendedores que, assim como você, encaram os maiores desafios em vendas.

A primeira das 89 ferramentas

Este livro foi desenvolvido pensando na seguinte equação: desafios + ferramentas + controle = vendedores mais preparados, o que resulta diretamente em mais vendas. Sendo assim, para cada um dos 30 desafios, você encontrará de dois a quatro artigos ou matérias, os quais foram publicados na principal revista de vendas do Brasil — a *VendaMais* — e foram especialmente selecionados para compor este livro e, assim, auxiliar os vendedores a compreenderem melhor a importância dos desafios e como superar cada um deles. Esses artigos e matérias são o que chamamos de "ferramentas".

Para iniciar a sua cruzada em torno dos maiores desafios da área de vendas, sugerimos que você repense a forma como lida com os problemas que enfrenta diariamente, e faça isso através da primeira entre as 89 ferramentas que irão ajudá-lo a cumprir todos os desafios.

12 passos para o sucesso

Por Raúl Candeloro

Todos os dias nos defrontamos com obstáculos que dificultam nosso trabalho. Mas, se olharmos por outro ângulo, percebemos que esses obstáculos podem enriquecer nossas vidas, pois, senão, qualquer um alcançaria o sucesso.

Foi Molière, escritor francês, que disse: "Quanto maior o obstáculo, maior a glória ao superá-lo". Vejamos, então, quais são os 12 passos necessários para se alcançar o sucesso:

1. Estabeleça objetivos claros e específicos e escreva-os no papel. Dizer que quer ganhar mais dinheiro e ter mais tempo livre, por exemplo, não é um bom objetivo. Ele é claro, mas não é específico. Quanto de dinheiro quer ganhar? Até quando? Quanto tempo livre você quer ter? Visualize, trace a meta e escreva-a.

2. Sonhe, com os pés no chão. É importante ser realista. Você acaba fraquejando quando se obriga a atingir objetivos inalcançáveis ou em um espaço de tempo muito curto. Sonhar é bom porque quebra paradigmas e visualiza novas realidades, mas trabalhar geralmente é bem mais produtivo.

3. Monte um cronograma. Basta uma agenda semanal, com tarefas diárias. É uma forma de ver se está vencendo as etapas necessárias; isso o obriga a ser honesto com você mesmo e permite acompanhar seu progresso, fazendo as correções necessárias.

4. Faça revisões constantes. As revisões devem servir para reforçar a visualização do sucesso, mostrar os resultados já atingidos e o que ainda tem de fazer. Em tempos ruins, revisões podem lhe dar *insights* interessantes e relembrá-lo do seu sonho. Mas, até mesmo quando as coisas vão bem, uma revisão pode motivar.

5. Não desperdice recursos. Como desejamos resolver tudo sempre, esquecemos que muitas vezes pode existir alguém que já passou pela mesma situação — e com sucesso —, então, não é preciso reinventar a roda. Saia do escritório e vá fazer perguntas. Afinal, estamos na era da informação: aproveite e use-a!

6. Priorize as atividades mais importantes. Não perca tempo. Descubra quais são e as priorize. Aqui também se aplica a lei de Pareto: 80% dos seus resultados geralmente são conseguidos através da dedicação de 20% do seu tempo e esforço. Melhore a qualidade desses esforços e você conseguirá estar bem mais perto do sucesso.

7. Envolva as pessoas que estão à sua volta. O envolvimento de outras pessoas, de forma sinérgica, ajuda a superar obstáculos, pois nos obriga a continuar seguindo em frente, além do fato de que trabalhar em conjunto melhora a qualidade de vida. Então, aposte na política.

8. Não tome atalhos. O sucesso é 1% inspiração e 99% transpiração. Se atalhos fossem melhores, não existiriam estradas nem avenidas. Lembre-se de que cada etapa é importante.

9. Resolva seus problemas na hora. É a melhor maneira de aumentar sua produtividade (e de dormir tranquilo!).

10. Respeite sua intuição. É ela quem nos envia recados sutis de coisas que não percebemos conscientemente.

11. Pense positivo. Evite leituras negativas ou programas de televisão negativos. Leia mais histórias de sucesso, que o inspirem e o motivem. Pense bem das pessoas. As suas atitudes para alcançar o sucesso são a melhor ferramenta.

12. Siga seu plano; é hora de ação. O sucesso requer equilíbrio. Muitas vezes a diferença entre quem sonha com o sucesso e aqueles que o alcançam está, simplesmente, na consistência dos atos.

DESAFIOS DE VENDAS

DESAFIO 1

Conseguir 5 indicações de prospects com seus atuais clientes e fechar pelo menos 1 venda entre essas indicações na próxima semana

Etapa da venda

Pós-venda e Prospecção

Definição

Mais do que uma missão capaz de gerar a você novos negócios, este desafio é um grande teste para avaliar o quanto seus atuais clientes estão satisfeitos com seu trabalho. Será que você está trabalhando bem a ponto de ser indicado por quem compra de você?

Sintoma

Não é só a ausência de novos negócios que deve preocupá-lo. A falta de indicações é um sinal claro de que seus atuais clientes não estão contentes com o trabalho que você realiza. Ou, então, é um sinal de que você não está aproveitando todas as oportunidades do mercado. Como consequência disso, você está perdendo dinheiro e fazendo a empresa lucrar menos do que poderia.

Entretanto, você tem agora duas excelentes chances para corrigir o que está errado, deixar seus clientes felizes e satisfeitos e, a partir disso, vender mais.

Descrição do desafio

Não há segredo. Ganham indicações somente aqueles que as pedem. Tendo isso em vista, sua missão é obter cinco novos contatos com os seus atuais clientes e fechar, pelo menos, uma venda entre essas indicações na semana seguinte. O desafio está lançado.

Nossas sugestões

1ª: A indicação só lhe será útil se tiver sentido. Ou seja, deixe claro para o seu atual cliente que é importante que você possa ser útil para a pessoa ou empresa indicada. Isso sendo feito e uma vez obtido, lembre-se de que o contato tem grande potencial. Afinal, foi sugerido por alguém próximo do prospect.

2ª: Depois de obter a indicação, tente levantar o máximo de informações que você puder com quem lhe deu a indicação. Essas informações serão importantes para a sua aproximação com os possíveis clientes.

3ª: Quando fizer contato com os prospects indicados, deixe claro, desde o início, que se trata de uma indicação e diga quem indicou, pois isso poderá facilitar o *rapport* entre você e o prospect.

4ª: Por fim, tente negociar com seu gerente algum benefício extra para esses prospects, por serem indicações de atuais clientes satisfeitos.

Comprovação

ANTES DO DESAFIO

Data de início: ____ /____ /____

Liste aqui os clientes aos quais você pretende pedir indicação:

____

____

____

DEPOIS DO DESAFIO

Data de conclusão: ____ /____ /____

Liste aqui as cinco indicações que você recebeu:

1. ____
2. ____
3. ____
4. ____
5. ____

Quais desses prospects compraram de você na semana do desafio?

____

____

____

A que você atribui o sucesso ou o fracasso deste desafio?

____

____

____

A GRANDE LIÇÃO

Com base na experiência que você teve com este desafio, registre aqui o que irá fazer durante o processo de venda e com as relações com os clientes para que a indicação seja um processo automático partindo deles próprios.

____

____

____

____

____

FERRAMENTAS

Sua empresa é uma máquina de recomendações?

■ **Por Raúl Candeloro**

Você saberia responder quantos clientes novos sua empresa atrai por indicação? Ou quanto do seu faturamento é resultante de indicações? É um número importante para muitas empresas. Nas pesquisas que tenho feito, noto três coisas:

1. Todo mundo diz que "indicações" são uma fonte importante de novos negócios.
2. Ninguém tem certeza de quanto é exatamente.
3. Ninguém tem um sistema para monitorar e estimular as indicações.

Ou seja: é uma bagunça. Se indicações são realmente importantes para sua empresa, então deveria ser evidente que a empresa inteira está voltada para estimular que elas ocorram com mais frequência, de maneira mais organizada e com mais foco.

Indicar qualquer coisa é uma decisão importante. Por exemplo, digamos que abriu uma vaga na empresa na qual trabalho ou na empresa de um amigo meu. Tenho uma amiga que tem as qualificações necessárias — indico ou não indico? Coloco minha mão no fogo?

Existem dezenas de decisões de compras que tomamos influenciados por outras pessoas. Na verdade, essa influência externa de amigos, parentes e colegas é muito superior a qualquer esforço comercial ou de marketing que possamos fazer. Tanto que, quando alguém já vem indicado, geralmente o processo de compra é muito mais fácil. Até a negociação de preço diminui.

Outra coisa que diminui e é algo importante, que poucas empresas calculam, é o custo de aquisição. Por exemplo: vamos dizer que fiz um anúncio no jornal, investi R$1.000,00 e recebi 10 ligações. Cada ligação custou R$100,00, certo? Isso mesmo — cada ligação tem um custo, se transformando em venda ou não.

Continuando o exemplo, digamos que, dessas 10 ligações, uma delas se transforma em venda para um cliente novo. Quanto custou "adquirir" esse cliente novo? R$1.000,00, que foi o que investimos no anúncio. Seguindo essa lógica, quanto custa uma indicação? O custo é basicamente ZERO.

Resumo da história: uma estratégia de venda que tem custo baixo, retorno alto e alta lucratividade deveria ser encarada seriamente como uma grande oportunidade de melhorar seus resultados. Existem diversas maneiras de fazer isso, mas as cinco principais condições são bastante simples:

1. Você precisa ter clientes muito satisfeitos (encantados talvez seja a palavra certa).
2. Você precisa ter um benefício muito claro, seja diferenciação, seja preço agressivo.
3. Você precisa ter um público-alvo muito claro.
4. Você precisa pedir e estimular as indicações de maneira contínua.
5. Você precisa agir imediatamente, de maneira organizada e profissional, para atender (encantar!) essas indicações.

Veja que não adianta então simplesmente sair pedindo indicações (embora isso ajude). É preciso ter um processo para lidar com elas de maneira a criar um círculo virtuoso — as pessoas indicam porque confiam em você. Você precisa devolver essa confiança, atendendo muito bem quem foi indicado. Isso, por sua vez, atrai mais indicações.

As melhores empresas (e os melhores vendedores) trabalham muito forte essa questão de indicações. E você, o que tem feito para conseguir mais indicações de clientes?

Seja a melhor indicação dos seus clientes

Por Raúl Candeloro

Quando seus clientes e prospects indicam sua empresa para outros clientes potenciais, você acaba vendendo mais, pois sempre terá novos negócios acontecendo. Mas quais são as melhores formas de estimular para que isso ocorra?

Primeiro, você tem de descobrir e, depois, investir na criação dos hábitos necessários para que isso aconteça, conquistando o direito de pedir indicações no início das suas relações comerciais — e no momento certo.

1. Desenvolva uma mentalidade de indicações. Se você quer receber mais indicações, então deve começar pelo seu pensamento e pela sua atitude. Isso se chama Mentalidade das Indicações. Você está no caminho certo se:

    - Compreende que seus prospects preferem falar com você se for uma indicação de um amigo, parente ou conhecido — então esse é seu principal método de prospecção.
    - Mantém-se regularmente em contato com clientes, assim eles se lembram de você e costumam o indicar sempre que possível.
    - Sabe que a única forma de ser indicado é por meio do serviço e do atendimento de primeira.
    - Tem um sistema montado para lidar com as indicações que chegam, em vez de deixá-las abandonadas ou tratá-las como se fossem uma venda qualquer.
    - Está sempre tentando ajudar seus clientes, indicando-os também sempre que possível.
    - E realmente espera ser indicado. Sua atitude confiante cria o ambiente e as ações necessárias para que isso aconteça.

Com esse referencial mental poderoso, você começará a gerar cada vez mais indicações de alta qualidade.

2. Conquiste o direito de pedir indicações o mais cedo possível — não deixe para depois. Você quer receber antecipadamente suas indicações? Gostaria de receber indicações constantes de prospects "quentes"? O segredo é criar um valor real no relacionamento com o cliente já no primeiro encontro.

   - Aprenda o máximo que puder sobre cada uma das pessoas que contatar. Seja genuinamente curioso e um bom ouvinte.
   - Faça perguntas às pessoas, obrigando-as a pensar de formas diferentes. Ajude-as a criarem suas próprias visões.
   - Seja um professor, não um vendedor. Ensine seus contatos a comprarem o que você vende — não só o produto ou serviço comercializado, mas a empresa também. Isso reduzirá naturalmente a tensão existente entre comprador/vendedor e ajudará a fortalecer a confiança entre vocês.
   - Mais uma vez: indique também seus clientes e prospects para quem possa precisar de seus produtos ou serviços.
   - Nunca se atrase — valorize o tempo das pessoas.
   - Faça exatamente o que você falou que iria fazer, dentro do cronograma que foi estabelecido. Não irá conseguir ou terá de mudar alguma coisa? Avise ao prospect. Ele não quer surpresas nem você.

Quando você participa de uma reunião mais disposto a dar do que receber, consegue instantaneamente a atenção das pessoas. A tensão diminui e a confiança aumenta, o que é fundamental se quiser receber mais indicações. Assegure-se de que as primeiras experiências e os primeiros contatos dos prospects sejam extraordinários e, com certeza, você passará a ser indicado frequentemente.

3. Peça as indicações no momento certo. Você ainda não tem certeza se as pessoas reconhecem seu valor? Pergunte! No final de cada contato, faça uma pergunta do tipo: "de todas as coisas que discutimos hoje, qual foi a mais importante?". Isso ajuda as pessoas a reconhecerem alguns itens (exatamente os que mais valorizaram), e você estará em território seguro para pedir indicações.

É importante lembrar que seu primeiro contato com a pessoa tem de ser uma experiência extraordinária e, depois, continuar agregando valor por meio dos seus conhecimentos/experiência.

Quando você mantém o foco na Mentalidade das Indicações e faz tudo certo para que as pessoas tenham a confiança necessária para indicá-lo, verá que pedir indicações será a coisa mais fácil e natural do mundo. Melhor ainda, muitas vezes não terá nem de pedir — os próprios clientes farão as indicações, sem você ter de abrir a boca.

Será que seus clientes o recomendam?

Por Raúl Candeloro

As pessoas adoram indicar os lugares em que tiveram uma boa experiência de compra, mas isso não é apenas um costume, há um fundo fisiológico. Uma parte do cérebro, chamada hipotálamo, registra o prazer em fazer o bem e ser reconhecido por isso — é a origem da necessidade de pertencermos a algo maior do que nós mesmos. É uma explicação científica para justificar por que as pessoas fazem indicações.

Graças a essa "bondade" inata do ser humano, empresas e vendedores crescem e faturam muito apenas por serem lembrados e indicados. Você quer se tornar um deles?

O especialista em marketing e vendas John Jantsch oferece técnicas práticas para utilizar o poder das indicações e assegurar um fluxo contínuo de novos clientes, sem gastar muito com isso. Então, mantenha os clientes satisfeitos e eles indicarão o seu negócio para mais clientes.

No livro *Máquina de Indicações*, Editora Quantum, Jantsch defende cinco realidades às quais o vendedor tem de estar atento, se deseja tornar-se bem recomendado:

1. **As pessoas fazem indicações porque precisam disso**

Nós avaliamos e indicamos produtos/serviços como forma de sobrevivência e também para nos conectarmos com outras pessoas. Ser reconhecido como uma boa fonte de indicações é um excelente modo de se tornar uma referência. Pense em como você respondeu na última vez em que alguém lhe pediu informações. A questão é que todos gostam de indicar algo de que gostam. Talvez esse seja um dos fortes motivos para as redes sociais crescerem tanto; nesses ambientes, as pessoas se conectam, pedem e distribuem indicações.

2. **Todos os negócios têm riscos**

Quando fazemos uma indicação, colocamos a confiança que estabelecemos em quem a recebe como um empréstimo para a pessoa ou a empresa que está sendo indicada. O modo mais seguro de remover riscos é construir um negócio ou um produto que se conecte com os clientes tanto em nível lógico quanto em nível emocional. As empresas que geram comentários possuem uma boa solução vinculada a uma experiência empolgante, encantadora ou surpreendente, o que motiva o cliente a falar voluntariamente sobre tal experiência.

3. **Ninguém fala sobre empresas chatas**

Para definir este tópico, Janstch utiliza as palavras do filósofo de marketing Seth Godin: “Se o mercado não estiver falando sobre você, há uma razão para isso. A razão é que você está chato. E provavelmente está chato de propósito. Tem um preço chato porque é mais seguro. Está em uma localização chata porque se mudar seria loucura. Tem produtos chatos porque é o que o mercado quer. Para criar um negócio, um território ou uma prática baseados principalmente em indicações, é necessário descobrir primeiro — ou criar — algo marcante em você ou em seus produtos, algo que faça as pessoas quererem falar de você, que quase as force a contar para os outros sobre seu produto/serviço. Pessoas, empresas e produtos chatos são difíceis de indicar!”.

4. Consistência constrói confiança

Esteja realmente comprometido com sua marca e com sua principal estratégia de indicações. Não vale muito a pena criar um fato de publicidade nesta semana, na tentativa de fazer as pessoas falarem sobre você. Ser indicado é uma questão de longo prazo; não se trata de um evento passageiro, mas de uma maratona muito bem planejada e precisamente calculada. Repetição, consistência e autenticidade constroem confiança e são as ferramentas fundamentais para as indicações.

5. Marketing é sistema

Um negócio em pleno funcionamento é basicamente um conjunto de sistemas e processos. As objeções mais comuns que escuto quando sugiro que seja implementada uma abordagem sistemática para gerar indicações são: não mereço indicações, sinto-me esquisito pedindo indicações, meus pais me ensinaram que não é correto mendigar atenção; ou seja, outras maneiras de dizer: "Não faço a menor ideia de por que alguém iria querer falar sobre meu negócio". Você precisa abraçar o verdadeiro valor que sua organização produz e desenvolver um sistema de indicações que permita a você trazer o melhor da sua autenticidade a cada oportunidade.

Depois de descobrir essas verdades, ressalte o que há de melhor em sua empresa e inclua algumas sugestões de John Jantsch:

» **Fale com os seus clientes, não para eles:** graças aos sites de mídia social, empresas de qualquer tamanho têm a oportunidade de interagir e de criar laços com seus clientes onde quer que eles estejam; porém, a chave é escutar.

» **Considere a equipe de vendas como a parte mais importante de sua equipe de marketing:** vendedores são a ligação principal entre a sua empresa e os clientes, os quais são a principal fonte de indicações. Fazer que eles comprem a ideia de sua estratégia de indicações é essencial.

» **Eduque seus clientes:** indicações só são úteis se elas mostram a pessoa certa. Eduque seus clientes sobre para quais tipos de pessoas eles devem falar sobre sua empresa.

DESAFIO 2

Fechar 10 vendas sem dar nenhum desconto

Definição

Você precisará de disciplina de quartel e tolerância zero para cumprir este desafio. Mas, é claro, sem deixar de lado a empatia, o bom humor e todas as demais características que fazem de você um campeão de vendas. Agora a meta é ousada: fechar dez vendas sem conceder nenhum desconto. Está preparado?

Sintoma

É uma triste realidade, mas o desconto é consagrado no Brasil. Há, até mesmo, vendedores que parecem não saber viver sem ele – acham que reduzir o preço é a solução ideal para vender mais. Isso não é apenas um grande erro que afeta drasticamente sua lucratividade no fim do mês, mas um grande insulto ao seu poder de argumentação.

O desconto deixa o cliente mal-acostumado (ele sempre vai querer mais), desvaloriza seu trabalho e seu produto/serviço, ou seja, caro é o que não vale ou o que não foi bem apresentado pelo vendedor. Você já procurou saber quanto sua empresa concede de desconto por ano? Acredite, você irá se surpreender.

Descrição do desafio

Para este desafio não é preciso muita explicação. É importante ter em mente que, para cumpri-lo com sucesso, você terá de fortalecer seu poder de argumentação e ser criativo para propor alternativas e evitar dar o desconto.

Nossas sugestões

Se o cliente quer desconto, é porque (ainda) não "comprou" o real valor do que você está vendendo; então, lembre-se sempre do que comentamos há pouco: "caro é o que não vale ou o que não foi bem apresentado pelo vendedor". Para driblar essa péssima prática de dar descontos existem inúmeras possibilidades: estender a garantia, oferecer brindes, melhorar as condições de pagamento e, principalmente, apostar nos detalhes do produto/serviço que fazem a diferença.

Vamos fazer um teste? Por um segundo, pense em você como consumidor: com qual frequência você é positivamente surpreendido por um vendedor? Certamente não são muitas vezes. Agora, diga-me se sempre que isso acontece você não se sente mais tentado ou até mesmo na obrigação de comprar simplesmente por ter sido bem atendido?

O atendimento excepcional é sempre um grande diferencial. E a boa notícia é que ele anda escasso no mercado. Aproveite-se disso, promova experiências únicas e inesquecíveis aos seus clientes e acabe com o desconto de uma vez por todas.

Comprovação

ANTES DO DESAFIO

Data de início: ____ /____ /____

Relacione os seus dez últimos pedidos e responda:

a. Qual foi o valor total de venda? R$ ______________

b. Qual foi o valor total de desconto concedido? R$ ______________

c. Qual foi o percentual de desconto concedido? (divida o valor do desconto pelo valor total da venda e multiplique por 100) ______________%

DEPOIS DO DESAFIO

Data de conclusão: ____ /____ /____

Relacione todos os pedidos que fechou na semana deste desafio, faça os mesmos cálculos acima e responda:

a. Qual foi o valor total de venda? R$ ______________

b. Qual foi o valor total de desconto concedido? R$ ______________

c. Qual foi o percentual médio de desconto concedido nessa semana? ______________%

A que credita o sucesso ou o fracasso deste desafio?

____

____

____

Quais foram as maiores dificuldades encontradas?

____

____

____

A GRANDE LIÇÃO

Com base na experiência que você teve com este desafio, registre aqui o que será necessário lembrar para que você continue vendendo sem conceder descontos.

____

____

____

FERRAMENTAS

Você sabe quanto gasta de desconto por ano?

Por Marcelo Caetano

Digamos que sua empresa fature R$1,2 milhão por ano — uma empresa de pequeno porte padrão. Agora calcule comigo qual é a taxa média de desconto que você ou sua equipe aplica para o cliente. Digamos que sua empresa siga o padrão de 8% de desconto médio. Fazendo uma simples conta, você saberá que, por ano, sua empresa dá R$96 mil de desconto. Ou o equivalente a quatro carros populares. O quê? Quatro carros populares?

Exatamente. Estamos falando de um assunto que é um grande tabu. As empresas estão viciando seus vendedores em descontos, porque suas tabelas de vendas sempre têm o valor cheio e o desconto previsto. Tudo bem existirem descontos por volume de vendas; afinal, quanto mais o cliente comprar, mais deve ganhar. Mas esses conceitos estão banalizados, pois todos os clientes ganham algum desconto. Imagine que essa pequena empresa poderia sortear dois carros para seus clientes e dar como premiação mais dois carros para a equipe de vendas. Isso, sim, seria uma revolução dentro da empresa. Os vendedores enlouqueceriam, e os clientes seriam estimulados a consumir um pouco mais. Mas nada disso pode acontecer enquanto a verba for direcionada para o desconto.

Faça um preço justo e acredite nele. Quando você passa o preço cheio de fatores de descontos e generaliza esses descontos, está deixando seu vendedor inseguro com o preço que está recebendo. Afinal, a tabela possui mais descontos que preços. E, para piorar a situação, o desconto não agrega valor algum para a empresa, apenas garante aquela venda e pronto. O pior é quando os programas de fidelidade são baseados apenas em descontos, isso faz a máquina do desconto consumir ainda mais dinheiro, sem qualquer controle e pela vida toda. Essa é, por exemplo, uma armadilha que quebrou inúmeras empresas de aviação em todo o mundo. Confesso que fico mais feliz quando sou promovido para a primeira classe em um voo cansativo do que quando utilizo meu trecho gratuito ou me indicam à sala vip do aeroporto.

Gostaria de lhe propor uma reflexão. Será que este ano você vai basear suas negociações em descontos? Quanto eles já comeram do seu lucro ou da sua comissão nos anos anteriores? Você vai deixar que isso aconteça novamente?

Pense nisso e faça diferente. Surpreenda seus clientes e sua equipe de vendas com novidades que realmente causem impacto. Mude as regras do jogo, premie sua equipe com algo novo e gere motivação. Presenteie seu cliente e conquiste sua emoção. Garanto que nenhum desconto causará essas sensações.

Sim, você pode parar de dar descontos

Por Redação VendaMais

Choradinha, melhorada, quanto fica à vista, dá para tirar esses quebradinhos, para ficar freguês, o que você pode fazer, pechinchada, vamos ver esse preço?

Os nomes são muitos, as formas de encontrá-lo também, mas o resultado é sempre o mesmo: desconto.

Algumas vezes, o pedido para pagar menos vem cuidadosamente cercado de armadilhas, como conta o tradutor Danilo Nogueira, que já atua em um serviço complicado de negociar: "não posso dizer, por exemplo, que minha tradução gasta menos combustível. Para piorar, o cliente não tem ideia de como ela funciona ou é cobrada. Fala em preço por lauda, ignorando que isso pode variar de tradutor para tradutor". E, apesar disso, enfrenta os mesmos pedidos de tantos vendedores pelo Brasil. "Recentemente, mandei uma cotação e o cliente respondeu: 'como posso justificar a contratação do seu serviço perante meu presidente quando temos aqui outro profissional que cobra metade do seu preço?'. Esse tipo de argumento esconde pelo menos três armadilhas. A primeira é a introdução da figura do presidente na conversa, uma forma de intimidação. A segunda é tentar atribuir ao vendedor a responsabilidade pelo relacionamento entre o contato dele e o presidente, fazendo que você se sinta responsável por colocá-lo em uma encrenca. A terceira é a afirmação de que há alguém que cobra menos. No meu setor, sempre é possível encontrar um amador bem-intencionado, o qual quer entrar no mercado e cobra preços absurdamente baixos. Mas eu tinha razões para crer que fosse blefe do cliente, pois sabia que ele teve problemas com um tradutor e estava muito interessado em meu serviço. Como de hábito, mantive o preço dizendo: 'como você vai falar com seu presidente não é algo que eu possa decidir, mas, que ninguém nos ouça, tradução é como restaurante — há de todo preço. Se você for levar o cliente para almoçar e souber de um restaurante perfeitamente satisfatório que cobre 10 reais, não faz sentido ir a outro que cobre 20 reais'. Não disse que o que cobra dez serve carne com pelanca, mas que se ele conhecer um bom, sorte dele. Peguei o serviço". E mais uma lição do Danilo: ele cobra os preços mais altos do mercado, acima da tabela do Sindicato Nacional dos Tradutores — seus colegas consideram isso um sonho, pois nenhum cliente aceitaria pagar isso. No entanto, os clientes de Danilo pagam, porque sabem que irão receber um serviço que vale a pena.

Muitos dos consultores e assinantes ouvidos pela revista *VendaMais* concordam que esta é uma maneira eficiente de evitar descontos: mostrar que aquilo que você vende vale a pena. O problema é que existem alguns mercados viciados em desconto no Brasil, como mostra o consultor Márcio Miranda: "algumas empresas e segmentos de mercados são conhecidos por utilizar uma lista de preços que, na prática, é meramente ilustrativa. O mercado não acredita nela e os vendedores também não. Descontos de 30% e 40% são considerados normais. Isso incentiva o comprador a sempre pedir mais, porque ele nunca tem certeza de que o preço negociado é a melhor condição possível. Fica a dúvida: se eu espremer esse vendedor mais um pouco, será que consigo um desconto adicional de 5%? Já uma companhia que tenha preços firmes mostra ao mercado que acredita no valor de seu produto e que vende algo diferenciado dos demais — essa é a mensagem que permanece na mente dos compradores. Aliás, em quase todos os segmentos, as empresas que mais vendem são aquelas que têm o melhor produto/serviço e que cobram um preço *premium* por isso".

O problema é que é difícil começar. Os próprios consultores ouvidos falaram sobre a tática da gordura — inflacionar artificialmente os preços para que, com os descontos, aproximem-se do real. Entretanto, desse modo, ensina-se para o cliente que o primeiro preço dito pelo vendedor é injusto e que ele pode dar desconto. Essa estratégia ensina os clientes a responderem "tá caro". Mostrar para o cliente que realmente seu produto/serviço vale o quanto você pede exige muita negociação e insistência. Mas dá melhor resultado que injetar gordura nos preços e continuar com o jogo de "me engana que eu gosto" que vem de longe. Márcio Miranda alerta: "depois de vender a um preço baixo, o profissional de vendas não consegue mais reajustar o valor — será sempre daquele número para baixo. O preço da última venda se torna referência para as futuras transações com aquele cliente".

Cultura do negócio — O palestrante e escritor Carlos Alberto Júlio concorda que é preciso mudar essa maneira de vender: "há mercados e produtos em que o desconto faz parte da cultura do negócio e já foi previsto na lista de preços. Nesse caso, ganha mais quem dá menos desconto, pois ele sempre existirá. Em outros mercados, a prática dos descontos está sempre ligada ao volume ou condições de pagamento. Um gestor de vendas tem de entender que ou ele domina os números ou não domina o negócio. Criar uma atitude voltada para lucratividade e melhores margens é requisito de quem lidera vendas".

Se serve de consolo, a prática não é exclusiva do Brasil. Em alguns países do Oriente Médio, por exemplo, se uma longa pechincha não fizer parte do processo de compra, o vendedor se ofende. Faz parte da cultura. José de Almeida — diretor da Ideia & Desafios, empresa de *coaching* em vendas e liderança de Portugal — diz que por lá também existem os viciados em desconto e, mais que isso, aqueles que os dão antes de o cliente pedir. "Na maioria dos casos, noto que os vendedores estão à espera de que seus clientes peçam o desconto. Na prática, a regra é: se não pedirem, não damos. O que acontece é que, muitas vezes, dão o desconto sem os clientes pedirem — assim, eles não dão valor ao que obtêm", explica José de Almeida.

Sem desconto não vende — Se existem vários casos em que organizações vendem com preço acima da média, por que, então, persiste a ideia da necessidade de dar descontos? "Há cinco anos, assumi a direção de uma empresa tradicional de controle de pragas em Manaus. Era uma companhia tradicional, com 37 anos de mercado, mas à beira da falência graças a uma guerra de preços e descontos", conta o leitor Rodrigo Frota. "Se continuássemos com aquele comportamento, não duraríamos seis meses, pois nossa estrutura tinha custos bem mais elevados que a de nossos concorrentes. Então, resolvi aumentar nossos preços e investir em qualidade e atendimento. A princípio, nossa equipe imaginou que iríamos fechar de vez. Hoje, estamos na liderança com o valor (preço) mais alto do mercado, com clientes satisfeitos e contratos reajustados a cada seis meses. Acredito fielmente que o cliente busca em uma empresa muito mais segurança que preço. Cobramos o valor que achamos ser justo por nossos serviços. Não vendemos controle de pragas ou dedetização, promovemos saúde e proteção aos nossos clientes", explica.

Então, parar de dar desconto funciona — e muito bem. Ele até pode surgir, desde que haja uma contrapartida por parte dos clientes, como diz Margarete Lopes, de Contagem (MG): "meus operadores sabem que, ao solicitarem um desconto, pergunto sempre: 'o que esse cliente está lhe dando em troca? Mix de produtos, volume, menor prazo de pagamento ou indicação de outro cliente? Por que vale a pena dar desconto para ele?'". Outros motivos para dar desconto, segundo Margarete:

» Reativação.

» Quer um envolvimento, uma parceria maior com a empresa.

» Deu uma boa informação sobre a concorrência.

Para dar desconto, tem de haver uma contrapartida, algo que o cliente dê para seu vendedor. Do contrário, na maioria das vendas, não vale a pena.

O cliente só quer desconto? Há muitas opções para evitar dar descontos. Solange Mendes, gerente comercial da Água Mineral Viva, de Itaúna (MG), diz que esse assunto está sempre em suas reuniões com os vendedores. Por isso, ao receber a pesquisa da revista *VendaMais*, fez questão de que todos os seus vendedores respondessem. Acompanhe:

Vítor: "Valorizo meu produto, quanto ele vai representar em lucratividade para o cliente e a prestação de serviço, como: pós-venda e entrega".

Éder: “Durante o atendimento, agrego valores à qualidade do produto, rentabilidade que ele terá e, principalmente, qualidade ao meu atendimento. Tenho tido excelentes resultados”.

Carlos: “Procuro manter um atendimento frequente, um bom relacionamento e uma boa pós-venda, gerando, assim, novas oportunidades de negócios e dando segurança ao cliente. Conquistamos muitos clientes que tinham carência de prestação de serviços”.

Vanessa: “Negocio melhores prazos e reforço a relação custo-benefício”.

Sim, parar de dar desconto é um grande desafio, e pode não acontecer do dia para a noite. Mas é a única maneira de mudar a cabeça de seus clientes, vendedores e gerentes, aumentar a lucratividade e ter mais dinheiro para se diferenciar dos concorrentes.

Os números da pesquisa

Perguntamos aos leitores da revista *VendaMais* o que fazem para evitar dar descontos em suas empresas. As perguntas eram abertas, eles podiam escrever qualquer coisa, mas conseguimos reuni-las em alguns grupos:

» 17,10% apostam na comunicação com o cliente. Dizem que, se você conhecê-lo bem e entender o que ele quer, não é necessário dar desconto.

» 15,78% afirmaram que, para não dar desconto, aumentam a sensação de valor do que vendem, por meio de garantia, revisão, serviços etc.

» 13,16% procuram conhecer bem seu produto ou serviço e discutir suas características únicas com os clientes, para não dar desconto.

Essas foram as respostas que mais apareceram. Seguiu-se uma quantidade de ações, algumas positivas. Brindes são a melhor garantia anti desconto para 2,63% dos respondentes. A mesma quantidade daqueles que afirmaram que a melhor arma contra os descontos é a ética, é jogar limpo acima de tudo, mostrando sua margem de contribuição, comparando com as ofertas dos concorrentes e provando para o cliente que o valor do produto/serviço é aquele mesmo.

Outras respostas mostram um lado das vendas que, algumas vezes, não aparece, mas é real — e comum — por todo Brasil. Pouco mais de 5% afirmaram que dão desconto sem procurar evitá-lo. Não faltou, entre essas respostas, a afirmação de que "meu ramo é diferente, se não der desconto, não vendo". Houve quem dissesse que dá o desconto, mas o condiciona a um escalonamento. Se o cliente parcelar em poucas vezes, ganha um bom desconto; se parcelar em muitas vezes, ele é mínimo ou inexistente.

Outros 5% afirmaram ser adeptos da técnica da gordura: jogam o preço artificialmente lá para cima para que, com o desconto, ele se aproxime do justo. Isso é comum nas áreas cujo cliente, tradicionalmente, espera algum desconto, mas tende a desaparecer quando 2,63% apelam para uma técnica parecida, forçando uma venda rápida. A intenção é tirar o tempo de o cliente organizar seus pensamentos, argumentar e comparar. No entanto, nada impede que eles façam isso entre a primeira e a segunda compra — se é que essa existirá.

Até quando sua empresa será igual às outras?

Por Redação Liderança

Qual é a maior montanha do mundo? E a segunda? E a terceira? Garanto que a primeira pergunta você acertou, mas teve dificuldade para lembrar qual é a segunda. A terceira, então, mais difícil ainda. Acertei? Pois é, mas você sabe por que isso acontece? Porque é muito mais fácil você se recordar da primeira, da maior, da melhor. Daquela que é a mais conhecida, da montanha que causa sentimento a muitas pessoas. E isso é algo muito normal e natural: você sempre irá se lembrar do que causa algum impacto.

E, dentro do segmento que você atua, qual é a empresa mais conhecida? É a sua? É a do concorrente? É a do cara do outro lado do mundo? É, talvez também seja difícil (ou fácil) reconhecer isso, mas é preciso. É fundamental! Vamos descobrir onde você está e se é ou não igual aos seus concorrentes.

Marcelo Caetano conta em seu livro, *Chega de desconto,* Editora Landscape, uma história divertida, mas que demonstra muito a realidade das empresas. Veja só: eram três lojas de eletroeletrônicos. Uma colocou uma faixa dizendo que dava X% de desconto. A outra deu mais desconto ainda e divulgou isso em uma faixa, também. E a terceira foi diferente, apenas colocou uma faixa: "Entre aqui". É claro que, por mais que se pense no desconto, o convite dessa loja com certeza foi motivo para ela ser diferente perante os clientes.

E aí, qual é o seu tipo de empresa? Uma daquelas que gostam de apenas vender e dar desconto ou uma que busca convidar o cliente a fazer parte dela?

1. Descobrindo de que lado você está

No mercado, você só tem dois caminhos a seguir: ser igual a todo mundo, só trabalhando o preço, ou ser uma empresa diferente, que pensa num atendimento excelente, que age e conquista os clientes. W. Chan Kim e Renée Mauborgne, autores do livro *A estratégia do oceano azul,* Editora Campus, apresentam uma maneira interessante de descobrir se você está ou não nesse oceano azul. "Imagine um universo de mercado composto de dois tipos de oceanos — vermelho e azul. O oceano vermelho representa todos os setores hoje existentes. É o mercado conhecido. Já o oceano azul abrange todos os setores não existentes atualmente. É o espaço de mercado desconhecido", apontam os autores.

A diferença entre os dois oceanos é que, no vermelho, você é igual a todo mundo. As empresas "vermelhas" costumam superar suas rivais para abocanhar a maior fatia de demanda existente, "os produtos se transformam em *commodities* e a briga de foice ensanguenta as águas, dando origem ao oceano vermelho", explicam. Já no oceano azul, as empresas buscam mercados inexplorados, a criação de demanda e, principalmente, o crescimento altamente lucrativo.

Vamos ver onde sua empresa está? Responda sinceramente ao questionário abaixo:

( ) Ela compete nos espaços de mercado existentes.

( ) Sua empresa cria espaços de mercado inexplorados.

( ) Vence concorrentes.

( ) Torna a concorrência irrelevante.

( ) Aproveita a demanda existente.

( ) Cria e captura a nova demanda.

( ) Alinha todo o sistema de atividades da empresa com sua escolha estratégica de diferenciação ou baixo custo.

( ) Alinha todo o sistema de atividades da empresa em busca da diferenciação e baixo custo.

Se você marcou um "x" nas opções relacionadas ao fato de sua empresa competir nos espaços de mercados existentes, vencer os concorrentes, aproveitar a demanda existente e alinhar o sistema de atividades de acordo com a própria escolha estratégica de diferença, isso é um grande sinal de que você está no oceano vermelho. São sinais de que tudo o que você pensa está relacionado a vender sem estratégia nenhuma, e aí temos mais uma solução: se você quer ter lucro e fazer diferente, você precisa se POSICIONAR.

2. Posicionamento e as maneiras de conquistar seus clientes — vender mais e ter uma equipe preparada

Antes de entrar nessa questão, vamos entender o que é posicionamento de verdade.

Posicionamento

Diferenciação:

- Por preço baixo.
- Por conveniência.
- Por excelência do produto/serviço.
- Por *branding*.

"Posicionamento não é o que faz o produto, mas o que você faz com a cabeça do público-alvo do produto", explicam os autores do livro *Posicionamento: a batalha por sua mente*, de Al Ries e Jack Trout (Editora M. Books).

Esta é a grande sacada de se posicionar: informar aos seus clientes, funcionários e concorrentes quem você é e qual é o seu grande diferencial.

3. Como se posicionar

O consultor em gestão de compras e negociação Gustavo Guazzelli explica que, a cada dia, o consumidor possui mais opções, meios e facilidades para comprar. "A palavra-chave é 'especializar'. Estratégias exigem escolhas — tentar vender de tudo para todos custaria uma fortuna e não levaria a lugar algum", conta. Então, como fazer isso de maneira coerente? Algumas questões podem ser úteis:

» **Qual é o negócio da sua empresa?** (O que ela vende.)

» **Qual posição possui atualmente?** (É o mercado quem deve responder isso. Seus clientes precisam dizer qual posição você ocupa na mente deles.)

» **Qual posição você quer ter?** (Aqui, é preciso ter um pouco mais de cuidado. É necessário levantar alguns questionamentos e saber se a concorrência já tem esse posicionamento ou não. Como você vai fazer para chegar à posição desejada? Dispõe de recursos financeiros para isso? Enfim, uma análise estratégica mais profunda para não se perder lá na frente.)

» **Quem são os concorrentes?**

» **O que faz sua empresa ser diferente das demais?**(É neste momento que você descobre qual nicho sua empresa pode explorar.)

4. Tipos de posicionamento e histórias de empresas que já entenderam isso

Preço baixo – É definir perante todos que seu preço é mais baixo, mesmo quando se tem concorrentes fazendo o mesmo. É dizer: "ofereço preço baixo, vendo mais barato, dou desconto".

Perfil

- Tamanho das empresas: médias e grandes.
- Segmentos: indústria e comércio.
- Riscos: concorrência, a marca pode não ser tão importante e a lucratividade não ser tão boa.

Uma rede de lojas de roupas de Curitiba (PR), a Billie Brothers, sabe bem que seu grande valor está no preço. A gerente, Eliane Silva, explica que a diferença está nisso. “Aqui, nós atendemos todos os tipos de classe. E é engraçado, porque muita gente entra aqui, sai e vai procurar em outra loja, mas acaba voltando para comprar. E o fato de estarmos em lojas de ruas e de shoppings facilita muito, a pessoa tem mais opções ainda”, explica.

Eliane garante que, para oferecer um preço mais baixo, é preciso ter algumas estratégias, como comprar em grande quantidade, buscar vários fornecedores, garantir qualidade e, principalmente, ter a consciência de que, por mais que o preço seja baixo, o bom atendimento e a excelência nos produtos devem ser regras. “Aqui a gente garante isso, por exemplo: fazemos o pedido de calças em grande quantidade para o preço não ser tão alto, mas damos ao cliente a garantia de que são calças boas”, complementa.

A fidelidade é um ponto forte da marca. “Até brincamos dizendo que aqui a fidelidade dos clientes passa de geração a geração. Vejo mães comprarem roupas para suas filhas, quando, não há muito tempo, elas vinham comprar para elas mesmas”, acrescenta.

O reitor da Universidade Federal do Paraná (UFPR), Zaki Akel Sobrinho, explica que, em uma época em que a classe C tem forte poder de compra, muitas empresas estão apostando em um posicionamento de baixo preço. Porém, ele alerta: “oferecer preço baixo é uma especialidade. É comprar em grande escala, abrir uma rede com muitas lojas, conseguir excelentes preços com os fornecedores e assim por diante”.

O grande perigo é que os clientes que frequentam lojas com preços baixos geralmente não estão preocupados com a marca, mas sim com o valor. Não importa se a sua marca está sendo bem-vista, ela tem de estar com um preço mais baixo. "O segredo para ter um posicionamento de preço baixo é agregar valor a outras coisas, por exemplo: ter um bom atendimento, fazer uma pós-venda diferenciada etc. Você não pode tentar conquistar o mundo com o preço, apenas", alerta Zaki Akel.

Eliane lembra que na Billie Brothers isso é um dos principais conceitos. "A cliente entra aqui e vê um preço mais baixo, vai na concorrente e encontra um mais baixo ainda, porém, se eu apresentar a ela outras coisas, alguma promoção ou até mesmo dar uma atenção maior, é muito provável que ela volte aqui", relata.

Conveniência — A empresa que busca fazer o máximo pelo cliente, desde pronta-entrega até customização dos produtos e facilidade no acesso de todas as marcas.

Perfil

- Tamanho das empresas: médias e grandes.
- Segmentos: indústria e comércio.
- Perigos: pode aumentar os custos e se tornar algo muito complexo.

Pense em uma empresa que pode estar em todos os lugares ao mesmo tempo. Uma marca que está na mente das pessoas e que pode ser achada facilmente. É mais ou menos assim que deve ser uma empresa que busca conveniência. A Coca-Cola é um grande exemplo disso.

O palestrante e diretor da Editora Quantum, Raúl Candeloro, afirma que há várias maneiras de ser conveniente. Exemplos: postos de gasolina entenderam que, além de gasolina e outros serviços, o cliente queria mais facilidade, por isso começaram a surgir as lojas de conveniência.

Outra maneira foi a criação de clínicas de conveniência em shoppings. Nos EUA, eles já entenderam isso. Quando um cliente passa mal dentro de um shopping, ele já tem uma clínica pronta para atendê-lo. Ou seja, uma facilidade dentro de um grande centro de serviços. Genial, não?

Não indo muito longe, aqui no Brasil, quem nunca ouviu falar em marido de aluguel? Um homem que presta todos os tipos de serviços domésticos para quem não sabe fazer ou não tem tempo. É um exemplo claro de conveniência, o cliente paga o preço por ter todos os serviços ali, prontos para ele.

Quem deseja se posicionar de acordo com a conveniência precisa sempre pensar no que é melhor para o cliente e ficar, também, com um olho no custo. É muito tentador adicionar mais e mais serviços que sejam sedutores ao cliente, principalmente ao ver o resultado das primeiras ações. Tenha certeza de que compensa realizar cada extra a ele.

Excelência do produto ou serviço — Empresas que oferecem os melhores produtos ou serviços possíveis. São duradouros e apresentam baixa manutenção.

Perfil

- Tamanho das empresas: pequenas, médias e grandes.
- Segmentos: indústria e comércio.
- Perigos: pode aumentar os custos e a marca pode caducar perante o mercado.

Joias são coisas que mexem com a imaginação feminina. Qualquer mulher sonha com uma joia com detalhes luxuosos. Porém, uma empresa que vende esse tipo de produto precisa ter qualidade no que oferece.

A H.Stern entendeu isso e hoje está posicionada no mercado como uma empresa reconhecida internacionalmente por vender produtos de qualidade. É esse o grande valor dela: oferecer produtos de altíssima qualidade. O embaixador da marca, Christian Hallot, garante que o perfil do cliente se adapta ao foco da empresa. “O que não pode ser feito é fugir desse foco para ter uma aventura temporária”, complementa.

Claramente, a empresa não busca por produtos de moda. Eles já pensam em joias que as mulheres desejam ter independentemente da época ou situação. São joias lindas e que combinam com o sonho das mulheres em qualquer fase, daqui a um, dois ou 20 anos.

O consultor e diretor da Solução Comercial, Marcelo Caetano, conta que optar por um posicionamento de excelência é ter em mente que o cliente vai receber isso impreterivelmente. Ele irá pagar um valor alto, mas terá qualidade no que adquirir. "Para o cliente, é sempre uma tranquilidade, porque vai encontrar um produto ou serviço que é sempre compatível com aquilo que a empresa oferece", declara.

Mas Caetano alerta: muitas empresas confundem ter excelência com ter produtos de boa qualidade. "Quando eu falo em excelência, falo de um produto bom, adequado ao preço que ela cobra e sempre muito estável. É fazer sempre benfeito para seu cliente. Obviamente, se você fala que vai ter excelência em produto, não terá um serviço ou produto de baixo valor nem vai fazer um que terá uma qualidade baixa. É possuir produtos e serviços bons. Fazer isso repetidamente, sempre, sempre, sempre", conclui.

Branding — Transmitir emoção para o cliente através da marca ou, até mesmo, criar um estilo de vida para ele.

Perfil

- Tamanho das empresas: pequenas, médias e grandes.
- Segmentos: indústria e comércio.
- Perigos: a marca pode envelhecer e alguns clientes podem passar despercebidos.

Apple, Coca-Cola, Nike, Victor Hugo, Louis Vuitton e Google são algumas das marcas que envolvem os clientes. Elas e outras empresas sabem muito bem que, mais que vender um produto ou oferecer um serviço, o valor do cliente pode estar no fato de ele querer pagar por uma marca que cause emoção, que faça ele dizer satisfeito: "comprei um MacBook", por exemplo.

Posicionar-se como marca é fazer que o cliente participe do processo. Se ele não entender a mensagem que você quer passar, já era, você perdeu dinheiro. Ou seja, mais que criar um slogan emocionante, é deixar o cliente entender o que isso significa para ele. Se isso acontecer, você ganhou na loteria, porque dificilmente ele não pagará o devido valor.

O palestrante e consultor de marcas e marketing Fábio Fiorini revela que posicionamento por *branding* é deixar claro para seu cliente que está escolhendo ser diferente de todos no mercado devido ao seu nome e à sua marca. “A Nike é a Nike. Pode existir tecnologia melhor, mas a Nike será sempre a Nike. Quando o marketing ajuda e a marca está forte, é sinal de que as pessoas começam a valorizar a marca e dar real valor a ela. Os clientes se tornam fiéis e os funcionários vestem a camisa da empresa o tempo inteiro”, diz.

Fiorini explica que a marca deve estar no centro de tudo: da empresa, dos funcionários e do coração dos clientes. Ela é a grande diferença que a empresa tem. Ninguém pode copiar uma marca já existente. Por isso, ela é a única coisa que pode ser diferente. E, acredite, os clientes pagam por ela!

Talvez seja por isso que você veja listas e listas das marcas mais valiosas do mundo. De empresas que, além de ter uma estrutura e espaço no mercado, possuem uma marca que vale — e muito.

Empresas Small Giants sabem se posicionar

Posicionar é a grande chave do Small Giants, um grupo de empresas que, por seu potencial, podem ser gigantes. O foco não é o tamanho da empresa, mas a excelência que ela impõe em tudo que faz. É a forma de atender o cliente, entregar o produto, encantar tanto colaboradores como fornecedores e assim por diante.

Ser um Small Giant é ter a consciência de um posicionamento claro no mercado. Para conseguir essa excelência, todas as empresas que participam do grupo se reúnem a cada 45 dias para discutirem pontos essenciais ao crescimento e também utilizam ferramentas que as ajudam a se diferenciarem e atingirem a excelência.

Para focar ainda mais nesses objetivos, Fábio Fiorini, diretor do Small Giants Brasil, explica que agora eles contam com a ferramenta Decálogo do Cliente, a qual abrange dez grandes motivos que fazem que o cliente compre mais da empresa e a perceba como única, especial e excelente:

Mandamento	O que o cliente espera
1. Descoberta	"Quero ser surpreendido positivamente"
2. Confiança	"Quero confiar que estou comprando algo que realmente vai resolver meu problema"
3. Valor	"Quero pagar um preço justo e correto e sentir prazer ao comprar"
4. Atendimento	"Quero ser atendido por profissionais que entendem do assunto, gostam do que fazem e demonstram prazer em me atender"
5. Agilidade	"Quero ser atendido prontamente e sem demoras"
6. Significado	"Quero que você entenda que o produto ou serviço que estou adquirindo é importante para mim"
7. Atenção	"Quero que você me valorize e me faça sentir especial"
8. Conexão	"Quero fazer parte de um grupo de pessoas com ética, valores e princípios iguais aos meus"
9. Contribuição	"Quero que você contribua com causas que me importem"
10. Encantamento	"Quero poder indicar sua empresa para minha família, amigos e colegas"

DESAFIOS DE VENDAS

DESAFIO 3

Praticar venda adicional, convencendo 7 clientes que só compram produtos X a também comprarem Y

Definição

Poderíamos resumir este desafio dizendo que se trata de uma missão em favor da alta lucratividade e da plena satisfação do cliente. Afinal de contas, quando bem executada, a arte da venda adicional cumpre muito bem essas duas funções.

Sintoma

Há um aspecto base para detectar se você é um *expert* da venda adicional. Seu nome aparece entre os campeões de venda da empresa? Vendedores acima da média são, por natureza, mestres em vender valor adicional. Outro sintoma importante a analisar é a frequência da sensação de que suas vendas poderiam ter sido mais bem exploradas. Você geralmente se sente satisfeito a cada negócio fechado ou sente que poderia ter vendido mais? É importante se questionar a cada venda realizada: o cliente foi embora plenamente satisfeito ou gostaria de ter comprado algo mais? Eu perdi alguma boa oportunidade em agregar valor ao meu cliente?

Descrição do desafio

Durante uma semana, você deve focar sua atenção em fazer que, pelo menos, sete clientes comprem mais do que inicialmente esperavam adquirir. Mas cuidado: sua oferta precisa fazer sentido! Oferecer algo apenas para riscar o desafio da lista sem levar em conta o perfil do cliente e da compra desejada está proibido. A proposta do desafio é conscientizá-lo de que quase sempre é possível ir além do que o cliente deseja comprar. A diferença entre vender mais ou não é uma questão de atitude por parte do vendedor e do foco que ele tem em agregar valor para todos os envolvidos no negócio — cliente, empresa e ele próprio.

Nossas sugestões

- Seu pensamento deve ser semelhante ao de um atendente de uma rede de *fast-food*. Para ele, é quase um insulto você sair do balcão levando apenas um sanduíche. Vender a batata frita, o refrigerante e a sobremesa são praticamente uma obrigação para quem está atrás do balcão. Seguindo essa lógica, faça uma lista de produtos que podem ser complementares uns aos outros e a trabalhe sempre que surgir uma oportunidade.

- Verifique o histórico de vendas da empresa e analise quantas vezes os mesmos produtos foram vendidos juntos.

- Tenha em mente que você deve trabalhar a venda adicional sempre que ela for útil para o cliente, mesmo que nem ele tenha se dado conta disso. Você não parecerá chato se oferecer algo que esteja alinhado ao perfil e seja do interesse do cliente. Pelo contrário: ganhará pontos por demonstrar que o conhece bem.

- Por fim, faça várias perguntas pertinentes ao cliente. Quanto mais informações você tiver, maior será a sua capacidade de propor produtos ou variedades.

Comprovação

ANTES DO DESAFIO

Data de início: ____ /____ /____

Escolha um mês qualquer do seu histórico na empresa. Qual é o mês?
____

Qual foi o total de pedidos feitos neste mês? ______________

Quantos itens existiam em todos esses pedidos (não é a quantidade de produtos, mas, sim, a quantidade de itens diferentes)? ______________

Divida a quantidade de itens pela quantidade de pedidos e obtenha a média de itens por pedido: ______________

DEPOIS DO DESAFIO

Data de conclusão: ____ /____ /____

Com referência a semana deste desafio, faça os mesmos cálculos acima e obtenha a média de itens por pedido: ______________

A que credita o sucesso ou o fracasso deste desafio?

____

____

____

____

Quais foram as maiores dificuldades encontradas?

____

____

____

____

A GRANDE LIÇÃO

Com base na experiência que você teve com este desafio, registre aqui o que será necessário lembrar para que tenha sempre o foco em fazer vendas adicionais.

____

____

____

____

____

____

FERRAMENTAS

Acompanha batata frita?

Por Raúl Candeloro

Lembra aquela expressão "de grão em grão, a galinha enche o papo"? Ela se aplica maravilhosamente à chamada "venda adicional". Um exemplo simples pode nos ajudar a entender melhor esse conceito.

Imagine que você vai a um McDonald's e pede um sanduíche. Você acha que o atendente aceitará seu pedido ou irá lhe oferecer algo a mais? Irá oferecer, lógico. "Acompanha batata frita? Média ou grande?". Se você aceitar, ela para e não oferece mais nada? Obviamente, não. Irá lhe propor um refrigerante. E depois sobremesa, ou seja, o atendente do McDonald's é um *expert* em venda adicional.

No fim do mês, você pensa que faz diferença aquela moça oferecer para todos os clientes, todos os dias, essas vendas adicionais? Claro que sim — faz uma diferença imensa no faturamento da empresa. Todos os clientes dirão que querem a batata frita? Não. O atendente para de oferecer por causa disso? Também não. O processo é automático e, por isso, funciona.

O atendente, fazendo a função de vendedor, não pode oferecer para um cliente e depois não oferecer para outro. Não pode chegar para seu gerente e dizer: "não vou mais oferecer batata frita, porque de vez em quando alguns clientes falam 'não' e isso me desmotiva". Pior ainda, não pode fazer o papel de futurólogo que tantos vendedores adoram fazer. "Esse cliente não tem cara de batata frita... nem vou oferecer. Aquela tem cara de *sundae*". Isso é um absurdo que acontece todos os dias, mas não deveria. O conceito funciona, pois é automático e realizado sempre, sem exceções.

Tenho falado bastante sobre a importância de fazer vendas adicionais nas palestras, porque acho que é uma habilidade (e uma estratégia) muito mal trabalhada pela maioria dos vendedores. Primeiro, por falta de conhecimento; segundo, por falta de treinamento; terceiro, por falta de estímulo; quarto, por falta de supervisão; e quinto, por ignorância mesmo, pois a diferença em faturamento pode ser brutal.

Comecei a reparar na importância da venda adicional quando a Marília, minha esposa, reclamou da quantidade de livros que estava comprando pela Amazon.com. Eram todos excelentes, mas não tínhamos mais onde colocá-los no apartamento. Resolvi o assunto mandando construir mais estantes na biblioteca, porém parei para pensar no que estava acontecendo.

Quando você compra algo na Amazon, a primeira coisa que aparece, dentro da página do site, é uma área que diz "pessoas que compraram o livro A (o qual você está comprando) também compraram X, Y e Z". Obviamente, você dá uma olhada na capa dos livros e encontra outro bom. Clica nele. Gosta e compra. Aparecem mais três recomendações. Você já deve imaginar onde isso vai terminar. A simples compra de um único livro acaba se transformando em mais um pedido de estantes para o marceneiro.

O melhor de tudo é que o site faz isso sem ser agressivo ou se intrometer. Não pergunta dado algum, a não ser os de cobrança e entrega (e só uma vez), e mesmo assim me conhece tão bem que faz que eu gaste muito mais do que tinha planejado, fique feliz e ainda volte para comprar mais. Veja como seria difícil fazer isso pessoalmente, com um vendedor tendo de recomendar a centenas de clientes por dia vários produtos ou serviços que muitas vezes nem o próprio vendedor conhece. Alguns vendedores até conseguem fazer isso intuitivamente, por um talento especial. Mas são raros...

A verdade é que todo vendedor precisa ter um *script* automático de venda adicional. Se o cliente pedir X, o que mais você poderá oferecer a ele? Num site dá para fazer que isso seja automático, mas como é difícil fazer os vendedores trabalharem corretamente o conceito! Mesmo em centrais de telemarketing, com *script* e tudo, os vendedores se batem para oferecer algo mais. Alguns argumentam que não gostam de "empurrar" produtos ou serviços para o cliente. Esses são justamente os que não entenderam nada, pois uma venda adicional benfeita atende melhor o cliente. Ou você não acha que a refeição fica mais gostosa com refrigerante, batata frita e *sundae* ou tortinha de sobremesa?

Então, faça já esse exercício e se acostume a praticá-lo automaticamente. Sempre que um cliente comprar alguma coisa — qualquer coisa! —, ofereça outra em seguida. E não é de vez em quando. É sempre. Garanto que suas vendas irão aumentar e seus clientes ficarão mais satisfeitos.

Vai um adicional aí?

Por Fernando Lucena

Certa vez, tomei a decisão de comprar um novo colchão. Então fui a uma loja especializada. Quando pensei que começaria a sonhar melhor, teve início o pesadelo. O solícito vendedor decidiu me oferecer, exaustivamente, um tal de rolinho para colocar na cabeceira, argumentando que serviria como decoração, apoio para cabeça etc. Isso intercalado por diversos nãos que eu repetia, mas ele somente se deu por vencido quando falei que iria desistir de comprar o colchão se continuasse insistindo.

Depois desse episódio, parei para pensar em qual era o objetivo do vendedor ao oferecer adicionais em uma venda e, até mesmo, na importância deles para o cliente. Primeiramente, imagino que esse profissional de vendas deve ter sido obrigado por sua chefia a oferecer rolinho para todos os clientes que tivessem interesse em comprar um colchão. Não que a oferta de adicionais não seja importante, mas simplesmente mandar os vendedores fazerem coisas que ainda não entendem, não sabem e nem querem é o mesmo que se preparar para o fracasso.

O adicional é uma forma de oferecer algo mais completo ao cliente e melhorar os resultados da empresa, já que aumenta o tíquete médio gasto por cada comprador. Entretanto, para esse resultado acontecer, a oferta dos adicionais não deve ser um ato mecânico nem simples, e sim planejado, mesmo antes de um consumidor entrar na loja, quando a equipe observa quais produtos e/ou serviços têm sinergia, complementam-se e, até mesmo, tornam-se melhores quando combinados.

Então, em contato com o cliente, chega a hora de sondar suas necessidades e seus desejos para descobrir o que deve ser oferecido como adicional.

É natural que clientes hesitem na hora de comprar o "algo a mais". Mas um vendedor que está preparado, que entende a lógica de o porquê de aquilo estar sendo oferecido e, principalmente, entende que o cliente pode e quer se beneficiar com aquilo, consegue contornar as objeções. Esses adicionais podem ser oferecidos em várias etapas da venda, sendo mais comum na do fechamento, partindo do pressuposto de que o item principal já está bem decidido na cabeça do cliente. Não é necessário insistir, e sim ter técnica e bom senso para perceber que o consumidor pode ou não desejar aquilo que você está oferecendo.

Alguns vendedores não oferecem adicionais por pressuporem que seus clientes não aceitariam. Julgam os consumidores pela aparência ou pela ocasião e agem como paranormais, lendo a mente dos consumidores e descobrindo seus pensamentos. Já outros profissionais de vendas têm a mania de achar que adicionais não devem custar mais que o item principal. Tudo bobagem. O que impede determinado consumidor, que entrou em uma loja para comprar uma gravata, de resolver levar um novo terno também? Ou um outro, que estava olhando uma televisão, de decidir comprar um moderno *home theather*?

Na verdade, o que existe é a falta de técnica e preparo, o medo de oferecer e não ser aceito, a pouca ambição e atitude negativa de alguns vendedores, ou seja, oferecer adicionais faz parte do processo da venda, e acredite: alguns clientes adorariam que lhes fossem oferecidos itens a mais, tornando a solução que estão por adquirir ainda mais completa.

Pensar grande e ter perseverança são características de um bom profissional. Ser simplesmente insistente, tornando-se inconveniente, como o citado vendedor do rolinho, já é uma característica dos profissionais de vendas despreparados, pressionados, chatos e empurradores de mercadoria. Jamais seja inconveniente ou chato. Ofereça adicionais a todos seus clientes, mas de forma preparada. Esteja aberto para receber alguns "nãos" e também muitos "sins!".

Venda adicional — a verdadeira venda

Por Fabiano Brum

Muitas vezes, não damos importância ao que chamamos de venda adicional, ou seja, o ato de vender algo além do produto principal, por exemplo: um acessório agregado ou outro produto diferente e que não tenha relação com o primeiro já vendido. Mas, quando pensar em venda adicional, lembre-se:

» Quando você entrega ao cliente aquilo que ele já sabia que iria comprar e foi "buscar" em sua loja, será que você está sendo um verdadeiro vendedor ou um atendedor de pedidos?

» O profissional de vendas é aquele que consegue negociar em cima de necessidades que o cliente ainda não sentiu. Exemplo: uma gravata nova que combine com a camisa de seda que o cliente foi "buscar".

» Ao fazer uma venda adicional, você está otimizando seus resultados e conseguirá um maior faturamento em um único atendimento. Do contrário, você teria de atender dois clientes para ter o mesmo resultado.

» Muitas vezes, são as vendas adicionais que dão lucro à sua empresa. Não são raras as vezes que colocamos produtos em promoção com baixo ou nenhum lucro apenas para atrair clientes. Se você só consegue vender produtos em promoção não estará trazendo lucro para a empresa.

» Quando você fizer uma venda adicional, estará economizando seu tempo, o da sua empresa e o do seu cliente, pois mais tarde ele dará conta de que precisa do item adicional e poderá "buscá-lo" na loja do seu concorrente.

DESAFIO 4

Visitar 1 cliente a mais por dia nesta semana, considerando a média das últimas 5 semanas

Definição

Para criar este desafio, nos baseamos na seguinte pergunta: será que é possível aumentar a quantidade de clientes a serem visitados em sua rotina? Produtividade é a palavra da vez.

Sintoma

A estagnação nos números de venda é o maior dos sintomas que sofrem os que estão abaixo da média no quesito geração de novos negócios. Mas as seguintes perguntas também podem revelar se você está sofrendo desse que é um dos maiores aliados dos vendedores acomodados:

- Sua agenda está o sufocando a ponto de você não conseguir ir atrás de novas oportunidades?
- Você está satisfeito com sua carteira atual de clientes?
- A lista de clientes inativos é grande?

Se a resposta para ao menos uma dessas questões é positiva, cuidado. Você está perdendo dinheiro!

Descrição do desafio

Nada está tão bom que não possa melhorar. Esse deve ser o seu pensamento. Uma visita a mais por dia pode significar, no mínimo, uma venda a mais. E é isso que propomos a você. Um exercício de administração do tempo e ganho de produtividade que permitirá a você aumentar a média de clientes visitados por semana. Para aqueles que vendem por telefone, o desafio é fazer cinco ligações a mais por dia.

Nossas sugestões

Foque suas energias em resolver tudo que o impede de partir em busca de novas oportunidades de negócio. A agenda está cheia? Então, determine horários específicos e a quantidade de tempo que se dedicará a cada compromisso do dia. Siga isso com disciplina oriental e pontualidade britânica. Não se esqueça de reservar um tempo para "incêndios". Eles irão ocorrer.

A partir disso, você provavelmente perceberá que poderia ser bem mais produtivo do que está sendo — e, consequentemente, isso o fará ganhar tempo para novos negócios.

Comece pela lista de clientes inativos. Entre em contato com eles e agende novas reuniões. Tendo a lista de inativos zerada, é hora de prospectar. Apenas tome cuidado para não deixar de dar a devida atenção aos atuais clientes. Não é daí que você deverá tirar o tempo que precisa para cumprir este desafio.

Comprovação

ANTES DO DESAFIO

Data de início: ____ /____ /____

Qual é a média diária de visitação a clientes que você fez nas últimas cinco semanas? ______________

Qual era (ou quais eram) o motivo que o impedia de visitar mais clientes por semana?

____

____

____

DEPOIS DO DESAFIO

Data de conclusão: ____ /____ /____

Qual foi a média diária de visitação a clientes na semana do desafio? ______________

A que credita o sucesso ou o fracasso deste desafio?

____

____

____

____

Quais foram as maiores dificuldades encontradas?

____

____

____

____

A GRANDE LIÇÃO

Com base na experiência que você teve com este desafio, registre aqui o que será necessário lembrar para que possa aumentar a sua média de clientes visitados por semana.

____

____

____

____

____

FERRAMENTAS

Mix de produtos

Por Marcelo Ortega

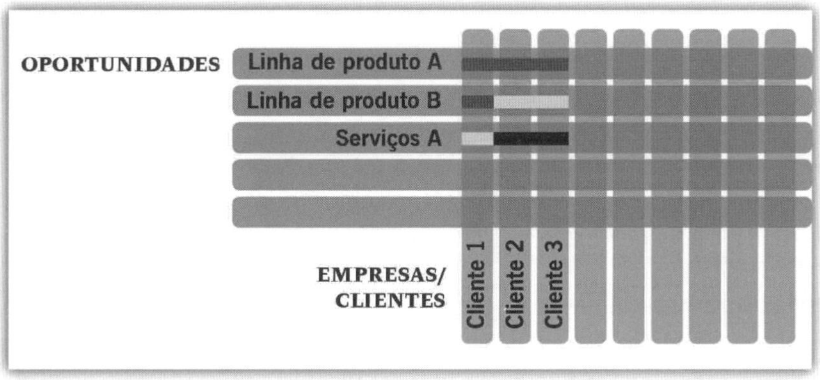

Todo profissional de vendas (vendedor e gerente) deve conhecer conceitos de vendas como *cross-selling* (venda cruzada) e *up-selling* (venda ampliada). Tratam-se de concepções que definem o mapa de oportunidades para uma prospecção eficaz. É comum, com o passar do tempo, que alguns vendedores se restrinjam a vender melhor apenas uma linha de produto ou serviço, e isso compromete a venda global da empresa. Tenho visto por aí muitos gerentes de vendas preocupados e sem saber o que fazer para sensibilizar sua equipe de que podem e devem vender muito mais com o mix de produtos que a empresa oferece.

O que é "mix" de produtos?

Todo serviço é um produto de venda e todo produto é uma oportunidade de venda, ou seja, mix é a mistura de todos os produtos e serviços que sua empresa oferece. Cada cliente pode comprar um ou mais produtos, e é nesse momento que o profissional de vendas deve mapear oportunidades e começar a vender de maneira mais equilibrada, agregando mais produtos e serviços a uma única venda.

Uma empresa da área cosmética, na qual recentemente ministrei uma palestra, tinha ótimas vendas nos produtos mais fortes, marcas conhecidas. Portanto, era fácil para o vendedor "tirar pedidos" de uma linha de sabonete famoso, mas, por outro lado, era preciso começar a vender também outras linhas de produtos. Em minhas palestras sobre vendas, sempre falo do mapa de oportunidades, pois acredito que é o vendedor que deve perceber que lhe sobram produtos para vender e basta planejamento e visualização daquilo que ainda não está sendo bem trabalhado. Veja como funciona o mapa de oportunidades:

Quando o vendedor relaciona em seu mapa de oportunidades os perfis de clientes, ele nota que existem três situações:

Venda cruzada e ampliada — O fato é que, quando vendemos um produto e acrescemos mais produtos ou serviços para um cliente, estamos praticando venda cruzada (*cross-selling*). Quando vendemos a mesma linha de produto em maior quantidade para um mesmo cliente, estamos praticando venda ampliada (*up-selling*).

Sua empresa depende do bom volume de vendas, mas precisa que você, vendedor, tenha equilíbrio na hora de mapear oportunidades. A margem de lucratividade do produto que mais vende pode ser menor que a de outras linhas. Depois, lembre-se de que o investimento que a empresa faz para manter essas outras linhas de produtos consome o lucro do produto que mais vende, ou seja, o negócio como um todo vai mal.

Experimente fazer seu mapa de oportunidades, cruzando clientes, produtos, serviços e analisando as "janelas" vazias ou críticas, em que precisa dedicar mais tempo para vender. Após fazer isso, faça sua próxima visita ou telefonema de venda, iniciando pelo produto menos vendido nos meses anteriores, e argumente com seu cliente sobre todas as vantagens e os benefícios que ele terá com esse produto.

Arrisco dizer que há muitos clientes que irão falar que nem sabiam que sua empresa tinha esse tipo de produto. Para mais informações sobre o mapa de oportunidades, acesse o site: **www.marceloortega.com.br** e entre na seção "ferramentas" para baixar o mapa e, na seção "vídeos", assista ao vídeo sobre mapa de oportunidades.

Muito $ucesso em venda$!

Administração do tempo para vendedores

Por Raúl Candeloro

Um dos maiores empecilhos para aumentar os resultados dos vendedores é a "falta de tempo" para procurar novos clientes ou aqueles que são tão focados em prospecção, que não têm tempo para cuidar dos clientes que já possuem.

Por isso, muitas pessoas vivem buscando novas formas de administrar o tempo, pois parece que nunca conseguem realizar tudo o que realmente queriam fazer — ou que são cobrados. Ted Tate, renomado consultor em vendas norte-americano, sentia-se da mesma forma e pensou que, se conseguisse administrar melhor seu tempo, retomaria o controle da sua vida, podendo voltar a fazer tudo o que queria.

A grande surpresa é que ele descobriu ser impossível encontrar mais tempo. Então, por dedução lógica, só temos uma solução: tomar decisões conscientes de como queremos investi-lo.

Embora pareça relativamente simples, não é, pois as coisas que normalmente evitamos ou deixamos para depois são geralmente fundamentais para o desenrolar do nosso futuro, por exemplo: João tem duas propostas importantes para fazer. Os dois clientes estão esperando que ele as envie para poderem decidir pela compra. Dada a importância do assunto, João decide deixá-lo para o dia seguinte, pois "terá mais tempo" para se dedicar a essa tarefa.

No dia seguinte, João passa a manhã fazendo tarefas triviais — vai ao banco, lê a correspondência e o jornal, retorna algumas ligações, participa de uma reunião na empresa sem muita importância e resolve outros probleminhas que aparecem.

Opa! Agora já é a hora do almoço, então João vai ao restaurante da esquina, que está mais lotado que o normal, e acaba demorando um pouco mais do que queria. Lá pelas 14h, quando está ficando com sono e sem energia, ele finalmente começa a trabalhar nas propostas, acelerando o processo, pois quer sair antes das 18h para não pegar aquele trânsito infernal.

Agora, imagine que durante o dia um dos clientes ligue cobrando a proposta. Será que ele pode dizer: "eu não tive tempo suficiente" ou "estava tão ocupado que não consegui terminar seu orçamento"? Note que essas afirmações são verdadeiras, não é mesmo?

Será que existe outra verdade aqui, invisível? Será que João realmente decidiu conscientemente como usar seu tempo ou deixou, talvez inconscientemente, que os eventos comuns do seu dia a dia o afastassem da tarefa fundamental?

Estabeleça objetivos e prioridades

A boa administração do tempo dos vendedores (na verdade, de qualquer pessoa) começa com o foco nos objetivos: o que o vendedor realmente tem de atingir. Isso significa colocá-los no papel, porque os que ficam na sua cabeça são somente sonhos ou ideais.

Quebre os objetivos maiores e mais complexos que você venha a pedir da sua equipe em uma série de passos menores. Faça uma lista escrita do que cada um tem de fazer em cada passo. Uma das razões pelas quais a maioria dos vendedores "enrola" na hora de resolver grandes tarefas é a sensação de incapacidade em enfrentar coisas grandes. Realizar um grande objetivo com uma série de etapas menores faz que seja muito mais fácil começar.

A, B e C

Priorize a lista com seus vendedores. Você conhece alguém que passe o dia inteiro com pressa, correndo de uma coisa para outra, levemente confuso e perdido? Isso geralmente ocorre porque essas pessoas tratam todas as coisas que aparecem como igualmente importantes. Como não existem prioridades, não há foco sobre o que fazer. E se você, gerente, não der índices diferentes de importância, seus vendedores ficarão perdidos.

É preciso separar **o que tem de ser feito** (**A**) do que **deveria ser feito** (**B**) e do que **seria bom fazer** (**C**). Nem tudo que fazemos é igualmente importante, por exemplo: colocar gasolina no carro tem prioridade "B", a não ser que o tanque já esteja na reserva — aí, ela se transforma em "A".

Pagar o aluguel na data de vencimento é um "A". Fazer isso com um mês de antecedência pode ser um "B" ou "C", dependendo da situação pessoal.

Seus vendedores devem resolver primeiro a lista "A", esquecendo o restante. Somente depois de completá-la é que você olhará para a "B". Muitas pessoas evitam a lista "A", porque ela geralmente possui as atividades mais complexas e desagradáveis. Assim, cria-se um ciclo vicioso, as coisas ficam mais e mais atrasadas e, quando não tem mais jeito, o vendedor acaba fazendo correndo — o que é quase sinônimo de "malfeito".

Muitas vezes os itens prioritários, aqueles mais importantes, são entediantes, difíceis e desagradáveis, por isso causam certa apreensão e muitos vendedores os evitam. Preencher relatórios corretamente, visitar um cliente importante que mora longe, ler livros e revistas sobre vendas, fazer faculdade, prospectar clientes todos os dias, resolver reclamações dos clientes — tudo isso é muito importante, mas ninguém gosta de fazer.

Tenha um cuidado todo especial para evitar que eles caiam sempre na lista "C", pois ela possui as tarefas mais fáceis e agradáveis. Aqui é que começam as dificuldades e onde você verá quem realmente tem disciplina. Quando temos objetivos escritos, fica muito mais fácil administrarmos o tempo.

Tarefas inacabadas

Aplique a cultura da "tarefa acabada". Não deixe que nenhum vendedor comece algo antes de terminar o que estava fazendo. As tarefas inacabadas nos trazem dois grandes problemas: o primeiro é que aquilo fica no cérebro, ocupando espaço e nos deixando preocupados. O segundo é que cada vez que voltamos a fazer uma tarefa, precisamos rever todo o processo feito anteriormente. Muitas vezes, não nos lembramos de onde paramos, o que mais precisa ser feito... e aí, claro, gastamos muito mais tempo do que se tivéssemos resolvido tudo na primeira vez.

Realizar uma série de pequenas tarefas incompletas desperdiça desnecessariamente o tempo dos seus vendedores.

Trabalhar duro e obter resultados são duas coisas diferentes

Há alguns vendedores que acham que chegar às 7h30 e sair às 19h do escritório é suficiente para fazer um bom trabalho. E isso gera um desvio para o gerente que, muitas vezes, acaba valorizando o tempo disponibilizado pelo vendedor, em vez dos resultados gerados. Conheci muitos vendedores que chegavam tarde, saíam mais cedo e vendiam muito mais que os outros. Não estou dizendo que cumprir o horário não é fundamental, e sim que mais importantes são os resultados gerados.

A tirania do urgente

E aquelas interrupções que arruínam nosso cronograma? Parece que sempre existe alguma coisa clamando nossa atenção. Há sempre alguém interrompendo para pedir uma opinião ou telefonemas de clientes, amigos e parentes.

Embora existam milhares de pequenas interrupções que podem roubar o tempo dos nossos vendedores, nenhuma tem realmente esse poder — a não ser que eles deixem. Geralmente, a maior parte dos "ladrões de tempo" pode ser colocada de lado até que a equipe termine a tarefa que estava fazendo.

Quando você perceber que seus vendedores estão sobrecarregados de interrupções, sente imediatamente com eles para lembrá-los de se focarem na lista "A" de prioridades. Também os lembre de que é possível dizer "não" para algumas coisas, para que as tantas outras importantes sejam feitas corretamente.

Não é uma tarefa fácil ajudar os vendedores a administrarem melhor o tempo, mas também não é algo que o gerente pode assistir de longe. Muitas pessoas — e eu diria que a maioria dos vendedores — precisam desse acompanhamento constante e de uma ajuda extra na hora de priorizar tarefas. Os imprevistos sempre acontecem e outras coisas de pouca importância passam a ter prioridade durante o dia, enquanto as atividades previamente acordadas ficam de lado.

Lembre-se ainda de que você, como gerente, precisa entender o dia a dia do vendedor para poder estipular metas diárias possíveis de serem cumpridas. Também não adianta não deixar pelo menos um pouco de tempo sobrando para que eles possam resolver certas coisas que aparecerem durante o dia.

Na administração eficiente do tempo, é preciso ter prioridade com flexibilidade, mas principalmente disciplina. Só assim os resultados da sua equipe aumentarão de forma consistente todos os meses.

5 passos para prospectar

Por Raúl Candeloro

A maioria dos gerentes de vendas, ao notar que os resultados não vêm sendo alcançados, passa a culpar sua equipe de vendedores pelo mau desempenho. Falta de vontade, de motivação, de envolvimento, má administração do tempo, *follow-up* inconsistente e inabilidade para fechar vendas são algumas das reclamações mais comuns da gerência sobre sua própria equipe.

Segundo John Graham, consultor americano, uma reclamação que vale ser analisada com mais atenção é: "nossa equipe é preguiçosa e não prospecta o suficiente". A verdade é que pouquíssimas empresas dedicam-se inteiramente a um programa consistente e organizado de prospecção. Todas querem prospects, mas nenhuma faz o que é arduamente necessário para consegui-los.

Antes de continuarmos, é necessário esclarecer um ponto: vendedores não deveriam gastar seu tempo prospectando. A obrigação de desenvolver prospects é da empresa, e não da equipe de vendas — embora os vendedores possam ajudar, é claro. Um profissional altamente treinado é muito mais eficiente sentado à frente de um cliente em potencial do que batendo pernas por aí ou fazendo chamadas "frias" de telemarketing.

O processo de prospectar é uma função vital e de suma importância para uma empresa que quer aumentar suas vendas. De acordo com Graham, o poder da prospecção pode ser atingido seguindo estes cinco passos:

1. Torne a prospecção uma prioridade permanente em sua empresa.
2. Desenvolva um perfil bem definido do seu público-alvo.
3. O objetivo da prospecção é o de estreitar laços.
4. O objetivo de estreitar esses laços é criar condições para que os prospects queiram se transformar em clientes.
5. Finalmente, você deve dar aos seus prospects a chance de se tornarem clientes.

Admito que esses cinco passos de prospecção diferem dramaticamente do modo de pensar da maioria dos vendedores e dos seus gerentes, os quais parecem acreditar que vender depende simplesmente de sentar-se na frente de qualquer um e aplicar técnicas superiores e infalíveis de venda.

Existem ainda outros que acham esse processo trabalhoso e complicado demais. São os mesmos que gostam de atalhos, que miram sempre na jugular, que querem mais é fechar e bater cotas. Esse tipo de caçador de troféus está com seus dias contados. O objetivo de prospectar é criar um fluxo constante de clientes. Para crescer consistentemente, evitando os altos e baixos tradicionais em vendas, é essencial esforçar-se para identificar os prospects corretos e depois implementar um processo que estabeleça condições propícias para transformá-los em clientes.

Plano de visitas

Por Redação VendaMais

"Quem não é visto não é lembrado!" — certamente, você já ouviu ou leu essa expressão em algum lugar. E o ramo de vendas é bem apropriado para comprová-la. Afinal, o ato de visitar clientes deve estar na lista de prioridades do dia a dia dos profissionais de vendas; caso contrário, outro fará isso em seu lugar. Mas você sabe como planejar e incluir as visitas aos clientes no seu dia a dia? Seja você um vendedor iniciante, seja um vendedor experiente, seja ainda um gerente de vendas, acompanhe o que dizem e como fazem profissionais da área e ainda o passo a passo concedido pelo especialista em vendas e marketing Jorge Avancini, e saiba como elaborar o seu plano de visitas para aumentar suas vendas!

A importância do plano de visitas

De acordo com Jorge Avancini, o plano de visitas é a bússola que norteia o trabalho do vendedor. "É uma ferramenta fundamental para traçar a forma de trabalho do dia — quem são os clientes a serem visitados, para identificar as necessidades de cada um, o que oferecer e a forma de abordá-los", esclarece.

Passo a passo para elaborar um plano de visitas

Preparação e planejamento — De acordo com o especialista, a tarefa é relacionar os clientes que devem ser visitados. Ele sugere fazer isso diariamente, sempre ao final do dia. "É o momento para fazer um balanço de como foi o seu dia e refletir: rendeu o que você esperava? Projete o que irá fazer, quem visitar no próximo dia e, depois, coloque em prática e corrija à medida que for identificando novas oportunidades. Mas atenção: você não deve perder mais que 45 minutos nessa avaliação e montagem do plano de ação para o dia seguinte", orienta.

Onde e quando deve ser feito — "Em qualquer lugar", afirma Avancini. Para ele, não há um lugar exclusivo, o importante é tornar o exercício constante. "Pode ser feito em casa, no escritório, no hotel, na rodoviária, no aeroporto etc. Não há lugar específico, mas deve ser feito como um dever de casa — previamente, antes de começar o dia. Para isso, basta criar o hábito, validar a ferramenta e colocá-la em prática. Mas isso deve acontecer naturalmente. Devemos sentir a validade da ferramenta; se fizermos obrigados, acaba não saindo um bom trabalho e ela se perde", atenta o especialista.

Por quem deve ser feito — Ainda que haja hierarquias dentro das corporações, o ideal, segundo Jorge Avancini, é que o plano de visitas seja feito de forma individual pelo profissional. "Você pode trocar ideias com seu gerente e até com colegas, mas isso deve ser uma iniciativa individual. Afinal, somente você sabe quem são seus clientes, como deve abordar cada um e o que levar de soluções para eles", justifica.

Como deve ser feito — "Não existe fórmula mágica, cada um pode criar seu plano da forma que lhe parecer melhor, desde uma simples listagem feita à mão a como usar os recursos do computador, criando uma planilha que ajude a montar seu roteiro de visitas", enfatiza o especialista.

Qualificando os clientes potenciais a visitar — De acordo com Avancini, há várias características que devem ser levadas em consideração na hora de identificar os clientes potenciais. "Observe as oportunidades que a empresa está oferecendo, as metas a serem cumpridas no mês, o que o cliente está precisando, as ofertas etc. Ao montarmos o plano, devemos pensar em cada cliente individualmente e que solução podemos oferecer a ele", avalia.

Priorizando a ordem das visitas — Depois de identificadas as qualificações dos clientes, é preciso estabelecer a prioridade das visitas. "Pode ser pela ordem de importância, pela sequência do itinerário de visita, pelos dias e horários em que o cliente atende, pelo humor de cada um etc. O importante é mapear tudo isso antes de sair a campo — para isso, serve o plano de visitas", explica.

Lidando com os imprevistos — Para remanejar um plano de visitas diante de imprevistos, o especialista aconselha: "Prepare-se antecipadamente e tenha muito jogo de cintura para driblar acontecimentos inesperados. Devemos prevê-los em nosso plano de visitas, deixando sempre uma margem de tempo disponível na agenda diária. Com isso, você consegue atender esses imprevistos".

Dividindo o tempo entre visitas e trabalho interno — Como dito no início, visitar os clientes é uma das tarefas mais importantes para quem trabalha com vendas, mas não menos importante que isso é ter tempo para o trabalho interno. "Ele é fundamental, pois é o momento que temos para refletir e avaliar nosso trabalho diário. É essencial que o profissional reserve um espaço na agenda para isso. Quando trabalhava com vendas diretas, eu tentava deixar as tardes de sextas-feiras para fazer o trabalho de revisão da semana, para fazer uma análise do que planejei e o que atingi, além de pensar na próxima semana, ver as novidades etc.", sugere Avancini.

Mensuração dos resultados — Em quanto tempo depois de colocar o plano de visitas em prática é possível identificar os resultados? "Imediatamente", garante Avancini. "Se planejou corretamente, não tem o que dar errado. Podemos fazer ajustes na forma e no jeito do nosso plano, mas os resultados aparecem no fim do dia, seja na melhoria das vendas, seja na otimização do tempo, seja na redução dos custos de combustível, seja na melhora da condição de trabalho. Temos de adequar nosso plano a cada tipo de atividade que exercemos. Pode ser o plano de um vendedor de livros ou de um representante farmacêutico, todos devem fazer uso dessa ferramenta. Ao aplicar o planejamento de vendas, não temos nada a perder, só ganhamos com ele", complementa.

Considerações finais — "Ganhe alguns minutos a cada fim de dia para montar seu plano de visitas — não é perda de tempo, e sim ganhos e vantagens, você estará mais bem preparado do que seu concorrente. Avalie o que foi feito até então, o planejado: ficou alguma coisa por fazer? Há como incluir isso no roteiro de amanhã? Quem são os próximos clientes a serem visitados? Quais serão os horários de atendimento? Quanto tempo irá usar por visita? Fará demonstração de um novo produto ou é apenas uma visita de rotina? Quanto precisa vender hoje para contribuir na meta mensal? Qual é o cliente que pode comprar um volume significativo e que ajudará no atingimento da meta? Enfim, é a partir dessas e outras perguntas que você elaborará o plano. Experimente! Monte um plano de visitas, teste por uma semana ou mais, então compare como estava seu rendimento antes e depois de implementá-lo e tire suas conclusões sobre a validade da ferramenta!", instiga Avancini.

Plano de visitas na prática

"É a etapa mais importante das vendas, pois um bom planejamento de visitas faz que o trabalho seja eficiente e, consequentemente, alcance futuros clientes e um número maior de vendas. Não saio para uma visita sem antes me programar. Todos os dias pela manhã, já na empresa, acesso minha planilha de clientes, pois nela estão todas as informações necessárias para a formatação do meu plano de visitas — empresa, endereço, telefone, pessoa de contato, horário de atendimento etc. A partir disso, faço uma segmentação por localização, dando preferência às empresas próximas, estimando o tempo de cada visita em uma hora. Sempre ligo e agendo minhas visitas, pois tenho de tratar com a pessoa certa, no horário em que ela puder. Finalizo preenchendo o roteiro do dia, para que possa me orientar quando estiver externo. Esse roteiro geralmente contempla duas empresas clientes para revisita e duas para captação de novos clientes. Para que possa me organizar entre visitas a clientes e trabalhos internos, procuro marcar visitas para o começo da manhã e, no início da tarde, retorno à empresa para elaboração de projetos, propostas comerciais ou resolver alguma pendência. Vale destacar que eu mesmo faço o meu plano de visitas, mas meu gerente fica com uma cópia caso queira me encontrar em algum cliente."

Gabino Junior, gerente de negócios da Status Telecom

"Aqui na Agis, as visitas são realizadas por nós mesmos, gerentes comerciais e/ou gerentes de contas. Sempre consideramos o custo envolvido nas visitas x previsão de retorno das possíveis negociações. As visitas são planejadas inicialmente na região próxima à empresa até atingir uma cobertura nacional, caso seja necessário, priorizando, entre os clientes, o potencial imediato de efetivação de negociações que possam trazer resultados em curto prazo. Mas é difícil qualificar um cliente, todos eles têm o direito de ser visitados e é durante a visita que se descobre o verdadeiro potencial de cada cliente. Já presenciei casos de clientes que eram pequenos no mercado e, num curto prazo de tempo, tornaram-se os maiores de nossa empresa. É fundamental conseguir o maior número de visitas diárias possíveis, mas só isso não basta, a manutenção por telefone ou e-mail tem de ser feita em paralelo. Uma visita sem manutenção gera perda de todos os recursos utilizados para ela. Vale lembrar que as grandes negociações são resultados de relacionamentos ocasionados por visitas aos clientes."

Márcio Credi, gerente comercial da Agis Distribuição

"O plano de visitas ainda é a melhor ferramenta para fidelizar parceiros. Com ele, você visualiza onde estará, com que frequência e quanto custará cada visita, além de poder organizar a agenda corporativa. Se o cliente é o sujeito que sempre tem razão, conhecê-lo, ter e manter as portas abertas são de suma importância. Meu planejamento é anual, porém o mercado é mutável e há que se reavaliar permanentemente esses roteiros. Para elaborar o meu plano de visitas, seleciono os clientes prioritários e por grau de necessidade, sejam problemas, sejam novos projetos. Preparo em longo prazo e vou marcando em médio prazo. No curto prazo, faço a reengenharia para ver se há outras prioridades a serem resolvidas na área de atuação do principal cliente ou assunto a ser resolvido. Não há fórmula mágica ou receita, e sim prática e organização. O dia a dia é que determina, chego a viajar pelo Brasil até duas vezes ao mês; então, preciso alternar minhas visitas acampo com trabalhos internos. Tenho uma máxima que utilizo: 'mais vale um dia em campo que um ano no escritório'. O escritório é ótimo para planejar, mas o campo é que lhe mostra se você estava certo ou não!"

Denis Fornari, coordenador nacional de trade marketing da White Goods

DESAFIO 5

Aumentar em 25% o número de prospects

Definição

Ser um bom profissional em fechar as vendas é pouco para o sempre competitivo mercado. Prospectar clientes com maestria é tão importante quanto fechar negócios. E é justamente por isso que queremos desafiá-lo a obter novos clientes.

Sintoma

Poucos clientes chegam até você por meio de indicações? Sua carteira de clientes quase não aumenta? Suas vendas estão diminuindo sem nenhum motivo evidente?

Se você está vivendo algum desses sintomas, preocupe-se, pois esses são os sinais clássicos que evidenciam o gargalo de prospecção que o acompanha.

Descrição do desafio

Superação, estratégia, foco e energia. Se você for capaz de transformar essas quatro palavras em atitudes, terá grandes chances de cumprir, sem grandes percalços, o desafio de aumentar em 25% o número de prospects em uma semana.

Nossas sugestões

São várias as estratégias e os caminhos que você pode utilizar para prospectar novos clientes, mas, antes de começar, tenha em mente a resposta para as quatro perguntas a seguir. Elas são essenciais para traçar sua estratégia:

- Quem são seus potenciais clientes?
- Quais são as necessidades deles?
- Para esse tipo de cliente, quem é o decisor para comprar o produto/serviço que você vende?
- Como você pode chegar até eles?
- Quem/o que pode ajudá-lo com isso?

O caminho mais simples, fácil e inteligente para prospectar novos clientes é contar com o apoio de quem já compra de você. Muitos vendedores não conseguem indicações simplesmente porque não pedem. Acredite, um cliente bem atendido irá indicá-lo com o maior prazer. Você não faria o mesmo se fosse um consumidor satisfeito?

Outra forma simples e criativa para obter novos negócios é sugerida por Joe Girard, o maior vendedor de carros da história. Em seu livro *Como vender qualquer coisa a qualquer um* (Editora Best Seller), ele sugere que você diga com o que trabalha a toda e qualquer pessoa que conheça ou venha a conhecer. A estratégia baseia-se no fato de que todos conhecem, em média, 250 pessoas[*]. Levando isso em conta, a teoria de Girard é a de que existe uma grande probabilidade de alguém nessa rede de contatos precisar de seus serviços.

Eis uma sugestão de roteiro para se apresentar: "olá, meu nome é Alberto e trabalho com soluções para fazer as pessoas terem noites de sono mais felizes e aconchegantes". Além de Alberto ter deixado claro o que faz, disse de forma bem-humorada e criativa. Você não se lembraria dele quando precisasse de um colchão?

(*) É fácil comprovar isso — analise a quantidade de amigos que você e seus amigos têm no Facebook.

Comprovação

ANTES DO DESAFIO

Data de início: ____ /____ /____

Quantas e quais horas eu posso dedicar diariamente para prospectar?

____

Quantos potenciais clientes você prospectou nos dois últimos meses?

____

Qual é a sua média semanal de prospecção? _______________

Considerando o desafio de aumentar em 25%, quantos potenciais clientes você deve prospectar nesta semana? _______________

DEPOIS DO DESAFIO

Data de conclusão: ____ /____ /____

Quantos potenciais clientes você prospectou na semana deste desafio?

____

Esse número significou o aumento em 25%? _______________

A que credita o sucesso ou o fracasso deste desafio?

____

____

____

Quais foram as maiores dificuldades encontradas?

____

____

____

A GRANDE LIÇÃO

Com base na experiência que você teve com este desafio, registre aqui o que será necessário lembrar para que você esteja sempre em busca de novos clientes.

____

____

____

____

____

FERRAMENTAS

Prospecção à la Pit Bull

Por Luis Paulo Luppa

É claro que você já ouviu falar em prospect. Lembra-se do seu gerente falando: "você tem de prospectar mais!"? Já virou até verbo, da mesma forma que deletar.

A verdade é que, mais do que uma fase importante da venda e de diversos sinônimos, como perspectiva, que seria quase que uma tradução literal, e oxigenação, prospecção é um termo muito empregado atualmente e tem meios e formas, e é exatamente disso que trataremos neste artigo. De um jeito bem simples e objetivo, elaboramos 15 dicas para você refletir e, fundamentalmente, praticar, pois elas funcionam. Vamos lá:

1. O processo de venda tem início no desenvolvimento de uma estratégia que proporcione o acesso ao cliente. Nunca saia a campo sem antes estudar a lição.

2. Quando você estiver indeciso, pegue sua pasta e saia a campo. Converse com clientes, visite fornecedores e fique de olhos bem abertos na atuação da concorrência. É lá, no campo, que as coisas acontecem.

3. Você não poderá ser excepcional para todos os clientes, mas, se insistir nessa estratégia, conseguirá, no máximo, ser regular para alguns e péssimo para a maioria. Descobrir um nicho de mercado no qual sua empresa possa ser a melhor é o seu grande desafio.

4. Quando sentar para elaborar suas táticas e estratégias, lembre-se: você está metido em uma guerra que tem três objetivos básicos: preservar seu mercado (manter clientes), ampliar território (reter clientes) e tomar o mercado do inimigo (conquistar novos clientes).

5. Mostre a sua agressividade na hora de contra-atacar. Adote a tática três por um: conquiste três novos clientes para cada cliente "roubado" pela concorrência.

6. Se é você quem elabora as políticas e os procedimentos da divisão de vendas da sua empresa, não tome decisões com base apenas nas informações que recebe do campo. Faça algumas visitas e certifique-se de que as informações são coerentes com o que você está vendo, ouvindo e sentindo.

7. O ponto de partida para se diferenciar da concorrência e se tornar visível aos olhos dos clientes é saber exatamente do que eles precisam e, a partir daí, preparar sua empresa para surpreendê-los. Todo o restante é perfumaria.

8. Como vendedor, o seu grande desafio é fazer que as pessoas parem para escutar o que você tem a dizer. E, para que isso aconteça, é preciso que você tenha algo muito importante para falar.

9. Antes de pegar a pasta e sair a campo, você precisa encontrar respostas para três perguntas importantes: quem são meus clientes? Do que precisam? Como posso chegar até eles? Sem essas respostas, suas ações não passarão de uma grande aventura.

10. Competência e amizade formam uma parceria difícil de combater. Para aproveitar essa sinergia na hora de prospectar novos clientes, lembre-se: "o amigo do seu amigo é seu amigo também!". Sabe o que isso significa? Solicite indicações.

11. Seu sucesso é proporcional à quantidade de clientes que você possui em sua carteira. A prospecção de novos clientes está apoiada em um tripé que precisa ser muito bem explorado — competência, criatividade e bom uso da tecnologia da informação.

12. Como um detetive, o seu objetivo é determinar o que está, de fato, preocupando o cliente para desenvolver e apresentar uma solução. Para isso, utilize as cinco perguntas tradicionais — quem? o quê? quando? onde? por quê?

13. Dois clientes podem comprar o mesmo produto por necessidades completamente diferentes. Você compra sapatos para proteger os pés ou para combinar com um terno novo ou *tailleur*— no caso das mulheres? Motivos diferentes exigem estratégias de vendas diferentes e, também, proporcionam oportunidades de vendas diferentes.

14. Não saia de uma visita sem, no mínimo, solicitar três indicações. Na pior das hipóteses, poderá não conseguir nada. Entretanto, se conseguir, na hora de procurar a pessoa indicada, você não será mais um ilustre desconhecido, mas um amigo do amigo.

15. O ato de prospectar tem como objetivo encontrar seus "clientes heróis". O economista Pareto descobriu que 80% das suas vendas são realizadas por 20% dos seus clientes. Esses são os heróis para quem você deverá direcionar a maior parte do seu tempo e recursos.

Negociações mais tranquilas, apenas fazendo *follow-up*

Por Silvia Campos

Segundo a National Sales Association:

- 2% das vendas acontecem no primeiro contato.
- 3% no segundo contato.
- 5% no terceiro contato.
- 10% no quarto contato.
- 80% das vendas acontecem entre o quinto e 12º contato.

Entretanto, a maioria dos vendedores desiste depois da segunda tentativa. Com isso, 95% das possibilidades de venda são perdidas. Por que será que esse passo, a princípio tão simples, é mal utilizado? Pela minha experiência, observo quatro motivos:

1. Falta de tempo.
2. Falta de planejamento.
3. Grande quantidade de clientes na carteira.
4. Receio de ouvir alguma informação que não deseja, como uma reclamação, insatisfação etc.

Quando pensar em *follow-up*, lembre-se da última vez que tentou conquistar uma pessoa. Tenho certeza de que usou toda a sua criatividade e persistência para se fazer notar como alguém especial e inesquecível. Espero que tenha conseguido! Seguem algumas dicas:

» **Planejar é imprescindível** — Pense em qual vai ser a estratégia, quais são os objetivos que deseja alcançar. Tenha ferramentas para mensurar os resultados e busque os recursos que serão necessários para implementar o plano de ação.

» **Seja criativo e diversifique suas mensagens** — As formas mais comuns de entrar em contato são por telefone e e-mail, mas você pode variar mandando cartas, cartões, convites para palestras, festas ou shows, artigos de revistas, histórias de sucesso, livros... Mude, inove, surpreenda!

» **Quanto mais pessoal for sua mensagem, maior o impacto e, consequentemente, o resultado da ação** — Então, além de mudar a forma de entrar em contato, alterne mensagens padronizadas com textos escritos exclusivamente para aquele cliente.

» **Identifique o decisor** — Estabelecer um relacionamento forte com a pessoa errada não irá ajudar. Tenha em mente que os decisores das empresas estão sempre ocupados e dificilmente retornarão as suas ligações ou mensagens. Seja proativo e assuma a responsabilidade de fazer o contato com a pessoa certa.

» **Não entre em contato apenas para vender** — Assim como irá alternar as formas de contato, aproveite e alterne os motivos. Sugerir um artigo, um livro ou outra forma de informação pertinente ao negócio do seu cliente fará que sua credibilidade aumente. Para isso, antes, entenda e identifique as dificuldades e necessidades dele.

» **Organize-se** — Quando for telefonar, tenha disponíveis os dados que acredita que irá precisar, papel e caneta à mão, desligue a tela do seu computador para não dividir sua atenção; afinal, aqueles poucos minutos da ligação são únicos para causar uma boa impressão.

» **Use uma ferramenta de controle adequada** — Existe um limite na quantidade de clientes com os quais conseguimos fazer *follow-up*. Por isso, sugiro que use um CRM, planilha ou mesmo uma agenda eletrônica que o ajude a programar suas ações e a se lembrar de todos os seus clientes.

» **Agradeça** — Apesar de poucos vendedores fazerem, aquele contato para agradecer e perguntar se o cliente ficou satisfeito com um produto ou serviço recentemente adquirido é muito importante. Se você ainda não adotou esse passo, faça. Se já está em ação, planeje novas oportunidades de ser lembrado pelos clientes e prospects.

» **Faça entre quatro e seis contatos por ano para clientes ativos, fidelizados ou aquele prospect que você acha que vale a pena** — Insista, porém nunca se esqueça de alterar as formas para não se tornar repetitivo.

» **Repasse informações à empresa** — Aproveite as informações coletadas dos seus clientes para ajudar a sua empresa a desenvolver novidades e melhorias em negociações futuras.

Está convencido de que fazer *follow-up* pode mudar a história de suas vendas? Então, arregace as mangas e comece hoje mesmo a contatar seus clientes mais vezes. O processo é fácil, não tem grandes custos, traz grandes resultados e só depende de você. Use sua imaginação e veja suas negociações fluírem naturalmente para fechamentos mais rápidos e lucrativos.

O que é melhor: prospectar por telefone ou visitar pessoalmente?

■ **Por André Santos**

A resposta para essa pergunta dependerá muito do tipo de produto ou serviço que você comercializa e do ramo de atividade em que atua. Mas, independentemente de qualquer coisa, o mais importante — e que devemos pensar antes mesmo de começar nossa prospecção — é como tornar o nosso dia a dia mais produtivo.

Vender é uma relação de causa e efeito. Entre as causas, uma das mais imprescindíveis é a quantidade de contatos que você faz diariamente. Quanto mais pessoas você contatar, mais chances terá de vender. É estatístico. Não é possível ter sucesso sem falar com uma grande quantidade de potenciais clientes. Sendo assim, a pergunta é: como nos tornarmos mais produtivos? Como conseguirmos o maior número de contatos e entrevistas possíveis? Será melhor agendar as visitas ou simplesmente ir visitar?

Para otimizarmos o tempo e conseguirmos falar com o maior número de pessoas, obtendo melhores resultados, seguem algumas dicas:

- **Valorize o seu tempo e o de seu cliente** — Acredito que está cada vez mais em desuso fazer visitas sem um prévio conhecimento do cliente, ou seja, chegar de surpresa sem ter horário marcado. Isso pode ser interessante quando você está aproveitando uma circunstância ou se você só vende de porta em porta. Do contrário, sempre que puder, tente agendar suas entrevistas. Num passado recente, fazer visitas frias era aceitável — e até existe uma frase que diz: "ninguém poderá desligá-lo se você estiver em pé à sua frente". Nos dias de hoje, com tanta tecnologia ao nosso dispor — celular, *notebook, smartphone* etc. —, não há motivo para não agendarmos nossas visitas. Toda vez que você marca um horário, suas entrevistas de venda se tornam mais valorizadas e importantes, além de mostrar mais profissionalismo e respeito pelo seu tempo e pelo cliente.

- **Tenha o telefone como um aliado —** Se possível, separe pelo menos um dia na semana para agendar suas entrevistas e tente criar "territórios" para que você possa visitar clientes que estão perto uns dos outros. Lembre-se de que, se seu objetivo é a entrevista pessoal, ao telefonar você tentará vender a importância da visita, e não o seu produto ou serviço.

- **Esteja pronto para os contatos telefônicos e pessoais —** As pessoas estão cada vez mais ocupadas e cheias de coisas para resolver. Se, ao fazer contato, você não tiver em mente como despertar o interesse do cliente em querer ouvi-lo, suas chances de sucesso são pequenas. Crie seu roteiro antes de entrar em contato.

- **Aproveite todas as oportunidades —** Citei que as entrevistas com hora marcada são mais valorizadas, mas o bom vendedor aproveita todas as oportunidades. Mais contato significa mais vendas. Se você estiver visitando um cliente e perceber que bem próximo dele existe outro cliente potencial, por que não tentar conhecê-lo? Muitas vezes ao seu lado, no seu bairro ou na sua rua, há pessoas querendo comprar o que você vende e tentar conhecê-las para descobrir sobre suas necessidades, colocando seu produto como uma solução, é a essência de seu trabalho. Nesses casos, você pode fazer uma abordagem inicial, tentando saber quem é que decide pelas compras e procurando marcar uma entrevista futura ou até mesmo, caso haja oportunidade, tentar falar com a pessoa naquele exato momento.

Resumindo: não há uma regra exata e muito menos certo ou errado quando se trata de prospecção de vendas. Agendar visitas por telefone torna o trabalho mais organizado e proporciona mais agilidade e maior quantidade de contatos. Fazer visitas diretamente faz que possamos conhecer melhor o cliente em termos de estrutura e porte. O importante é saber que seu sucesso e ganho estão diretamente ligados à sua competência e à produtividade de seus dias.

DESAFIO 6

Reativar 3 clientes inativos

Definição

Você promoveu uma excelente experiência de compra, deixou o cliente muito satisfeito e fechou a venda. Então ele foi embora e... nunca mais voltou. Se essa cena é comum em seu cotidiano, você precisa lutar para recuperar os que um dia já usufruíram dos seus serviços.

Sintoma

Negócio fechado para você é sinal de missão cumprida? O índice de recompra de seus clientes é ínfimo? Sua pós-venda deixa a desejar ou é inexistente?

Se você reconheceu ao menos um desses sintomas, a necessidade de aperfeiçoar suas técnicas e ações de relacionamento é iminente.

Descrição do desafio

Conquistar um novo cliente custa cinco vezes mais do que manter aquele que já compra de você[*]. Isolada, essa já seria uma bela justificativa para motivar o mais cético sobre os benefícios das estratégias de fidelização. Portanto, comece a se preocupar (de verdade) com isso.

Sua missão agora é fazer três clientes que compraram de você há mais de 12 meses entrarem em seu relatório de vendas nesta semana.

(*) Fonte: Peppers e Rogers.

Nossas sugestões

Antes de tudo, o ideal é que você possa contar com um sistema de CRM para resgatar o histórico de compra e o perfil dos clientes inativos. Caso não tenha o sistema ou registros pessoais, terá de contar com a memória e será necessário providenciar imediatamente um sistema de CRM.

Com os nomes dos clientes inativos em mãos, faça um filtro, separe aqueles que serão mais promissores e planeje como será sua investida. Utilize como fonte de inspiração os artigos e as reportagens listadas a seguir, os quais ilustram diversos *cases* e técnicas que darão uma base sólida para que você possa recuperar esses clientes, que jamais deveriam ter partido.

Comprovação

ANTES DO DESAFIO

Data de início: ____ /____ /____

Quantos clientes que compraram há mais de 12 meses você irá prospectar novamente? ______________

DEPOIS DO DESAFIO

Data de conclusão: ____ /____ /____

Quantos clientes você conseguiu reativar nesta semana? ______________

A que credita o sucesso ou o fracasso deste desafio?

Quais foram as maiores dificuldades encontradas?

A GRANDE LIÇÃO

Com base na experiência que teve com este desafio, registre aqui o que será necessário lembrar para que você promova ações ininterruptas de relacionamento e evite deixar os clientes sem assessoria.

Recuperação de inativos: do planejamento à execução

Por José Teofilo Neto

Tal e qual na vida pessoal, quando nos encontramos sozinhos num sábado à noite, procuramos nas agendas contatos que nos trazem boas recordações. Na vida profissional, quando ocorre redução dos negócios, nós nos lembramos dos clientes inativos.

Muitas vezes, constatamos que velhos amores encontraram novos parceiros, enquanto outros nem querem ouvir falar de nós. Novamente, vida pessoal e profissional se assemelham.

Quando um cliente deixa de comprar da nossa empresa, imediatamente o rotulamos de inativo, depositando sobre ele a culpa em relação à interrupção das vendas. Fácil, não? Colocamo-nos acima do bem e do mal, julgando-nos superiores, cruéis juízes a justificar as razões pela descontinuidade no relacionamento — e os mais experientes sabem que não é bem isso.

Um consumidor deixa de comprar da gente por incontáveis motivos, sendo que por "culpa" dele somente quando não nos paga. Com exceção deste motivo, nós é que o abandonamos. Os motivos vão desde os pequenos valores comprados (que não justificam a atenção do vendedor), passando pelos preconceitos do vendedor que não simpatiza com o comprador, até chegar à gerência, a qual acusa a concorrência, porém não mantém qualquer outra política de relacionamento, importando-se somente em "enfiar a mão no bolso do cliente", deixando de oferecer melhores serviços de pré e pós-venda.

Feita essa radiografia, parece que só resta saída para buscar novos consumidores e bater metas e mais metas, geralmente sacrificando as margens de lucro. Mas há saída para recuperar antigos amores, digo, relacionamentos.

Dicas para planejar a recuperação de clientes

» Liste aqueles que não compraram nos últimos 12 meses. Isso depende muito da frequência de compra, pois alguns produtos têm um ciclo de reposição semanal, outros mensal ou ainda trimestral.

» Retire de sua lista aqueles que não pagaram. Deixe-os inativos!

» Seja humilde e reúna informações sobre:

a. Os preços que você pratica estão na média do mercado? Suas tabelas e sua política são entendidas pelos vendedores?

b. Surgiram novos fornecedores nacionais? O que fazem de diferente?

c. Os importados estão com os preços lá embaixo? Questione a qualidade, assistência técnica, falhas/atrasos na reposição e garantia de qualidade. Em algum quesito, você deve ser melhor, do contrário, está com sérios problemas.

d. Quais são as razões que seus vendedores deram para deixar de visitar os clientes? Caso seja a relação custo-benefício, você já pensou em televendas?

e. Seus prazos de pagamento são adequados à realidade?

f. Sua entrega é pontual? Produtos defeituosos são repostos com a máxima urgência? Como é a concorrência?

g. Seus concorrentes adotaram novas políticas de comercialização, aumentando o número de vendedores, fazendo mais televendas, anúncios em revistas e outros canais especializados? Participam de mais feiras com estandes de arrasar? Fazem *e-commerce,* aceitando pedidos pela internet? Os catálogos são atraentes e o site também?

Preparando a ação de recuperação

» **Feita a análise dos itens sugeridos, arrume a casa** — Dê muita atenção a estes quesitos: vendedores deixaram de visitar, falta de atenção às reclamações, problemas de prazo de entrega ou erros nas quantidades enviadas e nas notas fiscais.

» **Envolva toda a empresa no processo de recuperação dos clientes** — Estabeleça uma política clara de punições caso os erros cometidos, cujas origens foram sanadas, voltem a acontecer. Em especial, seja muito claro com os vendedores, senão sairão feito loucos para visitarem suas carteiras e farão mais bobagens que acertos.

» **Estabeleça uma política especial de remuneração (menor que a usual) para os clientes recuperados** — Somente volte à comissão para os valores normais depois da terceira compra, pois isso indica que tudo voltou ao normal.

» **Faça os contatos pelo telefone** — Esse é o lado mais desprezado pelos empresários e gerentes. Reconquistar um cliente é mais difícil que vender, porque ele conhece nossas faltas, está resistente e, muitas vezes, com pedras na mão — além disso, não quer repetir os erros e pagar por eles. Isso quer dizer o seguinte: quem fará os contatos deve estar muito bem preparado e, principalmente, saber superar objeções que serão específicas e cortantes, pois são frutos da má experiência. Nesses casos, só uma voz meiga e cheia de cortesia não resolve mesmo.

» **Administre sua ansiedade** — Essa ação de recuperação geralmente traz os seguintes resultados: 30% voltam a fazer negócios e até farão pedidos de imediato; 40% precisarão de mais tempo, pois vão pedir a visita do vendedor, enfim, testar tudo aquilo que você disse que arrumou. Outros 30% arrumaram novos fornecedores e haverá necessidade de um plano especial de relacionamento, com ações de encantamento/envolvimento, e não ações tão explícitas de vendas. Ajuda muito ter um boletim informativo, convites para feiras e, se for o caso, visitas dos gerentes.

Dicas para a pós-recuperação

» Divulgue entre os funcionários os resultados obtidos e a importância de se manter os "novos valores", fazendo valer os velhos ditados: os clientes em primeiro lugar ou, então, este: o cliente sempre tem razão.

» Integre televendas com a equipe externa, fazendo-as funcionarem em harmonia e uma completando a outra. Nada de usar televendas como suporte.

» Seu software de gestão de carteiras deve sinalizar quando um consumidor está comprando menos ou quando diminuiu a frequência, pois assim você pode adotar ações corretivas para que não repita os mesmos erros.

» Ensine sua equipe externa e interna (televendas) a atuar não só na base do tirar o pedido e tchau. Eles são a cara da empresa e precisam organizar o tempo deles para fazer visitas/telefonemas de prospecção de novos produtos/aplicações para o cliente, orientar como obter o melhor rendimento dos produtos, levar novidades, falar com outros agentes no processo de compras para receber críticas e sugestões — e não somente com os compradores.

» Não descanse. Faça revisões periódicas nas suas políticas e métodos, privilegiando a inovação e blindando-se contra a concorrência. Prepare-se para o *e-commerce*, porque o mundo não dorme e os clientes querem comprar na hora de sua melhor conveniência.

Dessa maneira, suas noites de sábado estarão garantidas, pois você merece.

Recupere seus clientes inativos!

Por César Frazão

Uma leitora da revista *VendaMais* nos escreveu perguntando o seguinte: "como entrar em contato com ex-clientes? Eu tinha um cliente e ele parou de comprar por algum motivo, a relação esfriou e não nos falamos mais. Agora quero reativar o contato. Qual é a melhor forma de fazer isso?".

Primeiramente, é preciso verificar em sua empresa se existe algum histórico de reclamação ou problema com o ex-cliente. Se esse for o caso, certifique-se de que a situação foi ou será resolvida, de que não acontecerá mais e peça desculpas sinceras a ele, solicitando uma nova chance.

Entretanto, às vezes, não tem nada a ver com atendimento ruim, por exemplo: você é acostumado a comprar em uma pizzaria todo fim de semana, mas se muda para um outro bairro ou cidade. Logo, começará a comprar sua pizza em outro lugar, portanto, a pizzaria do seu antigo bairro o perdeu como cliente. Daí a importância de buscar novos clientes sempre para repor essa perda natural que toda empresa sofre.

Para refletir: se a sua empresa perder em média 20% dos clientes por ano, em cinco anos ou menos ela fechará.

A criatividade e a atitude são fundamentais para recuperar ex-clientes. Veja dois casos reais de sucesso e o que podemos aprender com eles:

1. A crise, muitas vezes, força-nos a usar a criatividade para buscar saídas. Uma loja de roupas teve seu movimento reduzido pela metade devido a um novo shopping que abriu nas proximidades, levando parte da clientela embora. Para contornar a situação, os funcionários elaboraram uma mala direta diferente, em vez da tradicional que muitas vezes os clientes jogam fora sem mesmo ler. Eles escreveram uma carta à moda antiga para seus clientes, com envelope tradicional, endereços redigidos à mão, selos de verdade colados no lugar de carimbos e cada vendedor escreveu uma mensagem personalizada para seus ex-clientes, convidando-os a irem à loja ver as novidades e promoções especiais. O resultado de todo esse esforço foi que, após enviarem três mil malas diretas a ex-clientes, 438 deles retornaram à loja e gastaram juntos mais de R$300 mil. O detalhe foi que a própria equipe de vendas trabalhou na mala direta enquanto o movimento estava fraco.
2. Uma cervejaria no interior de São Paulo resolveu promover uma campanha de vendas para recuperar estabelecimentos comerciais que deixaram de vender sua cerveja. Ela fez a seguinte ação: imprimiu sete depoimentos de clientes que estavam satisfeitos em revender a cerveja e entregou cópias aos representantes, solicitando a eles que visitassem os ex-clientes e mostrassem os depoimentos dos outros comerciantes satisfeitos. A

campanha foi um grande sucesso, recuperando 47% de ex-clientes em pouco mais de uma semana de vendas. E os vendedores disseram que, muitas vezes, nem conseguiam chegar ao fim dos sete depoimentos. Quando estavam na metade da apresentação, os ex-clientes falavam: "faz o seguinte, mande-me uma ou duas caixas para eu tentar novamente!".

Não tenha medo de reatar contato. Vá para cima, seja ousado e cara de pau e procure seus ex-clientes. Neles pode estar uma fonte de receita importante para suas vendas. Você vai perceber que só o fato de procurá-los e oferecer novamente seu produto fará a diferença em muitos casos.

Dica de venda: use a palavra novidade em seu discurso de reaproximação. Ela mexe muito com os clientes e é um grande argumento de vendas que justifica voltar a procurá-los.

Recuperação de clientes inativos

Por Redação VendaMais

Que a verdade seja dita: conquistar e perder clientes já se tornaram um hábito corriqueiro nas empresas. Tanto que parece ser mais importante conquistar um novo cliente que manter os já existentes, sem perceber que tal prática leva à perda futura dos consumidores hoje conquistados.

Antes disso, há um indício claro de que o fim do relacionamento pode estar próximo: o cliente diminui sua frequência de compra até que para totalmente de comprar. É o que se convencionou chamar de cliente inativo, com direito a todo o pejorativismo inerente ao termo.

Uma pessoa que não tem atividade nem atua está parada, é ineficaz, certo?

Errado! Afinal, se um cliente comprava de sua empresa, por que deixou de comprar? Ele simplesmente parou de utilizar o produto e/ou serviço ou está comprando do concorrente? A única certeza é de que algo aconteceu nesse processo. E são grandes as chances de que o veredicto aponte sua organização como culpada, nem que seja pelo simples, porém grave, fato de ter esquecido o cliente, causando assim sua inatividade.

O que é um cliente inativo?

Antes de entrarmos nos pormenores da questão, vale a pena discutir o conceito de inativo. Para Yvan Nepomuceno, consultor com foco na recuperação de clientes e responsável pelo Projeto Gerenciador de Vendas, esse rótulo precisa ser repensado: "quando falamos que um cliente é inativo, ele simplesmente nos trocou pela concorrência. Embora isso seja óbvio, leva-nos a refletir e buscar as causas da inatividade desses consumidores dentro de nossa empresa. Isso mostra que a inatividade é inerente à nossa capacidade de mantê-los como parceiros, mudando o foco da questão. Quando transferimos essa responsabilidade para nossa companhia, abrimos um leque de possibilidades e ações para recuperá-los".

Para Marcelo Caetano, especialista em fidelização de clientes e sócio-diretor da Solução Comercial, cliente inativo é aquele que dá sinais claros de que está deixando de consumir o produto e/ou serviço que sua companhia vende, mas que ainda não trocou você pelo concorrente. "Empresas e consumidores têm um ciclo de compras diferente. Alguns são de 30 dias, ou seja, se o cliente ficar 40 dias sem comprar, é um sinal claro de quebra de ciclo. Nesse momento, ele dá sinais de inatividade. Então é hora de agir, acender uma luz vermelha e alertar a organização de que isso está acontecendo", aconselha.

Sandra Camelier, consultora de marketing direto e sócia-diretora da Speciallist, também defende que cliente inativo é aquele que não fechou novos pedidos no prazo previsto para recompra: "em uma indústria que atende um pequeno comércio, com frequência média trimestral de pedidos, o cliente poderá ser considerado inativo após seis meses da última compra. Um assinante de revista que não renovou sua assinatura ao fim do período é um cliente inativo. Para um supermercado, o consumidor que não retornou nos últimos dois meses possivelmente é considerado inativo".

Claro que, em períodos de crise, a própria expectativa de sofrer seus efeitos já leva uma parte dos consumidores a adiar a reposição de seus estoques. Com isso, o intervalo médio entre os pedidos aumenta, o que não significa, obrigatoriamente, um acréscimo na quantidade de clientes inativos. “O ciclo de compras pode sofrer algumas alterações em momentos de crise, porque os consumidores deixam para comprar quando o estoque está no limite. Mas não acredito que possamos considerá-lo como um cliente inativo, e sim que está criando um novo ciclo de compras”, comenta Marcelo Caetano.

Na realidade, o mercado todo está se reorganizando dentro de novos padrões e as pessoas estão se tornando mais seletivas. “Acredito que, em tempos de crise, as companhias agem com moderação. Em alguns casos, os compradores passam a negociar prazos e descontos, já em outros procuram priorizar”, argumenta Débora Martins, consultora especialista em gerenciamento das relações entre empresas e clientes e palestrante da Atender Bem Consultoria.

Favorecendo a inatividade

Independentemente da crise, existem erros comuns cometidos pelas organizações que as fazem aumentar sua carteira de clientes inativos. O primeiro é não estabelecer claramente qual é o período que define quando um determinado consumidor ou um grupo entra em inatividade.

Assim, muitos se tornam inativos sem que a empresa tome nenhuma providência. “Esse ponto é de extrema importância, pois, se um cliente inativo torna-se um ex-cliente, a chance de recuperá-lo fica significativamente mais baixa e cara. Para ajudar nessa tarefa, é muito importante ter um sistema. Mas, se não o possuir, precisa ser à mão mesmo: chegou ao fim do mês, analise quem não comprou e corra atrás do prejuízo. O que não você pode é deixar o cliente ir embora”, recomenda Marcelo Caetano.

Ele destaca também que outro erro é deixar essa análise somente para o vendedor. Gerentes e supervisores devem se envolver nesse processo, afinal, trata-se de um assunto estratégico da empresa. “Para o profissional de vendas, devido à rotina, é mais fácil o cliente dar desculpas e parar de comprar. Em uma visita, ele culpa o excesso de estoque; em outra, diz que está segurando as compras e assim vai. Mas, quando você tem um padrão, essas subjetividades são deixadas de lado e o supervisor ou a estrutura de retenção entra em ação”, explica Caetano.

A busca constante por se atingir metas de vendas tem levado as empresas a concentrarem esforços nos clientes que possuem maior poder de compra. Trata-se de outro grande erro, pois os consumidores menos rentáveis são deixados de lado, o que, com o tempo, passa a representar um número expressivo de clientes rotulados como inativos. “São consumidores que representam muito pouco individualmente, mas, se somadas suas participações, estariam contribuindo no momento com um porcentual expressivo do faturamento e consequente diminuição da carteira de inativos”, adverte Yvan Nepomuceno.

A maioria das empresas concentra seus melhores investimentos na conquista de novos clientes, não é mesmo? Depois que eles fazem a primeira ou segunda compra, passam a ser tratados como apenas mais um. Outro erro! “Quando existem os investimentos para encantar e fidelizar clientes, eles costumam ser pequenos. Muitas organizações não enviam sequer uma carta de boas-vindas ou agradecimento pela primeira compra. E grande parte dos vendedores aguarda, de braços cruzados, que o consumidor ligue para fazer novos pedidos, esquecendo que a concorrência está ativamente buscando conquistá-lo”, lembra Sandra Camelier.

Falta de comunicação e de um sistema integrado de informação é outro fator que leva as companhias a aumentarem sua carteira de inativos. “As empresas perdem principalmente por não terem um banco de dados atualizado, no qual poderão acompanhar seus clientes inativos e criar campanhas para reconquistá-los. Ocorrem várias mudanças nas estruturas organizacionais: pessoas entram e saem, gerências e diretorias mudam etc. Por isso, é preciso ter um banco de dados atualizado com o histórico das negociações e da fidelidade nos prazos e pagamentos, valores da maior e menor fatura, periodicidade de compra, entre outras informações que julgar importantes”, recomenda Débora Martins.

Prevenindo a inatividade

Depois dessa infinidade de erros que você certamente irá evitar a partir de hoje, é o momento de falarmos sobre os cuidados para evitar que clientes ativos se tornem inativos. Monitorar de perto e abrir canais de comunicação que estejam acima do vendedor, como um 0800, é uma das dicas de Marcelo Caetano: "muitas vezes, quem leva à inatividade é o próprio vendedor. Se ele combina de passar em determinada data e não o faz, o consumidor tem de ligar para alguém a fim de fazer o pedido. Nessa hora, ele precisa notar que existe uma estrutura de suporte por trás do vendedor; caso contrário, comprará do concorrente".

Para Sandra Camelier, um bom relacionamento é a chave contra a inatividade. Ela lembra que, assim como ocorre com cada um de nós, para o cliente é muito mais cômodo comprar sempre do mesmo fornecedor: "se ele estiver satisfeito, sentir-se valorizado e perceber claramente as vantagens de continuar comprando naquela empresa, não estará disposto a mudar. Por isso, na quase totalidade das vezes, a organização só perde para a concorrência se não for capaz de compreender as necessidades do cliente, atendê-las e mantê-lo consciente das vantagens de continuar fiel. E fidelidade, é importante dizer, não é algo que se compra com prêmios, conquista-se no dia a dia do relacionamento".

Débora Martins vê a pós-venda como a grande arma das empresas. "Muitas pessoas não imaginam o poder que a comunicação posterior à venda pode operar em suas futuras negociações. Costumo compará-la à visita de um amigo. Imagine que ele veio visitá-lo e, quando for embora, depois de algum tempo, você liga para saber se chegou bem em casa. Desse modo, seu amigo sente-se cuidado, acolhido. Com os clientes também é assim, eles querem se sentir amparados", explica.

Atenção!

A verdade é que as organizações não dão a devida atenção aos clientes inativos, mesmo sabendo que é muito mais fácil, e custa bem menos, fidelizar um cliente que ter de recuperá-lo. "Este é um grande problema das empresas brasileiras: elas estão mais focadas nos consumidores dos concorrentes que nos seus. O que é mais importante que monitorar um cliente que está deixando de comprar de sua companhia? O custo disso é muito grande. As organizações investem milhões em propaganda e prospecção, mas deixam seus clientes irem por água abaixo — e depois colocam a culpa na guerra de preços", adverte Marcelo Caetano, que tem um caso bastante interessante da academia em que frequenta — que posteriormente se tornou sua cliente. O proprietário ficava impressionado, pois o número de matrículas era alto, porém a quantidade de alunos ativos não crescia na mesma proporção. "Analisamos os números e percebemos que as pessoas que ficavam mais de 30 dias sem frequentar a academia raramente voltavam, ou seja, após 30 dias sem comparecer na academia, elas se tornavam ex-clientes — e estavam quase perdidas", explica.

A estratégia foi disponibilizar uma funcionária para ligar a todos os clientes que completavam 20 dias sem ir à academia. Ela perguntava sobre o motivo, se teve algum problema com equipamentos ou instrutores. Mas a alegação era sempre a mesma: falta de tempo por excesso de trabalho ou estudo. Então ela dizia que era exatamente nesses momentos que o corpo precisava estar preparado e disposto, convidando-o a voltar e explicando que ele ganharia um brinde, o qual seria entregue na recepção. "O resultado foi impressionante: mais de 30% dos alunos voltavam simplesmente devido a esse telefonema. A ideia não tem nada de genial. É muito simples, mas funciona. Às vezes, as empresas querem complicar, porém deixam de fazer o básico", destaca Caetano.

Quando o assunto é atenção ao consumidor, Carlos Alberto de Faria, pós-graduado em marketing de serviços e sócio-diretor da Merkatus, é taxativo ao afirmar que as companhias devem dar atenção aos clientes ativos. Afinal, se derem atenção a eles, não se transformarão em inativos. "Perder para a concorrência é normal. Mas as organizações adquirem clientes inativos por não darem atenção aos ativos, que, sentindo-se desprezados ou esquecidos, arranjam outro fornecedor. Assim, as empresas perdem o consumidor, suas compras e referências positivas, pois cliente inativo dá referências negativas", alerta.

Ouça o cliente inativo

Se você e sua empresa fizeram tudo o que estava ao alcance e, mesmo assim, o cliente se tornou inativo, Yvan Nepomuceno recomenda abrir canais de comunicação: "isso o colocará em contato com os clientes que não estão sendo trabalhados, dando a oportunidade de ouvi-los e entender as razões que os levaram à inatividade. Na maioria das vezes, escutá-los leva a repensar nossa política de comercialização e reestruturar a companhia de forma a adequá-la às expectativas do consumidor".

A humildade do aprendizado é muito importante nesse processo, ainda mais se a tentativa for recuperar o cliente. É necessário escutar, aprender e corrigir. "Não basta conversar, é preciso aprender com os fatos relatados por ele. De nada adiantará trazê-lo de volta se o que causou a inatividade não estiver corrigido dentro dos processos da empresa", explica Carlos Alberto de Faria.

Recuperar ou não?

Uma dúvida bastante comum é se a organização deve identificar, entre os inativos, quais são rentáveis e devem ser recuperados. De acordo com Marcelo Caetano, a maioria das empresas brasileiras avalia os clientes pelo volume de vendas, e não pelo lucro. "Quando um consumidor lucrativo entra em inatividade, ele deve ser recuperado imediatamente. Quando não for lucrativo, deixe-o ir embora", aconselha e lembra que existem casos em que os concorrentes oferecem descontos absurdos que, se praticados por sua empresa, podem acabar com a margem de lucro: "se o cliente pressionar, precisamos saber deixá-lo ir embora. Até porque, quase sempre eles voltam, pois esse concorrente certamente irá falhar em algum momento".

Para Yvan Nepomuceno, um consumidor deixa de ser rentável para a empresa a partir do momento em que encontra na concorrência melhores condições comerciais e melhores produtos. "Vale a pena questionar se não foi nossa companhia que deixou de ser rentável, seja pelos custos, seja pela evolução tecnológica aplicada aos produtos e serviços. Antes de avaliarmos quais clientes merecem um trabalho de recuperação, é fundamental olharmos para a empresa com os mesmos olhos que esses consumidores nos olham. A inatividade está muito mais relacionada a nossa incapacidade de produzir bens competitivos que de os clientes adquirirem", garante.

Já Carlos Alberto de Faria acredita que essa separação entre clientes rentáveis e não rentáveis carrega uma visão míope do mercado. Um consumidor pequeno, com volume de compras baixo, pode não ser lucrativo, mas representa a abertura de um novo segmento de atuação. "A pergunta correta é: entre seus clientes inativos, quais a organização tem interesse de recuperar? Os motivos podem ser vários e a recuperação não dependerá somente de sua empresa, mas também da boa vontade do cliente esquecido", afirma.

Sandra Camelier acha que não vale a pena investir na recuperação de consumidores cuja frequência de compras e valores eram baixos. "Também não parece interessante recuperar clientes cujo relacionamento tenha sido muito desgastado ao longo de várias reclamações, nem aqueles que eram pouco rentáveis devido ao alto custo de atendimento ou aos descontos elevados que eram exigidos para mantê-los", explica e complementa que a decisão de investir ou não na recuperação de um cliente deve ser baseada em uma análise financeira, selecionando consumidores que, uma vez recuperados, apresentem um bom potencial de lucratividade. "Recomendo que os inativos sejam classificados em três grupos quanto à rentabilidade: média, alta e muito alta. O tipo de abordagem — mais cara ou mais econômica — será decidida em função do grupo em que ele se encontra. Um cliente de alta rentabilidade no mercado de investimentos pode justificar convites para peças teatrais, eventos com hospedagem incluída em hotéis cinco estrelas e outros mimos especiais. Já a abordagem de um consumidor com classificação média no mercado editorial provavelmente será limitada ao envio de cartas personalizadas", exemplifica.

Como abordar o cliente inativo

Definidos os consumidores que serão recuperados, é hora de escolher a forma de contatá-los. Como já foi ressaltado, o contato deve ser feito assim que a empresa perceber que o cliente se tornou inativo, pois é mais fácil recuperá-lo quando os motivos que o levaram a deixar de comprar ainda estão frescos em sua memória, por exemplo: se o ciclo de venda é trimestral, não faz sentido algum perguntar dois anos depois o motivo de sua desistência.

E quais são as formas mais eficazes para abordá-lo? Sandra Camelier garante que, quanto mais pessoal for o contato, maior a chance de reverter o processo. "Se possível, faça uma visita. Se não puder, telefone. Caso não seja possível telefonar a todos, envie uma carta personalizada", recomenda.

Para Carlos Alberto de Faria, cada cliente é um caso específico, e a maneira mais eficaz é a que entregue melhores resultados. "Tentar várias formas, montar um histórico, fazer estatísticas, arrumar os processos internos para evitar novos esquecimentos etc. Haverá casos em que a diretoria é quem irá estabelecer contatos, e outros em que uma troca de telefonemas ou e-mails poderá deflagrar o processo de reconquista. Qual é o melhor? O que trouxer melhores resultados!", explica.

Para ter sucesso

Débora Martins dá algumas dicas para você obter bons resultados na recuperação de clientes inativos, confira:

- Dê atenção especial à pós-venda. Registre em um histórico tudo o que aconteceu durante a venda.
- Mantenha sua carteira de clientes atualizada e, principalmente, com informações sobre os compradores.
- Crie o hábito de ligar para seus consumidores periodicamente.
- Um boletim informativo mantém um canal de comunicação ativo, além de ajudar seus clientes a ficarem atualizados sobre as promoções que sua empresa ofertar.
- Não ignore as reclamações e insatisfações de um consumidor, outros podem se tornar inativos pelos mesmos motivos.

A principal dica de Carlos Alberto de Faria, como já foi ressaltado, é ouvir o cliente atentamente, mostrando preocupação e corrigindo os erros. "Se houve falha comprovada por parte de sua empresa, é preciso se desculpar e propor algo que a repare. Em seguida, deve-se perguntar se a compensação ficou do agrado do consumidor. Caso a resposta seja positiva, informar que sua companhia gostaria muito de tê-lo novamente como cliente e que, se ele quiser, estará à disposição para atendê-lo de forma personalizada, com você acompanhando pessoalmente os pedidos dele", sugere.

Mas é claro que a melhor recomendação é não perder clientes para não precisar recuperá-los depois. "Por isso, trate-os bem e cumpra suas promessas. Acompanhe de perto seu grau de satisfação e aja rápido, corrigindo a rota antes que eles decidam abandoná-lo", aconselha Sandra Camelier.

No entanto, se isso acontecer, lembre-se sempre de que o cliente inativo é a melhor fonte de informações que sua empresa pode contar para traçar estratégias de fidelização. Esteja atento, pois, quando determinados motivos começam a se repetir em outros clientes, significa que sua organização está cometendo um erro sistematicamente ou um concorrente está agindo em sua base. É hora de redefinir sua estratégia e contra-atacar!

12 dicas que podem ajudar você a recuperar clientes inativos

1. Entenda qual é o ciclo de compra de seu produto ou serviço. De quanto em quanto tempo um cliente compra? A partir de que momento ele pode ser considerado um cliente inativo?

2. Saiba quem são seus clientes inativos (nome, empresa, contato etc.). Muitas companhias sabem que os têm, mas não fazem a mínima ideia de quem são. Assim, fica difícil recuperá-los.

3. Envolva os gerentes e supervisores na recuperação de clientes inativos. Isso é algo estratégico e operacional e não deve ficar sob responsabilidade única do vendedor.

4. Lembre-se sempre dos clientes "menores", e não apenas dos "grandes". A maioria das empresas fica tão focada em fechar grandes vendas que se esquece de prestar atenção nas possíveis pequenas vendas — que, somadas, dão um montante interessante.

5. Tenha sempre um banco de dados confiável e atualizado com as informações de seus clientes.

6. Comunique-se constantemente com seus clientes, tanto ativos como inativos. Não deixe que toda a atenção fique centralizada apenas no momento da venda, mas, sim, durante todo o relacionamento. Você se surpreenderá com a quantidade de clientes que valorizam isso.

7. Ao manter esse relacionamento, relembre seus clientes das vantagens de continuar comprando ou de voltar a comprar de você.

8. Escute seus clientes inativos. Descubra por que eles deixaram de fazer negócios com você e tente superar as objeções. Desse modo, poderá descobrir que algumas reclamações são mais frequentes e, assim, promover mudanças e melhorias na empresa ou no produto e/ou serviço oferecido.

9. Pense em dividir seus consumidores por rentabilidade, e não por volume de vendas. Você pode perceber, por exemplo, que muitos de seus clientes "grandes" lhe proporcionam uma margem de lucro muito baixa. Por isso,

na hora de recuperar seus inativos, dê prioridade àqueles que trarão mais lucratividade, independentemente do volume comprado.

10. Analise também quais são os consumidores que vale a pena recuperar. Talvez você tenha de abrir mão da lucratividade para reintegrar um grande cliente, mas, estrategicamente, isso pode ser importante para a empresa. Por isso, é fundamental também saber quem são seus clientes mais interessantes de se recuperar.

11. Ao escolher quais clientes você quer recuperar, desenvolva um plano para investir nessa recuperação, mas sempre de acordo com o retorno que eles trarão. Para quais consumidores vale a pena viajar, visitar várias vezes, oferecer um presente? E para quais deles apenas um telefonema ou carta é suficiente?

12. Não deixe passar muito tempo para tentar recuperar um cliente que se tornou inativo. Quanto mais tempo passar, mais difícil será.

DESAFIO 7

Aprender novas técnicas com vendedores que tenham habilidades diferentes das suas

Etapa da venda

Preparação e planejamento

Definição

O objetivo deste desafio é adquirir conhecimento continuamente com humildade e dedicação, pois essa é, sem dúvida, a rotina dos grandes campeões de venda. Justamente por isso queremos incentivá-lo a procurar profissionais que você respeita e admira para aprimorar seus conhecimentos, habilidades e atitudes — CHA das Vendas.

Sintoma

Você sente que precisa se desenvolver em alguns aspectos importantes para obter sucesso em vendas? Percebe que existem ao seu redor pessoas capazes de ajudá-lo nessa desafiadora missão? Então, você não precisa responder a mais nenhum questionamento.

Descrição do desafio

Este desafio irá promover seu autodesenvolvimento e relacionamento interpessoal. Sua missão é conversar com seus colegas de trabalho e obter dicas de vendas importantes para fazer que você se torne um vendedor cada vez melhor.

DESAFIO 01 02 03 04 05 06 07 08 09 10 11 12 13 14 15 16 17 18 19 20 21 22 23 24 25 26 27 28 29 30

Nossas sugestões

Liste suas maiores dificuldades e pontos a serem desenvolvidos. Depois, mantendo o foco no que registrou, converse com outros vendedores da empresa e explique que está buscando aprender com o conhecimento de profissionais experientes. Tenha em mente que o que você precisa é descobrir como eles trabalham os aspectos que você mais precisa melhorar. Pergunte coisas do tipo:

- O que ele pensa a respeito de... e explique seu problema.
- Como ele se comporta em determinadas situações em que o problema se torna evidente.
- Quais são os exemplos do dia a dia que evidenciam as ações que ele toma para solucionar/evitar o problema?

Comprovação

ANTES DO DESAFIO

Data de início: ____ /____ /____

Quais eram os seus maiores pontos fracos?

____

____

____

DEPOIS DO DESAFIO

Data de conclusão: ____ /____ /____

Liste aqui cinco informações, dicas ou técnicas que você obteve com este desafio:

1. ____

____

2. ____

____

3. ____

____

4. ____

____

5. ____

____

A GRANDE LIÇÃO

Com base na experiência que teve com este desafio, registre aqui o que será necessário lembrar para que você esteja em constante desenvolvimento e aprendendo novas técnicas.

____

____

____

____

____

____

____

____

____

____

Aprendendo a aprender

Por Raúl Candeloro

O que é realmente necessário saber para obter o sucesso?

Já aconteceu de você ligar o carro e sair andando, só para descobrir mais tarde que o freio de mão estava puxado? O psicólogo Kurt Lewin desenvolveu um sistema conceitual chamado "Análise das Forças de Campo". Desta forma, ele descreve dois tipos de força: forças de freio (que desencorajam avanços) e forças de aceleração (que encorajam o avanço).

Algumas pessoas passam pela vida com o freio de mão puxado, presas, com atitudes de procrastinação, medo e pensamentos negativos. Outras pessoas soltam o freio e avançam — de maneira positiva, lógica e confiante. Desses dois tipos, quem você acha que é mais feliz e vitorioso?

Al Siebert, autor de *The survivor personality* (*A personalidade do sobrevivente*, ainda sem tradução no Brasil), descobriu que os sobreviventes — pessoas que se envolvem sem querer em grandes desastres — ganham forças na adversidade. "É a forma como uma pessoa reage às situações que determina sua sobrevivência", diz Siebert. As características de alguém com grandes chances de sobreviver em um desastre são:

1. Flexibilidade: a capacidade de se adaptar sem quebrar.

2. Senso crítico: uma grande vontade de que as coisas funcionem corretamente. Pouca tolerância a coisas que estão erradas.

3. Empatia: capacidade de identificar os sentimentos, pensamentos e atitudes das outras pessoas.

4. Criatividade: habilidade de resolver problemas usando a imaginação.

5. Resistência: poder de voltar a ficar em pé, mesmo quando derrubado várias vezes.

6. Curiosidade: vontade de saber, aprender e compreender.

Note que essas mesmas características podem perfeitamente descrever uma pessoa de sucesso. Aliás, todo mundo concorda que o mundo está mudando, mas o que é realmente necessário saber para obter o sucesso? Além da resistência, talvez o mais importante de tudo seja a curiosidade, o aprender a aprender. Como disse James Michener, "os mestres na arte de viver fazem poucas distinções entre emprego e diversão, entre trabalho e lazer, entre mente e corpo. Eles simplesmente perseguem a visão de excelência no que quer que seja que decidam fazer, deixando os outros, espectadores, decidirem se estão trabalhando ou se divertindo. Para os mestres, essas duas coisas estão sempre juntas".

Se você quer realmente tornar-se um mestre em vendas, precisa "aprender a aprender". Então, continue curioso e venda mais.

O que é necessário aprender para ter sucesso em vendas?

Por João Baptista Vilhena

Sempre gostei de estudar. Chego mesmo a pensar que foi por isso que, com apenas 32 anos, já era diretor comercial de uma empresa líder em seu segmento de negócios e que contava com uma força de vendas com mais de 200 pessoas.

Por isso é que achei estranha a dificuldade que tive em responder à pergunta de um leitor da revista *VendaMais*: o que os gestores comerciais precisam aprender para ter sucesso nas suas carreiras?

Já estou acostumado com as perguntas desafiantes dos leitores, porém, para responder essa, precisei refletir mais. Nesse processo reflexivo, lembrei que a Unesco, em 1999, definiu um conjunto de quatro competências básicas para os executivos do terceiro milênio: competência para ser, conviver, realizar e aprender.

Para desenvolver as competências para ser, creio que primeiramente é preciso investir em autoconhecimento. Somente quem se conhece bem desenvolve autoconfiança, consegue fazer uma autoavaliação realista ou é capaz de rir de si mesmo. Mas como desenvolver essa competência? Para isso, muitos são os caminhos. A psicanálise é o mais conhecido, mas o estudo da filosofia, o aprofundamento em algumas religiões (principalmente as orientais) ou a participação em ordens iniciáticas como a maçonaria podem ser meios interessantes.

O segundo conjunto de competências — as para conviver — talvez seja ainda mais desafiador de ser desenvolvido. Primeiramente, é preciso aprender a tolerar, ser humilde, lidar com conflitos e aceitar consensos sem que haja unanimidade. Tolerância é o respeito às ideias do outro, mesmo que sejam diferentes das nossas. Humildade é a noção de limite, é reconhecer que, por melhor que sejamos, temos muita coisa para aprender. Lidar com conflitos exige o exercício da equidistância — não ter preferências. E onde aprender isso? Dificilmente será em uma escola. Essas coisas se aprendem no convívio e com a reflexão sobre tudo que acontece à nossa volta.

Competências para realizar algo são ensinadas quase diariamente nos treinamentos de vendas, em palestras motivacionais ou mesmo nas reuniões com nosso grupo de trabalho. São as ferramentas técnico-operacionais que nos permitem ter uma performance melhor, sem perder de vista a ética e a responsabilidade social. Embora os modismos sejam muitos, nós, que sempre trabalhamos em vendas, sabemos que nosso trabalho depende fundamentalmente de confiança — não apenas da que o cliente tem em nós, como também da que depositamos na empresa em que trabalhamos e na equipe da qual fazemos parte.

Finalmente, chegamos às competências para aprender. Como adquiri-las? Acredito que o primeiro passo seja desenvolver uma permanente curiosidade intelectual quanto a tudo que nos rodeia. Quando éramos crianças, muitas vezes "enchíamos o saco" de nossos pais de tanto perguntar o porquê das coisas. Com o passar do tempo, passamos a aceitar que elas são como são e paramos de perguntar.

Enfatizo que você não caia nessa armadilha. Continue se perguntando por que o cliente comprou; por que não comprou; do que ele gostou; do que não gostou. O dia em que as respostas para essas perguntas deixarem de lhe interessar, ou você já sabe tudo ou está na hora de procurar uma nova profissão. Pense nisso e boas vendas!

11 lições que os grandes vendedores usam para aprender e continuar motivados

Por Raúl Candeloro

Você já deve estar familiarizado com a experiência da aprendizagem máxima. Basta lembrar-se de alguma vez em que você tenha absorvido novos conhecimentos de maneira fácil, sem esforço algum. Talvez um bom amigo estivesse lhe ensinando uma nova técnica. Ou você teve um daqueles momentos de inspiração criativa, resolvendo ou entendendo uma determinada situação.

Você pode ter mais momentos como esses na sua vida — basta criar as condições que acendem a chama do aprendizado.

A aprendizagem máxima ocorre quando você está aprendendo de uma maneira mais saudável. Ela difere do estudo normal, porque vai muito mais além do que aprender a responder perguntas e resolver problemas de múltipla escolha.

Na vida real, na maioria das vezes, você precisa aprender sozinho. Não tem lição de casa — você mesmo decide o que quer e o que precisa saber, e como pode aprender isso da maneira mais conveniente e divertida.

Esse tipo de aprendizagem usa o mesmo método pioneiro criado pelo famoso psicólogo Abraham Maslow, que revolucionou a psicologia ao estudar de perto somente indivíduos felizes e que não apresentavam distúrbios psicológicos. Maslow descobriu que pessoas sadias psicologicamente têm "experiências máximas", que pontuam rotineiramente suas vidas com momentos agradáveis, emocionantes e afirmativos.

Brian Azar, especialista norte-americano em vendas, descobriu que acontece a mesma coisa com o lado "aluno" que todos temos. Quando atingimos o ápice como aprendizes, temos experiências máximas de aprendizagem — momentos emocionantes de maestria e crescimento. Quando isso acontece, você se descobre usando a aprendizagem como uma alavanca para melhorar sua vida. É o caminho mais curto para ir do que você é hoje para o que quer ser amanhã.

Aqui estão, segundo Azar, as verdades libertadoras que transformam as pessoas em aprendizes máximos:

1. **O que você aprende é para você:** a maioria de nós passou anos intermináveis aprendendo pelos outros — nossos pais, professores ou o próprio sistema de ensino, com todos os diplomas e notas nos boletins. Agora, dê um passo atrás e veja que, como adulto, tudo o que você aprende é para você mesmo. Isso tem consequências práticas e imediatas. Você pode estudar o tema que escolher e aprender tudo o que precisar ou quiser. Não é preciso sentir-se culpado por não terminar a leitura de um livro. E você pode também decidir como avaliar o seu aprendizado — agora sua função é de professor e de aluno.

2. **Você já é um grande aprendiz, dentro das condições corretas, e pode utilizar suas habilidades naturais para melhorar seu grau de aprendizagem:** você ganhará muita confiança se lembrando de algumas das suas melhores experiências de aprendizado. Conversar sobre isso com outras pessoas irá revelar que cada experiência é única e que cada pessoa tem seu próprio jeito de aprender. Assim, você pode descobrir qual é o seu estilo — o mais divertido e eficaz — de aprender.

3. **Você tem seu próprio estilo de aprendizado, que pode ser identificado, utilizado, fortalecido e flexibilizado para fazer de você um melhor aprendiz:** a maioria das pessoas nunca descobriu que tem um estilo próprio de aprender. Se você conseguir descobrir qual é o seu, entenderá imediatamente por que tinha dificuldades em determinadas matérias e provas, problemas com alguns professores etc., e por que outras situações pareciam mais fáceis de enfrentar. Além disso, descobrir seu próprio estilo é um passo essencial para utilizar melhor suas outras habilidades.

4. **Você aprende melhor quando tem uma postura ativa — tomando suas próprias decisões sobre o que, onde, quando, como e por que aprender:** o tédio é o resultado da convicção de estar fazendo algo forçado, quando o que você realmente queria estar fazendo é proibido ou momentaneamente impossível. Uma vez que você descubra que tem toda a liberdade do mundo para aprender o que quer e o que precisa aprender — e do seu próprio jeito — sua motivação aumentará imensamente.

5. **Você pode melhorar seu aprendizado aproveitando-se da "universidade invisível" — mídia, grupos, organizações e pessoas:** a aprendizagem máxima não é apenas o amontoado de atitudes e habilidades que você possui, ela aumenta consideravelmente seu poder com o "campus universitário" criado pela nova tecnologia. Seu computador, o telefone, a televisão, a biblioteca e as correspondências conectam-no a uma rede global de informações e pessoas; portanto, aproveite-as.

6. **Você nunca será velho demais para aprender:** seu cérebro não desacelera ou perde o poder com o passar do tempo. Na verdade, ele sofre o mesmo que os músculos: se você não o usa, ele atrofia. Não existem motivos — exceto problemas de saúde — para que ele não atinja continuamente planos mais elevados, ano após ano.

7. **Você pode criar seu ambiente de estudo ideal, tornando o aprendizado pessoal mais confortável e eficaz:** todos nós precisamos de um cantinho onde podemos deixar cair as barreiras, libertar nossa alma, relaxar e aproveitar — como disse um poeta: "o melhor de tudo que já foi pensado e feito". O aprendizado é reforçado imensamente quando você consegue criar um santuário onde pode liberar os poderes da sua mente.

8. **Para aprender, ensine:** o *expert* em ensino Bill Drives sempre repete a mesma frase: "todos podemos aprender, todos podemos ensinar". Mas isso ainda parece ser uma revelação assombrosa para muitas pessoas. Ensinar o que você sabe é uma das formas mais estimulantes de continuar aprendendo cada vez mais.

9. **Você pode utilizar técnicas e estratégias específicas para motivar, acelerar e dar mais vida ao seu aprendizado:** existe, hoje, um grande repertório de métodos para assimilar grandes quantidades de conhecimento, entre eles estão: mapeamento da mente (*mind-mapping*), visualização, mudança de paradigmas, simulações e sistemas mnemônicos, que auxiliam a memória. Descubra qual é seu método preferido e você aprenderá muito mais fácil e rápido.

10. **Você precisa de outras pessoas para aprender:** a fonte do saber mais negligenciada é o conhecimento adquirido pelas outras pessoas. Nosso sistema de ensino é individual, embora não seja individualizado. Somos condicionados desde pequenos a resolver tudo sozinhos — por isso, colar é proibido. Mas o ensino compartilhado, mútuo e colaborativo é uma norma na vida adulta — nos negócios, na ciência, nas profissões, nas famílias. Adquirir a capacidade de utilizar da melhor forma possível os talentos de outras pessoas e deixar essas pessoas se beneficiarem do seu talento é uma das regras essenciais da aprendizagem máxima.

11. **Não existem limites para o seu aprendizado (tanto que já estamos na 11ª lição — é justamente dessa maneira que ocorre a aprendizagem máxima — você fica tão motivado que quer continuar mesmo depois de ter acabado!):** queremos repassar um ensinamento muito específico nesta última lição. Você pode se tornar um dos maiores *experts* do mundo, um sucesso, um líder, um mestre ou um guru no seu campo de atuação, se estiver disposto a investir o tempo e os esforços necessários para que isso aconteça. O mundo da aprendizagem é uma grande sociedade, na qual você mesmo determina seu sucesso, seus resultados e sua própria estatura intelectual.

5 perguntas básicas para melhorar a performance

Por Raúl Candeloro

Vamos dizer que temos um vendedor que não está atingindo a meta. Somos gerentes e temos de fazer alguma coisa. Por onde começar? Vou dar minha opinião, veja o que você acha.

Minha forma de analisar essas coisas é sempre bastante organizada. Eu começaria pelas cinco perguntas básicas propostas por Jim Bolton, especialista em comunicação executiva, nos seus trabalhos de *coaching*:

Primeira grande pergunta — Os objetivos estão claramente definidos? Todo mundo que trabalha comigo sabe que sou defensor ardoroso do 5W2H justamente por isso. Essa primeira pergunta é a mais importante, porque é inacreditável a quantidade de pessoas na área comercial que teoricamente "acham" que possuem metas claras e definidas, mas a verdade é que elas não as têm. E isso é um prato cheio para problemas de performance (e até de relacionamento). Objetivos claramente definidos devem conter as seguintes informações:

- **What** — O que se espera exatamente?
- **Where** — Onde será feito?
- **When** — Quando irá acontecer?
- **Why** — Por que precisa ser feito?
- **Who** — Quem é que irá fazer?
- **How** — Como será feito?
- **How much** — Quanto vamos fazer? Em dinheiro, visitas, ligações, negócios fechados, propostas apresentadas etc.

Segunda grande pergunta — A pessoa consegue realizar o que precisa ser feito para atingir os objetivos? Por exemplo, ela consegue fazer o número de visitas/telefonemas/contatos necessários para atingir as metas? Canso de realizar exercícios de funil de vendas em que os vendedores não têm a mínima ideia de quantos contatos precisam fazer para fechar a meta do mês.

Terceira grande pergunta — A pessoa tem a competência necessária para atingir os objetivos? Os vendedores possuem os conhecimentos e as habilidades necessários para prospectar, fazer a abordagem, realizar o levantamento de necessidades/sondagem, fazer uma proposta de valor, negociar, fechar e fazer a pós-venda corretamente? Se alguma das respostas for "não/talvez/não tenho certeza", então teremos uma boa parcela da equipe com resultados "gangorra" (uma hora bate a meta, outra hora não bate).

Quarta grande pergunta — A pessoa tem a determinação/motivação para realizar o que precisa ser feito? Uma coisa é saber, a outra é querer fazer. É uma questão de atitude. Um bom vendedor mantém a pressão sobre si mesmo com consistência. Persistência e determinação não aparecem por acaso na lista de qualidades de todo campeão de vendas.

Quinta grande pergunta — A pessoa aceita novas ideias? Ninguém consegue melhorar sozinho. Não é por acaso que os grandes campeões têm sempre técnicos, sejam artistas, sejam atletas, sejam profissionais liberais ou qualquer outra área de alto desempenho humano. Uma pessoa fechada para novas ideias e formas de trabalho está dizendo, por definição, que é perfeita e que não dá para melhorar. Mas essa é uma característica perigosíssima e que inevitavelmente leva à acomodação e, consequentemente, ao fracasso. A mentalidade campeã é estar sempre aberta a aprender novas técnicas, habilidades, ideias e novos conhecimentos, como disse Neale Donald Walsch, em uma de minhas frases favoritas: "a vida começa onde termina sua zona de conforto".

Essas cinco perguntas formam um grande guia para qualquer líder que quiser ajudar alguém da equipe a melhorar. Logicamente, a lista vale para uma autorreflexão também. E você: em qual dessas cinco perguntas acha que precisa melhorar?

DESAFIO 8

O grande teste da indicação

Etapa da venda

Pós-venda

Definição

Quando boa parte dos clientes que chega até você vem por meio de indicações é sinal de que seu trabalho vem sendo bem feito. Daí a importância de trabalhar para que esses números estejam em constante evolução. É por isso que agora você vai fazer uma pesquisa para ver como está sua situação.

Sintoma

Mais do que ter a garantia de que seus clientes formam um ciclo virtuoso de novos negócios para você, saber precisamente se eles indicariam seu trabalho é ter a certeza de que eles estão felizes por serem seus clientes. Em outras palavras, se você não tiver essa preocupação, nunca saberá, de fato, se está fazendo um bom trabalho ou não.

Descrição do desafio

Você deve fazer uma simples pergunta a todos os seus clientes (ou pelo menos a 20 deles): "de 0 a 10, qual é a probabilidade de você indicar minha empresa e eu a alguém?". Ao final de uma semana, você terá respostas suficientes para avaliar o quão bem ou mal está sua situação no quesito indicações. Lembre-se, também, de perguntar o porquê da nota. Ao fim, preencha a tabela a seguir; se a média ficar abaixo de 7,0, sua situação é preocupante.

Nome do cliente	Nota	Justificativa

DESAFIO

01 02 03 04 05 06 07 08 09 10 11 12 13 14 15 16 17 18 19 20 21 22 23 24 25 26 27 28 29 30

Nossas sugestões

Lembre-se de dizer ao cliente que a razão principal de você estar fazendo essa pergunta é para que ele possa avaliar se o seu trabalho está de acordo com as expectativas dele. Essa afirmação, também, pode ser um gancho para iniciar uma conversa de forma descontraída. O objetivo dessa conversa é de que ele possa lhe fornecer alguns contatos já nesse momento.

Ressalte ainda que o cliente deve ser muito sincero na resposta, pois só assim você poderá se desenvolver no que for preciso. Essa sinceridade é importante para que não haja vício na pesquisa e para que você não fique com a (possível) falsa impressão de que está fazendo tudo certo, quando o que realmente ocorreu foi que o cliente não quis ou não teve a abertura de que precisava para ser sincero.

Comprovação

ANTES DO DESAFIO

Data de início: ____ /____ /____

Na sua carteira de clientes, quantos por cento deles chegaram até você por meio de indicações? ______________

DEPOIS DO DESAFIO

Data de conclusão: ____ /____ /____

Qual foi a nota média que recebeu? ______________

Liste as ações que irá pôr em prática para melhorar essa média:

Se você aproveitou a pesquisa para pedir algumas indicações, registre aqui quais foram elas:

N.	Quem indicou?	Qual é o nome do indicado?	Qual é o contato do indicado?

A que você atribui o sucesso ou o fracasso deste desafio?

A GRANDE LIÇÃO

Com base na experiência que você teve com este desafio e com as justificativas apresentadas pelos seus clientes, registre aqui o que precisará fazer para aumentar a sua média de indicações.

FERRAMENTAS

A pergunta definitiva

Por Raúl Candeloro

Depois de ter lido, literalmente, centenas de livros sobre vendas, marketing, gestão e estratégia, criei um círculo de especialistas em diversas áreas, cujo trabalho acho mais relevante e com o qual me identifico tanto pessoal quanto profissionalmente.

Um dos meus preferidos é, sem dúvida alguma, Frederick Reichheld, hoje o maior especialista em lealdade de clientes do mundo. No seu último livro, *A pergunta definitiva* (Editora Campus), Reichheld, depois de anos de estudos, acabou concluindo que as empresas não precisam fazer estudos quilométricos sobre satisfação dos clientes, aplicando questionários intermináveis e depois tentando achar significado no meio daquele "bando de dados". Pelo contrário, a lealdade dos clientes pode ser medida de maneira muito mais simples, fazendo apenas uma única pergunta, a pergunta definitiva, a qual dá justamente o título ao livro: "você nos recomendaria a um amigo?".

Reichheld separa as respostas em três tipos, em uma escala de 0 a 10; sendo zero, "definitivamente não", e dez, "definitivamente sim":

a. de 0 a 6: detratores

b. de 6 a 8: neutros

c. de 8 a 10: promotores

Para saber como vai o índice de lealdade dos seus clientes, sua empresa precisa simplesmente calcular o seu Índice Net Promoters, ou seja, comparar a quantidade de promotores com a quantidade de detratores que ela tem. Se o número for positivo (mais promotores do que detratores), ótimo. Nesse caso, deve-se investigar por que essas pessoas são fãs, recomendam, são leais, e como isso pode ser aplicado para melhorar os três índices. Se o número for negativo (mais detratores do que promotores), deve-se investigar por que essas pessoas não estão satisfeitas e o que pode ser feito para transformá-las, primeiramente, em neutras e, depois, em promotoras.

Seja qual for o resultado, a empresa começa a ter uma visão clara das expectativas, exigências e até mesmo das frustrações dos clientes, permitindo ações, tanto táticas quanto estratégicas, que melhoram a lucratividade da empresa e o seu sucesso em relação aos concorrentes.

Reichheld resume como as empresas com maiores índices de lealdade tratam seus clientes de maneira direta e fácil de entender. É a regra de ouro: "trate os outros como gostaria de ser tratado e faça aos outros o que gostaria que fizessem a você". Funciona, dá lucro, diferencia e o melhor de tudo: faz que vivamos em um país melhor. Como profissionais de vendas, temos a oportunidade, todos os dias, de servir e ajudar nossos clientes a resolverem seus problemas, com os produtos e serviços que vendemos. Essa é a visão do vendedor competente. É o que Reichheld chama de "lucro bom".

O contrário do "lucro bom" é o "lucro ruim". "Lucro ruim" é aquele baseado na esperteza, na malandragem, em enganar e ludibriar o cliente. É o vendedor amador, imediatista, que só pensa na sua meta, na sua comissão e em si, e que, por causa desse comportamento, provoca o estigma e o estereótipo negativo que temos hoje em relação ao cargo "vendedor". O "lucro bom" é positivo, construtivo e duradouro. O "lucro ruim" é negativo, destrutivo e de curto prazo.

Felizmente, tudo isso é fácil de resolver. Na dúvida, lembre-se sempre da regra de ouro: "trate os outros como gostaria de ser tratado e faça aos outros o que gostaria que fizessem a você".

Net Promoter Score — A ferramenta que mede o índice de satisfação do cliente

Por Redação VendaMais

Se pudessem, os especialistas em vendas utilizariam a Mariana como exemplo de consumidor do século 21. Profissional bem-sucedida, exigente e antenada às novas tendências, ela não compra nada sem antes obter informações dos serviços e produtos que pretende adquirir.

Mariana cancelou o almoço em família na churrascaria do bairro, por exemplo, após uma conversa que teve com um ex-cliente do restaurante sobre o péssimo atendimento do local. Os especialistas não podem falar da Mariana, porque ela não existe (é uma personagem fictícia), mas sua atitude, cada vez mais frequente entre os consumidores, é lembrada sempre que possível. “As recomendações boca a boca são, muitas vezes, mais eficientes para influenciar decisões de compra que a propaganda”, afirma John Tschohl, um dos gurus de atendimento ao cliente, de acordo com a *Time Magazine*.

“Foi azar do destino. Conheço a maioria dos consumidores e todos estão satisfeitos com o atendimento prestado pelos meus funcionários”, teria dito o dono da churrascaria, caso ele também existisse. Infelizmente, esse tipo de afirmação não condiz com a realidade, como afirma o inventor da clientologia (ciência que estuda o comportamento dos clientes), Sérgio Almeida: “Quem acha que um cliente é fiel começa a perdê-lo. Na verdade; o consumidor **está** fiel, não **é** fiel. É mais adequado dizer que ele **fica** conosco, como fazem os adolescentes”.

É por isso que Sérgio julga impossível uma empresa sobreviver e se desenvolver sem monitorar os indicadores de satisfação do cliente. “Eles são estratégicos e têm de ser encarados com a mesma importância que o faturamento e o lucro”, finaliza o consultor.

"Um cliente insatisfeito fala a aproximadamente 11 pessoas de sua frustração e apenas a seis quando ficou satisfeito."

Chistopher Hart

Detectando clientes insatisfeitos

O que você faria se estivesse no lugar do dono da churrascaria? Andréa Arruda, diretora da Sim Soluções, de Fortaleza (CE), pergunta a seus clientes: "você indicaria meu produto para um amigo seu?". A resposta gera um índice que mede o grau de satisfação dos clientes: o Net Promoter Score ou Índice Net Promoter (NPS).

"Essa frase abriu as portas para eu ampliar minha carteira e identificar a qualidade do serviço que meu time estava prestando. Ao criar meus indicadores, enxergava os clientes insatisfeitos. O resultado foi tão positivo que passei a ideia para frente. Hoje, já temos parceiros trabalhando com o NPS", afirma Andréa.

Criado pelo especialista em fidelização, Fred Reichheld, o índice é o resultado aritmético das respostas dadas pelos clientes à pergunta: "em uma escala de 0 a 10, que nota você daria para nosso produto/serviço?". Em seu livro, *A pergunta definitiva*, da Editora Campus, Fred Reichheld explica que as notas 9 e 10 são dadas pelos clientes **promotores**, 7 e 8 pelos **neutros** e de 0 a 6 pelos **detratores**.

Agrupar os clientes nos três grupos (promotores, neutros e detratores) faz do NPS um esquema simples, intuitivo e capaz de ser entendido pelos gerentes comerciais e vendedores de qualquer empresa. "O mais importante é que esse esquema pode ser seguido. Os gerentes de linha de frente compreendem a ideia de aumentar o número de promotores e reduzir o de detratores mais rapidamente que entender a ideia de 'aumentar o índice de satisfação do cliente em um desvio padrão'", explica Reichheld, autor do método.

Responsável por um grupo de 55 vendedores de serviços telecom no Norte e Nordeste do Brasil, Andréa sabe da importância em ser bem avaliada pelos clientes: "antes de conhecer a ferramenta, o indicador de qualidade da Sim Soluções ficava muito aquém do esperado, mas, desde que apliquei a ouvidoria com NPS, batemos todas as metas com louvor".

Conhecendo os tipos de clientes

Promotores — Sempre compram da mesma empresa e insistem para que seus amigos façam o mesmo. Companhias com 80% de clientes promotores estão no caminho certo para a excelência em atendimento.

Neutros — Satisfeitos, mas pouco entusiasmados. Eles podem ser facilmente seduzidos pelo concorrente. As taxas de recompra e recomendação desse grupo são mais baixas que a dos promotores, muitas vezes inferior a 50%.

Detratores — Consumidores infelizes. Eles se encontram presos a uma relação ruim. Esse grupo é responsável por mais de 80% da propaganda negativa de uma empresa.

Faça o seu NPS

PASSO 1

Caso você possua uma pesquisa de satisfação em sua empresa, inclua esta pergunta: "em uma escala de 0 a 10, que nota daria para nosso produto/serviço?".

» Se a nota for de 0 a 6, faça a pergunta: "qual é o motivo dessa nota?".

» Caso seja 7 ou 8, questione: "que dicas você daria para que pudéssemos tirar nota 10?".

» Se for 9 ou 10, pergunte: "que abordagem você utilizaria para indicar nosso produto/serviço para um amigo?"

PASSO 2

Para descobrir o índice de satisfação dos seus clientes, pegue a porcentagem de clientes promotores da pesquisa que você realizou e diminua pela de detratores. O resultado é o índice NPS da sua companhia.

PASSO 3

Agora que você tem o índice NPS em mãos, promova ações para corrigir as deficiências ou melhorar as qualidades da empresa.

- » Escolha uma ou duas ideias sugeridas pelos clientes.
- » Envolva sua equipe no desenvolvimento da ideia.
- » Desenvolva métodos para medir o sucesso da iniciativa (importante).
- » Coloque-a em ação.

Como interpretar o índice (NPS)

Agora é hora de interpretar o NPS de sua empresa. O Índice Net Promoter ideal para qualquer companhia, seja ela pequena, seja ela média, seja ela grande, é o mais próximo possível de 100. Calma, se o NPS de sua organização não passou de 50, não se desespere. O importante é melhorar esse índice gradativamente. Como? Escutando as sugestões e dicas dos seus clientes. Caso o NPS aumente no mês seguinte, isso quer dizer que você vem tomando as medidas necessárias junto ao seu cliente, mas não significa que possa ir para a zona de conforto. Lembre-se de que a análise deve ser constante.

Faça da lealdade sua estratégia

Por Redação VendaMais

Como já vimos nas ferramentas anteriores, a simples pergunta "você nos recomendaria a um amigo?" é fundamental em pesquisas de satisfação para descobrir o grau de recomendação dos clientes e associá-lo ao crescimento de uma empresa e, de acordo com Frederick Reichheld, a maior autoridade mundial em lealdade e autor dos livros *A pergunta definitiva* e *Princípios de lealdade*, ambos da Editora Campus.

Reichheld defende a lealdade como estratégia de negócios e a grande força propulsora que leva ao crescimento e aos lucros. "Clientes leais investem em relacionamento por meio de compras adicionais, orientações e aproveitando seu tempo para fornecer *feedback* e fazer sugestões às empresas. Uma das melhores estratégias para ganhar essa lealdade é ter vendedores que se preocupam, escutam, entendem e atendem cuidadosamente às necessidades e preocupações dos clientes", declara.

Clientes leais garantem a longevidade de qualquer empresa. As líderes em fidelidade têm despesas menores e crescem duas vezes mais do que as outras. As que conseguem aumentar em 5% a fidelidade dos clientes conseguem 100% a mais nos lucros. Os números foram levantados pela Bain & Company, empresa dirigida por Reichheld.

Clientes leais são lucrativos — Uma base de clientes leais é um fator de tranquilidade para uma empresa, situação que fica mais evidente nos momentos de crise. Por outro lado, empresas que só trabalham ou faturam a partir de novos compradores têm um custo crescente de atração. Afinal, mais do que conquistar novos clientes, é preciso mantê-los. É mais barato, eficaz e lucrativo.

O cliente leal traz mais retorno, porque permanece com a empresa por mais tempo, comprando mais. "As empresas com maiores taxas de lucratividade são as que têm maior índice de lealdade e satisfação de clientes, pois esses três vértices estão diretamente ligados", lembra Ricardo Pomeranz, especialista em marketing de relacionamento e um dos autores do livro *Marketing de resultados* (Editora M. Books).

Mas será que os clientes mais lucrativos são os mais leais? Confira a opinião de Emílio Gimenez, gerente-geral de desenvolvimento de negócios da LG Eletronics. "Não necessariamente, mas é certo que os clientes leais são os que mantêm a empresa viva e saudável. Sejam lucrativos ou não, eles devem ser prioridade para a empresa. Jamais deixamos de atender um cliente leal, mesmo recebendo propostas relativamente melhores por parte de clientes não leais", declara.

Não há muito segredo nem são necessárias grandes estratégias para desenvolver a lealdade dos clientes. Um bom começo é pensar como os clientes pensam, implementar essas necessidades na empresa e ter claro que não é necessariamente o preço uma característica ou uma marca que cativará a lealdade.

Por outro lado, com a competitividade do mercado atual, é cada vez mais difícil fazer que os consumidores sejam 100% leais, em função das ofertas e da vontade de diversificar e conhecer novos produtos e serviços. Craig Webster, diretor de marketing regional da Nokia, defende que o mais importante é oferecer aos clientes aquilo que é prometido pela marca. Assim, a promessa inicial está cumprida: "para ganhar sua lealdade de longo prazo, o desafio é despertar nos consumidores o interesse por serviços adicionais e funcionalidades novas, não esperadas, de acordo com seu perfil. Entregar aquele algo a mais que todos nós, como clientes, sempre esperamos de uma empresa".

Confiança e satisfação — Para o consultor Sérgio Almeida, especialista em clientes e autor do livro *A arte de cuidar do cliente* (Editora Casa da Qualidade), a confiança é fundamental para formar clientes leais e satisfeitos. "Lealdade não se consegue com propaganda, mas com vivência e experimentação. No máximo, a propaganda atrai o cliente pela primeira vez. Mas só o encantamento contínuo e ininterrupto garante a lealdade", enfatiza.

A empresa conquista a confiança do consumidor quando é transparente em seu relacionamento com ele, faz uma boa oferta, não promete o que não pode entregar e deixa implícito que quer se relacionar com o cliente por um longo tempo, não apenas em uma venda momentânea.

Mesmo porque não se conquista a lealdade de um cliente do dia para a noite, conforme afirma a psicóloga Nilda Brasil, autora do livro *Viver é para profissional* (Editora Landscape): "Com o tempo, o cliente vê que a empresa em que compra é digna e honesta. A lealdade é conquistada ao longo das ações, não necessariamente de marketing ou vendas, mas na experiência que o cliente teve com o produto ou serviço que adquiriu."

Forme uma base de clientes leais — O vendedor tem participação fundamental no processo de formação da lealdade do cliente. Ricardo Pomeranz lembra que a questão não é gerar venda logo na primeira visita, pois, às vezes, o cliente quer apenas uma informação. "O relacionamento contínuo é que garante as vendas. Basta pensar que o consumidor tem vários canais de contato com a marca, mas a equipe de vendas representa o contato pessoal, o qual é insubstituível por meios digitais."

A venda direta é um canal que propicia a formação de uma base de clientes leais, graças ao relacionamento estabelecido entre vendedor e cliente. É o caso da Avon, conforme destaca Eduardo Fernandes, diretor de vendas: "O promotor sabe onde o consumidor mora, trabalha ou estuda, conhece os hábitos de consumo dele, o quanto está disposto a gastar, qual é o tipo de produto que deseja. Conhecer o cliente e tratá-lo de maneira pessoal é um grande passo para a lealdade". O revendedor é constantemente treinado para manter um relacionamento humano e amigável, para que através dessa relação se forme um vínculo.

Outra questão importante é ter qualificação e embasamento para falar sobre o produto ou serviço e suas características, para fornecer todas as informações necessárias e para uma boa tomada de decisão por parte do cliente. Segundo Craig Webster, da Nokia, os vendedores são o primeiro canal de contato com muitos clientes e, mesmo para aqueles que já têm informações da marca para um processo decisório, eles podem significar a diferença entre uma venda perdida ou concretizada. "A satisfação do cliente tem início no processo de compra. Como nas relações interpessoais, uma boa primeira impressão é essencial. Costumamos dizer que um cliente leal, que conseguimos reter em nossa marca, é aquele obtido a partir de um eficiente processo de vendas", explica.

A Tim Sul é outra empresa que tem em seus vendedores o elo mais forte no relacionamento com o cliente. "O consultor corporativo não só vende, mas cuida do cliente. Além de oferecer o serviço e fechar o negócio, ele também é responsável pela renovação do contrato. Portanto, precisa contatar o cliente o tempo todo, para atender a demanda que ele gera e deve tratá-lo muito bem para manter uma boa relação comercial. Se o vendedor trabalhar na Tim durante dez anos, esse cliente será dele durante dez anos", explica Guilherme Pimentel, diretor regional da Tim Sul.

Funcionários leais são importantes na formação de clientes leais. Afinal, a primeira lealdade da relação comercial é do colaborador com a empresa. Logo, é muito difícil ter um cliente leal atendido por um vendedor que não o é, pois ele demonstra sua posição para o cliente mesmo que não queira. "Para selecionar um vendedor que formará uma base de clientes leais, é preciso buscar o brilho no olhar, o comprometimento do profissional com a empresa, com o que vende e com o cliente", recomenda Nilda Brasil.

Insatisfação de clientes leais — A maioria dos clientes não perde tempo registrando suas insatisfações, mesmo porque, em muitas situações, isso não é uma tarefa fácil, uma vez que as empresas não estão preparadas para receber e tratar as reclamações dos clientes de forma adequada e eficaz. É muito mais fácil trocar de produto ou fornecedor. Esse é o comportamento do cliente normal. Com o cliente leal, isso muda totalmente, de acordo com Sérgio Almeida. "O cliente leal gosta, tem simpatia e 'briga'. Está disposto a investir na relação com a empresa. Por isso, diferentemente do cliente normal, ele reclama e registra suas insatisfações. E a continuidade da lealdade desse cliente dependerá de como essas insatisfações forem tratadas e respondidas", comenta.

O cliente leal sente-se "da casa", por isso comunica quando algo o incomoda. Quando algo dá errado, olha para trás, vê tudo o que já viveu com aquela empresa e sinaliza o que ocorreu, mas, depois de acertada a situação, dispõe-se a perdoar e manter o relacionamento, pois tem grande confiança na marca.

Deslealdade! E agora? — Existem atitudes e comportamentos que podem desencadear a deslealdade do cliente. Nilda Brasil explica que isso acontece quando o cliente se sente enganado por uma promessa não cumprida, tanto em oferta como em prazos: "quando o cliente passa a ser tratado como alguém que só interessa quando está gerando lucro, desiste de ser leal. Isso acontece quando ele faz contato com a marca para se relacionar e não para comprar, mas não é bem tratado".

Outra questão-chave que é a base de qualquer relação bem-sucedida é a confiança. "Toda situação comercial envolve uma promessa e o cumprimento dela. No caso de descumprimento, o resultado será a quebra da confiança e, consequentemente, a deslealdade do cliente", esclarece Clarissa Gaiatto, gerente de comunicação corporativa da Visa do Brasil.

A empresa precisa errar cada vez menos para não ter de trabalhar na recuperação de um cliente leal. De qualquer forma, se isso acontecer, é preciso acionar o programa "antiatrito", como lembra Ricardo Pomeranz: "a empresa tem o histórico do relacionamento com ele e, assim, pode descobrir onde está a falha para recuperar clientes leais. Às vezes, os clientes vão embora e as empresas nem sabem, mas o custo para reverter ou recuperar é muito menor e muito seguro de que dará certo."

Também é possível recuperar a lealdade perdida se você transformar a frustração do cliente em satisfação. "Resolva o problema da forma mais rápida, causando o menor impacto possível na vida dessa pessoa, com um pós-

-atendimento adequado, pedindo desculpas e amenizando a situação", recomenda Rodrigo Anzanello, diretor de produtos da Orient.

Agora, você deve estar se perguntando: "como transformar lealdade em lucro?". Não se preocupe! A lealdade não precisa ser transformada em lucro. Isso é uma consequência natural para quem mantém uma base de clientes leais. Cultive-os, faça por merecê-los e o lucro será um resultado inevitável.

Como medir a lealdade do cliente

De acordo com Frederick Reichheld, a melhor forma de medir a lealdade do cliente é medir o nível de investimentos voluntários feitos no relacionamento entre empresa e cliente. "Um dos mais práticos medidores é o Índice Net Promoter (NPS), com base na porcentagem de clientes que podem entusiasticamente recomendar você a um amigo ou a um colega e daqueles que podem recomendar contra você. Clientes só recomendarão você entusiasticamente a um amigo ou colega quando forem leais à empresa."

A partir da pergunta feita no início do desafio — "você nos recomendaria a um amigo?" —, Reichheld determinou quais questões sobre satisfação tinham correlação estatística com novas compras ou recomendações e com o crescimento da própria empresa.

Para ele, os clientes são divididos em três grupos, de acordo com a nota que atribuem à empresa. Aqueles que escolhem 9 ou 10 são chamados **promotores**, entrevistados que escolhem 7 ou 8 são chamados de **passivamente satisfeitos** e os demais, com notas de 0 a 6, são chamados **detratores**. Entenda cada um deles:

» **Promotores** — São aqueles que geram lucros "bons", além de crescimento verdadeiro e sustentado. É quase como se fizessem parte da equipe de vendas, pois respondem por mais de 80% das indicações e são, de longe, a principal fonte de propaganda boca a boca positiva.

» **Passivamente satisfeitos** — Os índices de recomendações e novas compras desses clientes são inferiores aos dos promotores, em torno de 50% ou mais.

» **Detratores** — Eles "arranham" a reputação da empresa e mudam para o concorrente na primeira oportunidade. São responsáveis por mais de 80% da propaganda boca a boca negativa.

Depois, subtrai-se o percentual de detratores do percentual de promotores, ignorando o percentual de passivamente satisfeitos. Como resultado, chega-se ao NPS, número associado ao crescimento da empresa e que deve ser divulgado a todos, para que trabalhem em prol da sua superação.

Pesquisadores da Bain & Company descobriram que um aumento de 12 pontos do NPS equivale a dobrar a taxa de crescimento de uma empresa. Já um estudo do Reino Unido mostrou que um aumento de sete pontos do NPS representa um ponto percentual na taxa de crescimento.

Independentemente dos números, fica evidente a importância de reverter, cada vez mais, clientes passivos e detratores em clientes promotores. Como fazer isso? Coloque em prática as várias dicas e recomendações dos nossos entrevistados.

DESAFIOS DE VENDAS

DESAFIO 9

Coletar 6 depoimentos de clientes: 2 sobre a empresa, 2 sobre o produto e 2 sobre você

Etapa da venda

Proposta de valor

Definição

Depoimentos positivos funcionam como propulsores de vendas. Muitas vezes, o que impede o cliente de comprar é a ausência de uma comprovação de que o produto vale a pena. Por isso, decidimos desafiá-lo a buscar testemunhos que exaltem você e seu trabalho.

Sintoma

O grande fator que identifica a necessidade de você contar com depoimentos positivos de seus clientes é quando se torna comum perder vendas em razão de receios e dúvidas por parte dos clientes. Mas lembre-se: é natural o ser humano sentir medo e também perdê-lo pelo simples fato de ouvir alguém dizer o que se deve fazer.

Descrição do desafio

Fale com clientes com quem fechou (pelo menos) mais de um negócio, explique que está coletando depoimentos e peça para que escrevam ou falem algo positivo sobre:

- A negociação que fizeram com você.
- Como o produto está sendo útil a ele.
- Como foi bom confiar na empresa.

Você poderá utilizar esse material no site da empresa, em disparos de e-mail marketing e até mesmo disponibilizá-los estrategicamente na loja ou no escritório.

Nossas sugestões

Procure os clientes que mantêm relacionamento com você há mais tempo. A chance de eles recusarem seu pedido será ínfima. Além disso, certamente terão ótimos argumentos para encher a bola da empresa, do produto e, é claro, a sua também.

Comprovação

ANTES DO DESAFIO

Data de início: ____ /____ /____

Liste aqui os clientes aos quais você planeja pedir os depoimentos:

____

____

____

____

____

____

____

DEPOIS DO DESAFIO

Data de conclusão: ____ /____ /____

De que forma irá utilizar os depoimentos?

____

____

____

____

____

____

____

____

A GRANDE LIÇÃO

Com base na experiência que você teve com este desafio, registre aqui o que será necessário fazer para que sempre possa colher depoimentos positivos sobre as vendas que realizar.

____

____

____

____

____

____

____

____

FERRAMENTAS

O poder do testemunhal para aumentar a sua credibilidade

Por Beatriz Teixeira de Freitas

Independentemente do fato de você pertencer a uma grande companhia com vários anos de mercado ou ser proprietário de uma microempresa, dar credibilidade aos seus negócios sempre será de fundamental importância.

No início de uma nova negociação, devemos sempre lembrar a sequência de raciocínio de seu cliente potencial, que pensa primeiramente: o que este produto oferece para mim? Procurando benefícios e vantagens para comprar de você. Quando o seu interesse é conquistado e ele passa a considerar, de fato, o seu produto, a questão que se coloca em seguida é ter certeza de que a sua empresa é confiável e se ele poderá contar com você.

Qual é a melhor maneira de garantir confiabilidade, que seu produto é realmente bom e que sua empresa atende as expectativas de seus clientes?

Um dos métodos que mais traz resultados é a utilização do testemunhal.

Citar a satisfação dos seus clientes atuais é muito importante. Mencioná-la é uma poderosa ferramenta para o fechamento de novas vendas. Se você coloca testemunhais em seus *folders*, *broadsides*, malas diretas ou anúncios, torna-os mais persuasivos.

Porém, utilizar-se de testemunhais requer atenção a alguns pontos:

1. Peça permissão aos seus clientes para usar seus depoimentos.
2. Se você não tem uma coleta de testemunhais, escreva para seus clientes pedindo colaboração. Clientes satisfeitos contribuem prontamente.

3. Não use testemunhais sem citar nomes. O efeito não é o mesmo. Preferencialmente, escreva o nome, título, empresa, cidade e estado.

4. Utilize testemunhais específicos. Veja este exemplo: "A revista *Técnicas de Venda* é ótima". Essa frase diz muito pouco. Agora, compare com esta: "Após assinar a *Técnicas de Venda*, sentimos uma grande diferença no nível de argumentação da nossa equipe". Mais do que uma citação, é um testemunhal de resultado efetivo.

5. Testemunhais de celebridades — cuidado! Se você pode contar com clientes que sejam celebridades nacionais, certifique-se primeiro de que a citação realmente seja coerente antes de endossá-la à sua empresa. Por exemplo: mesmo que Tônia Carreiro utilize gasolina aditivada, certamente um testemunhal de Rubinho Barrichello será de maior valor.

Como cita o veterano Bob Stone, redator em marketing direto: "se você tem um produto ou serviço de excelente qualidade, naturalmente dispõe de um grande número de clientes satisfeitos, que escreverão testemunhais melhor do que qualquer redator. São relatos verdadeiros, que atribuem confiança de maneira natural".

Mesmo considerando o testemunhal uma das melhores formas de credibilidade, seguem algumas outras práticas a serem consideradas:

- Utilize palavras de autoridades (ex.: carta do presidente).
- Destaque prêmios e resultados.
- Demonstre estatísticas e resultados.
- Divulgue pesquisas de mercado.
- Faça comparações com a concorrência.

Como você pôde notar, tudo isso faz parte de um bom discurso de vendas. O segredo é ampliar a utilização dessas técnicas em materiais impressos. Sem dúvida, a sua credibilidade aumentará e, consequentemente, suas vendas.

Testemunhais

Por Redação VendaMais

Prepare-se, você está para ler uma matéria aprovada por Raúl Candeloro, um dos melhores palestrantes em vendas do Brasil.

Essa frase já fez você se sentir um pouco diferente, não? A rigor, todas as matérias feitas pelo pessoal da redação da revista *VendaMais* são aprovadas pelo Raúl. Porém, quando se explicita esse fato, quando se coloca a opinião de uma pessoa, ah... isso faz toda a diferença. Não é apenas o vendedor falando de seu serviço ou produto. Há diversas outras pessoas corroborando aquela opinião, fazendo com que o comprador se sinta mais seguro. É essa a força que um testemunhal, bem usado, pode trazer para você.

Crise de confiança

As pessoas compram cada vez mais de quem confiam. Para César Frazão, palestrante e instrutor especializado em técnicas de vendas, o depoimento de um cliente satisfeito vale mais que mil palavras do vendedor, pois é o mercado que está falando. "O testemunhal causa muito impacto e pode fazer o cliente mudar de ideia e decidir comprar", explica.

Anderson de Andrade, diretor-presidente da A2C — Internet para Negócios — concorda. Eles dizem que os testemunhais se traduzem em diversos benefícios:

- Confiança, credibilidade e transparência.
- Comprovação efetiva de resultados.
- Atestado/chancela de competência.
- Referências comprovadas do mercado.

A hora de usar

Frazão destaca dois momentos em que os testemunhais podem ser utilizados:

1. **Apresentação:** quando o vendedor estiver falando das características do produto ou do serviço, o testemunhal poderá eliminar as objeções que estão por vir.

2. **Fechamento:** se o vendedor não usou na apresentação, pode utilizar o testemunhal na hora de fechar a venda.

Para Diogo Spina, consultor de negócios da Exactus Software, o testemunhal é uma carta na manga: "se surgirem dificuldades no decorrer da negociação, eu uso o depoimento como um diferencial para influenciar a decisão do cliente. E no fechamento, se o comprador já se sentiu satisfeito com a minha argumentação, eu ofereço o testemunhal para finalizar, confirmando o bom negócio realizado."

Medo

Ainda assim, com todas essas vantagens, certas pessoas ficam receosas de pedir testemunhais. Segundo Antônio Braga, palestrante e profissional de vendas, não há a mínima necessidade de medo: "venda é relacionamento. Quando o vendedor relaciona-se bem com o cliente, o pedido de testemunhal é recebido com muita satisfação, os clientes até se oferecem para fazer depoimentos e testemunhais". Quando os clientes elogiarem o produto ou a empresa, aproveite a oportunidade para pedir um depoimento. Mas se o cliente não tiver uma boa relação com a empresa, não adianta pedir. Oferecer algo em troca, na opinião de Antônio Braga, não é correto, pois o cliente tem a sensação de estar sendo usado. "É muito importante que o vendedor tenha bastante segurança do que está fazendo e saber para quem é mais correto pedir o testemunhal", afirma.

Veja a seguir um roteiro para conseguir e utilizar seus testemunhais:

1. **Consiga as opiniões:** para Antônio Braga, pode-se utilizar uma pesquisa feita em revista, uma carta ou um depoimento de clientes. Outra opção é usar os testemunhais presenciais. Organize um evento com palestras, apresentações e demonstrações de produtos, e convide pessoas de renome, grandes empresas ou personalidades que usem o produto e queiram falar dos bons resultados obtidos. Dessa forma, é possível atingir um número maior de prospects e agregar valor à imagem da empresa ou do produto por experiências comprovadas.

2. **Para clientes grandes, aja um a um:** chegue naquele cliente de longa data e peça ajuda a ele para fazer um testemunhal voltado a determinada empresa — quase uma carta de apresentação. Assim que ele concordar, adiante a carta para ele, apresentando as principais vantagens da longa parceria entre vocês. É lógico que você sabe quanto seu cliente cresceu, quanto a mais ele fatura hoje e outros dados do gênero. Leve essa “pré--carta” a seu cliente, deixe que ele faça alterações e acrescente um ou outro parágrafo. Também abra para ele o nome do prospect ou prospects que você pretende atingir com a carta. Nem precisa dizer: nessa ação, nada de contatar concorrentes do cliente. Aí, é só pedir que o prospect imprima a carta em papel timbrado dele e a assine. Envie-a com um bilhete, incluindo uma rápida descrição de sua empresa (não entre em detalhes, deixe o prospect com vontade de querer saber mais) e mencionando que deseja marcar uma entrevista. Depois de três ou quatro dias, ligue, identifique-se, cite a carta e marque uma visita.

3. **Prefira testemunhais quantificáveis que comprovem os resultados do que a empresa faz por esses clientes:** o depoimento deve estar sempre virado para o cliente, é ele quem deve ler, e não o vendedor. Prefira depoimentos pequenos e objetivos.

4. **O melhor formato para o testemunhal é que, em cima, esteja o nome da empresa, em seguida, o depoimento e a assinatura no final:** as partes mais importantes, que vão influenciar o comprador, devem estar em destaque com uma cor diferente para que o cliente não perca tempo.

5. **Lembre-se de que o foco é o seu produto, e não você:** elogios à sua performance ou à maneira como você resolveu o problema não são testemunhais. Foque no que você vende e em como aquilo ajuda seu cliente.

6. **Renove sempre:** peça novos testemunhais para renovar seu estoque. Além de ter sempre uma novidade para mostrar àquele cliente relutante, você aprende mais sobre os pontos fortes de seu produto ou serviço.

DESAFIO 10

Melhorar o desempenho nos passos da venda em que seu rendimento é mais baixo

Etapa da venda

Preparação e planejamento

Definição

Você pode ter muita facilidade em prospectar, mas ter grandes dificuldades para fechar vendas. Ou, talvez, saiba apresentar como ninguém uma proposta de valor, porém pode não ser o negociador que gostaria de ser — e assim por diante. Então, propomos a você este desafio: melhorar seu desempenho na área que se considera mais deficiente.

Sintoma

Você já passou por uma situação em que de tanto insistir acabou perdendo a venda? Essa é uma falha grave do passo da venda: fechamento. Você já concedeu um desconto quando não poderia, porque o cliente reclamou do preço? Falha básica de negociação. Ou já se sentiu intimidado ou receoso ao iniciar uma conversa com um prospect? Grande problema enfrentado por aqueles que não dominam a abordagem. Esses são apenas alguns exemplos que deixam claro que é preciso evoluir no que diz respeito aos passos da venda.

Descrição do desafio

Primeiramente, liste as etapas da venda que você sabe que precisa melhorar seu desempenho e, então, crie um plano de ação para melhorar seus resultados. Para isso, utilize a ferramenta 5W2H, a qual consiste em responder às perguntas dispostas na tabela a seguir.

Nossas sugestões

Crie uma tabela como a que está abaixo, preencha todos os campos do 5W2H e deixe-a em um local em que sempre poderá consultá-la. Isso irá ajudá-lo a manter o foco na sua evolução. Procure detalhar bem os campos what, why e how. Eles são a base das mudanças que precisará fazer para cumprir o desafio.

Etapa da venda que preciso melhorar	Para melhorar, o que especificamente eu preciso mudar na minha conduta ou no meu comportamento?	O que eu preciso aprender para melhorar?	Quem pode me ajudar, dando dicas, sugestões ou orientações para melhorar? (gerente, colegas, amigos, treinamentos, livros etc.)	Com quais clientes vou testar a mudança (no mínimo cinco clientes-alvo para testar a nova conduta ou o novo comportamento)?	Quanto eu posso vender a mais (em R$) se conseguir melhorar nessa dificuldade?

Comprovação

ANTES DO DESAFIO

Data de início: ____ /____ /____

DEPOIS DO DESAFIO

Data de conclusão: ____ /____ /____

O que fez, na prática, para mudar e melhorar seu desempenho nas áreas mais carentes?

A que você atribui o sucesso ou fracasso deste desafio?

Você conseguiu perceber algum avanço em relação ao que precisava melhorar e que irá ajudá-lo a vender mais e melhor? ( ) Sim ( ) Não

A GRANDE LIÇÃO

Com base na experiência que você teve com este desafio, registre aqui quais foram os avanços que fez e qual foi a grande lição que tirou de tudo isso.

5W2H Conheça a ferramenta que irá ajudá-lo a estimular um comportamento de abertura às mudanças na sua equipe

Por Redação Liderança

Em uma equipe de vendas, é comum ocorrerem resistências quando algumas mudanças são feitas no departamento. Principalmente se o gerente não está bem preparado para a tarefa ou não envolve a equipe no processo das modificações.

O 5W2H é uma ferramenta simples, porém ideal, para auxiliar a análise e a busca de conhecimentos sobre determinado processo de mudança a ser desenvolvido. A técnica consiste em realizar, sistematicamente, sete perguntas sobre o assunto em estudo: what, who, when, why, where, how, how much, respectivamente: o que, quem, quando, por que, onde, como e quanto custa.

A ordem das perguntas pode mudar de acordo com o tipo de análise que está sendo feita, e é possível acrescentar novos campos para melhorar a compreensão. Veja, a seguir, um modelo de folha de planejamento, para que você possa investigar o processo, montar um plano de ação e padronizar procedimentos.

PLANEJAMENTO DIÁRIO DE MUDANÇAS							
O que	Quando		Onde	Por que	Quem fará	Como	Quanto custará
	Início	Fim					

Atualmente, mudança significa inovação e sobrevivência. O seu objetivo é melhorar a eficácia dos resultados, aumentar ou manter os lucros, atualizar a organização em todos os aspectos (estrutura, pessoas e técnicas) e crescer ou manter a posição do mercado.

Segundo Ernesto Artur Berg, autor do *Manual do chefe em apuros*, da editora M. Books, toda mudança é composta de etapas e processos que, se não forem seguidos, podem colocar seriamente em risco todo o empreendimento. E com essa ferramenta fica muito mais simples um líder de vendas definir o que será mudado, quando acontecerá (data de início e fim), onde ocorrerá (em que serviço, departamento ou setor), quem executará e quem será afetado com isso, entre outras coisas. A partir disso, é só fazer o acompanhamento para que tudo ocorra da maneira certa.

Então, sempre que quiser fazer mudanças, lembre-se de que planejá-las é parte vital do processo. Tenha certeza de ser bem específico ao preencher sua tabela utilizando sempre a lógica 5W2H, por exemplo: no caso de prospecção, não é “prospectar”, e sim “procurar lista de nomes e endereços de possíveis clientes” — quando? onde? quem fará? como? quanto custará? Depois, “entrar em contato com clientes para marcar visita/convidar para a loja ou agência”, também com os 5W2H. Em seguida, “fazer o primeiro contato com cliente, focando na linha de serviços/produtos tal...”. Desse modo, você sempre saberá o que deve fazer e poderá planejar seu dia muito melhor.

Passos da venda — O caminho para o sucesso

Por Redação VendaMais

Provavelmente, você já ouviu falar de todos eles. E, certamente, já aplicou alguns — ou, quem sabe, todos — em seu dia a dia, mesmo que intuitivamente. Não se trata de uma receita de bolo, mas uma forma de organizar o processo de venda para melhor orientar os profissionais da área e aumentar a probabilidade de negócios bem-sucedidos. Com você, os passos da venda!

Para começar, perguntamos aos nossos assinantes se um vendedor que não conhece os oito passos da venda pode alcançar bons resultados e qual eles consideram mais importante no processo de venda. Confira o resultado:

O vendedor que não conhece os passos da venda pode alcançar bons resultados?

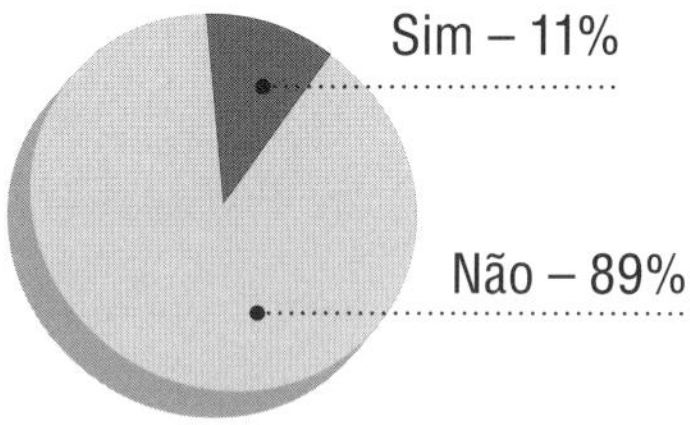

Qual dos oito passos da venda você considera mais importante?

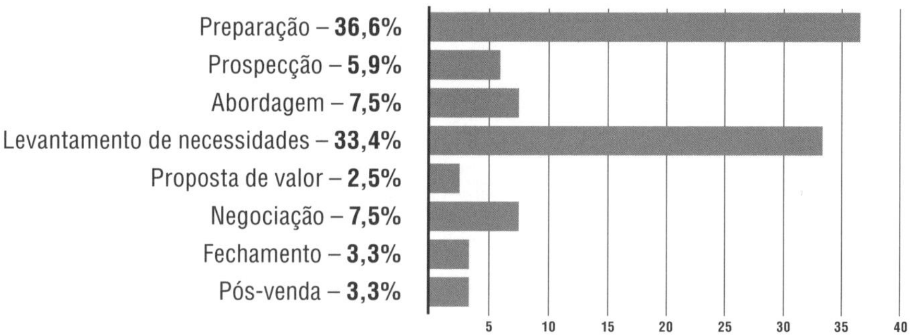

O valor — Os passos da venda são de fundamental importância para o bom desempenho do vendedor, desde que sejam tomados os cuidados para não utilizá-los como um método mecânico, burocrático e limitativo. É preciso conhecer todas as fases, mas usá-las como um processo dinâmico e evolutivo. Quanto mais o vendedor dominar o processo, maior desenvoltura terá para aplicá-lo de forma dosada e dentro do perfil de cada cliente, dando mais ênfase neste ou naquele ponto.

"Não existe este mecanicismo de se aplicar um passo após o outro, em um desenho lógico, como se fosse tijolo sobre tijolo. O vendedor precisa ter a consciência e o domínio de cada um desses passos, para aplicá-los da forma correta e oportuna, no tempo certo, de forma a pavimentar seu caminho para o fechamento e a construção de relacionamento", declara Paulo Angelim, consultor e autor do livro *Seja você o campeão em vendas* (Editora Mundo Cristão).

Já para Evaldo Costa, consultor e autor do livro *Como garantir 3 vendas extras por dia* (Editora Campus), finalizar uma venda é como subir uma escada. "A melhor maneira será sempre degrau por degrau. Você não poderá pular um ou dois degraus sem correr riscos. Assim é a venda, você só consegue ir para a fase seguinte se passar pela primeira", justifica.

Os benefícios — O vendedor que recorrer aos passos da venda venderá mais e chegará ao topo mais rapidamente e com maior segurança. Você pode até conhecer algum vendedor que tenha uma performance arrojada em vendas sem recorrer aos passos, como apontou nossa enquete. Mas, seguramente, isso não acontece sempre. Além disso, o profissional que trabalha com os passos da venda será sempre mais consistente e correrá menos riscos de desagradar o cliente e perder o negócio.

Outras vantagens são o melhor aproveitamento do tempo e a prevenção do desperdício de energias e recursos, além de assegurar uma performance mais objetiva e efetiva durante a entrevista. "Os passos da abordagem e levantamento de necessidades permitem criar empatia e definir um foco para a venda. A proposta de valor e a negociação viabilizam a operação comercial e preparam o terreno para o fechamento. A pós-venda ajuda a manter o relacionamento e prepara o terreno para novos negócios. Quem não utiliza esses passos será um desperdiçador de tempo, energias e recursos, além de correr o risco de perder a venda", afirma Alberto Centurião, diretor da Centurione — Teatro Treinamento e autor do livro *Brasil — 500 anos de mau atendimento*, da Editora Educator.

O vendedor que não utiliza os passos da venda só conhece as ações executadas nas extremidades do processo, ou seja, na prospecção e na tentativa de fechamento. Nos eventos intermediários, ele não tem noção situacional, já que nessas etapas é mais falante que ouvinte. "É aí que reside a grande desvantagem e onde se iniciam os problemas do vendedor que não faz a venda através da análise do processo. Dessa forma, as vantagens do vendedor que utiliza os passos da venda ficam evidentes", assegura Takeshi Jumonji, diretor da WT Jumonji Treinamento & Consultoria.

Conheça agora, detalhadamente, cada um dos passos da venda:

Passo 1 — Preparação

Em vendas, ganha mais quem se prepara melhor. É como no esporte, não dá para vencer sem uma preparação adequada. O vendedor deve ter sua própria meta, fracioná-la em tarefas diárias e planejar a execução.

Evaldo Costa lembra que alguns vendedores perdem uma parte importante do dia achando que estão trabalhando quando, de fato, estão apenas cumprindo horário. Procure planejar sua jornada de forma a aproveitar o tempo livre para fazer algo produtivo, como ligar para seus clientes antigos, prospectar novos compradores, rever os assuntos pendentes em sua agenda. "Em vendas, pequenos desvios — que muitas vezes consideramos insignificantes — afastam-nos enormemente de nossa meta final. Policie os desvios, por menores que sejam, e descubra o quanto eles fazem a diferença para o seu sucesso", recomenda.

A eficácia (fazer o que deve ser feito) e a eficiência (fazer bem feito) são alguns dos requisitos fundamentais para se administrar bem o tempo. Portanto, o vendedor deve ser eficaz e eficiente ao preparar uma visita.

O método para se preparar e se planejar pode ser encontrado por cada vendedor, mas existem ferramentas muito eficazes no mercado. Cláudio Tomanini, diretor da New Marketing e um dos autores do livro *Gestão de vendas*, da Editora FGV, recomenda avaliar os pontos fortes e os pontos fracos do profissional e da empresa, as oportunidades e as ameaças do mercado e do ambiente em que estão atuando, remontando a sua posição competitiva. "Dessa forma, o vendedor pode definir suas estratégias de atuação determinando até mesmo o tempo necessário para cada atividade. Organizar o seu tempo é fundamental para qualquer atividade estruturada que vise objetivos específicos. E a prática dessa organização é o que chamamos de disciplina, comportamento essencial dos vendedores de sucesso", explica.

Não esqueça — O único caminho para evoluir no mundo das vendas e alcançar os objetivos é buscar a preparação e o planejamento. Quem estiver atento a esse primeiro passo saberá qual é a melhor maneira de administrar o tempo e realizar a próxima venda.

Passo 2 — Prospecção

Há muitas formas de prospectar. Claro que depende muito do setor de atuação de cada um. Entretanto, as associações, os sindicatos, os clubes, as empresas, os anúncios em revistas e jornais, as indicações, a internet e até as listas telefônicas são muito úteis para quem quer garantir vendas crescentes. Prospecta melhor quem acredita nela e atua com simplicidade, inteligência e foco.

Inicialmente, você deve definir seu público-alvo, ou seja, que público poderá se beneficiar com todas as possíveis aplicações do seu produto ou serviço? Depois, Takeshi Jumonji aconselha que você faça três perguntas:

1. Onde posso encontrar clientes prontos para comprar meus produtos ou serviços?
2. Onde posso encontrar clientes predispostos para comprar meus produtos ou serviços?
3. Onde posso encontrar clientes potenciais para comprar meus produtos ou serviços?

Fazer prospecção é ter foco em resultados e, para isso, é preciso fazer uma segmentação do mercado, pois não é possível ser tudo para todos. Quando o vendedor focaliza um segmento, suas chances de acerto aumentam. "É o mesmo que fazer a mira antes de apertar o gatilho da espingarda. Atirando sem mirar você pode até acertar o alvo, mas desperdiçará muita munição", exemplifica Alberto Centurião.

Não esqueça — O termo prospectar significa fazer pesquisas em uma mina ou jazida de minérios para determinar o seu provável valor. Para o profissional de vendas, representa explorar o mercado à procura de clientes potenciais, investindo tempo e dedicação para encontrar pessoas dispostas a adquirir seus produtos e serviços.

Passo 3 — Abordagem

É o momento de estabelecer contato e gerar empatia, criando sintonia para dar início à comunicação produtiva. Lembre-se da velha frase que diz: "você não tem segunda chance de causar a primeira impressão". Portanto, antes de apresentar seus produtos ou serviços, é importante se apresentar e conhecer seu interlocutor, pois, se a entrevista começar bem, todo o processo de comunicação para a venda será facilitado.

Evaldo Costa adverte que existem outras dicas que costumam funcionar muito bem no processo de abordagem:

» Aproxime-se do cliente imediatamente, sem criar obstáculos (ao cumprimentá-lo, não fique na frente do cliente obstruindo sua visão).

» Formule perguntas inteligentes e pertinentes para quebrar o gelo.

» Seja simpático e atencioso.

» Personalize o atendimento (chame o cliente sempre pelo nome).

» Apresente-se sempre com algo nas mãos (isso mostra que você está preparado para recebê-lo).

O processo de abordagem é muito semelhante a uma conquista amorosa, na qual empatia é a palavra-chave, uma vez que o interlocutor deve se sentir amparado e compreendido, ou seja, a identificação é extremamente importante para que ele abra a guarda e mostre o que precisa sem se sentir invadido. "Enganam-se aqueles que acreditam na criatividade e na comunicação como únicas armas. Muitas pessoas criativas perdem clientes porque não perdem a piada. Um comercial de televisão, por exemplo, pode ganhar prêmios, e o produto não vender nada. A ideia é brilhante, mas o público-alvo não se identifica. Por isso, digo que na abordagem é preciso tranquilidade, observação, ouvidos aguçados e muita sensibilidade para saber qual caminho percorrer durante a conversa", elucida Cláudio Tomanini.

Não esqueça — O primeiro contato com o potencial comprador é o momento de estabelecer vínculo e conquistar a atenção dele. A abordagem consiste na apresentação de ofertas persuasivas, construídas com planejamento, treinamento e técnicas de comunicação.

Passo 4 — Levantamento de necessidades

Fazer perguntas pertinentes, inteligentes e no momento certo faz uma enorme diferença para o sucesso em vendas. Em primeiro plano, cabe alertar de que é papel do vendedor conduzir o processo e não ser conduzido pelo cliente. Quem tenta fazer uma entrevista com o cliente acaba caindo do cavalo. Procure encaixar perguntas diretas, objetivas e inteligentes durante o diálogo.

O vendedor deve estar receptivo a toda informação proveniente do cliente, seja ela verbal, seja não verbal. Deixe-o à vontade, sem pressioná-lo ou ameaçá-lo. "Se o cliente é confuso e fala muito, o vendedor pode ajudá-lo a objetivar as informações, fazendo perguntas fechadas, que pedem respostas diretas. Se é do tipo caladão, o vendedor pode ajudá-lo a falar mais, fazendo perguntas abertas, que pedem respostas indiretas e dissertativas. Todo mundo gosta de falar de si, dos seus negócios e de suas atividades. O vendedor deve criar uma oportunidade para que o cliente fale de si, fornecendo informações valiosas sobre o que precisa ou deseja", indica Alberto Centurião.

É importante entender também que os clientes têm necessidades explícitas e implícitas. Takeshi Jumonji explica que necessidades explícitas são aquelas que o cliente quer. Já as implícitas tratam do que ele precisa, mas ele não sabe. Ao responder uma pergunta habilidosa do vendedor, o cliente percebe que nunca havia pensado naquilo. "Mais importante que fazer perguntas para descobrir o que o cliente quer, é praticar a habilidade para fazer a pergunta para descobrir o que ele precisa. Nesse sentido, faça perguntas sobre os problemas e preocupações que o seu produto ou serviço é capaz de resolver para ele. A seguir, faça perguntas sobre as causas desses problemas e preocupações. A partir disso, você terá um quadro global e claro de seu diagnóstico", exemplifica.

Não esqueça — Descobrir o que o cliente realmente quer é fundamental para não cometer o erro de "empurrar" o que ele não precisa ou não pode pagar. No levantamento de necessidades, o vendedor não deve presumir o que o comprador precisa, mas descobrir por meio de métodos seguros quais são os reais desejos dele.

Passo 5 — Proposta de valor

Depois de conhecer as reais necessidades, os desejos e as vontades do cliente, o vendedor passa a ter uma vantagem significativa para realizar a venda. Mas nunca se esqueça de que valor não é só preço. A palavra oferta remete muito a preço baixo. E é bom lembrar que o consumidor no Brasil não quer mais só preço baixo, pois está cada vez mais exigente, prezando pela qualidade no atendimento. "O valor real do produto ou serviço está no que o cliente vê nele. Se o vendedor mostrar a ele que aquele produto ou serviço será fundamental para seu negócio, para seu crescimento, o valor agregado que verá será alto. Nessas horas, o preço é condizente com esse valor", reforça Cláudio Tomanini.

Percebe-se que preço baixo não é a única arma na hora de concluir uma venda. Ao contrário, a boa estratégia e a boa abordagem deixam o preço como última prioridade. Moacir Moura, consultor e autor do livro *Os segredos da loja que vende* (Editora Negócio), destaca que a proposta imbatível é aquela formulada em conjunto com o comprador, em que ambos buscam a melhor solução para atender as necessidades do cliente. "A partir do momento em que o vendedor se compromete com o sucesso e a satisfação do cliente, tudo fica mais fácil e o fechamento da venda será uma consequência desse trabalho interativo", comenta.

Não esqueça — O vendedor deve oferecer soluções adequadas às necessidades de cada cliente, para que ele valorize e perceba que seus produtos e serviços apresentam benefícios diferenciados da concorrência. Uma proposta de valor é capaz de tirar o foco da negociação no preço e convencer o cliente de que a oferta apresentada é a melhor opção para suas necessidades.

Passo 6 — Negociação

Todo vendedor deve estar convencido de que, no processo de negociação, é quase certo haver objeções. Logo, elas não podem, de maneira alguma, impedir a realização do negócio. Até porque a objeção é uma demonstração de interesse, pois, se não estivesse interessado, o cliente simplesmente recusaria a oferta.

Durante o processo de negociação, o vendedor precisa ser flexível, fazendo novas perguntas para identificar com clareza a causa da objeção, para então, com empatia e determinação, unir-se ao cliente em busca de soluções. "Rigidez, nessa hora, inviabiliza a negociação. É o momento de usar criatividade para proporcionar os esclarecimentos e fazer os ajustes necessários à proposta, de modo que satisfaça plenamente as necessidades do cliente. Em vez de obstáculos, as objeções são o 'caminho das pedras' para o fechamento", ressalta Alberto Centurião.

O mais importante da objeção não é ela em si, mas a forma como o vendedor reage a ela. É importante que o vendedor, mesmo que aparentemente, concorde com as objeções do cliente, dando a entender que o que ele está apresentando como obstáculo é compreensível e razoável.

Evaldo Costa recomenda que o vendedor tenha em mente que o objetivo maior no processo de negociação é chegar a um acordo interessante para as partes e não sair vencedor. "Como não há uma receita de bolo para se tornar um bom negociador, ser flexível e simpático, ter boa capacidade de persuasão, usar a empatia, ser ético e adotar as técnicas recomendadas para conduzir corretamente uma discussão costumam funcionar muito bem."

Não esqueça — Negociação é fazer uma pessoa dedicar tempo ou dinheiro em algo que trará benefícios para todas as partes. Ao negociar, o vendedor deve utilizar todo o seu conhecimento sobre o produto ou serviço, além de informações sobre o comportamento de compra do cliente e as variáveis do mercado.

Passo 7 — Fechamento

Para Paulo Angelim, o fechamento surge naturalmente a partir de alguns indicativos: "No instante em que o vendedor sentiu que o cliente já apresentou sinais suficientes de compra e que a proposta se encaixa no seu perfil de necessidades, ou seja, quando o vendedor está seguro de que pode defender com firmeza e segurança que aquele produto é a melhor solução para o cliente."

Ao concluir uma negociação, há algumas condições que devem ser observadas pelo vendedor, de acordo com Takeshi Jumonji. "A relação custo-benefício é suficientemente interessante para o cliente? O acordo a ser fechado é interessante para as partes envolvidas? Os termos do acordo a ser fechado contribuirão para fortalecer o relacionamento entre as partes? Se essas condições forem claramente viáveis e se o cliente fizer muitas perguntas ou comentários sobre a implementação e sobre o futuro — não hesite — direcione o cliente ao pedido", explica.

Não esqueça — Não existe regra, fórmula ou receita que determine a melhor hora para encerrar uma venda, isso depende do ritmo e da necessidade do cliente. Levantar adequadamente os desejos, apresentar uma proposta de valor e responder satisfatoriamente às objeções é um caminho que leva ao fechamento.

Passo 8 — Pós-venda

Oferecer uma experiência memorável para o cliente durante o processo de compra é o primeiro passo para uma pós-venda eficaz. Depois disso, basta estar sempre em contato com o cliente. Afinal, quanto mais você souber sobre ele, mais chances de melhorar o relacionamento você terá. "É importante, sempre que necessário, fazer contato. Avisar sobre novidades, alertá-lo sobre assuntos relacionados ao produto ou ao serviço, entre outras coisas. Por fim, é absolutamente necessário inovar. Afinal, a falta de inovação abre espaço para a concorrência", aconselha Cláudio Tomanini.

Atualmente, o que todo cliente procura é um vendedor confiável. Alguém que não o deixe na mão se acontecer algum imprevisto. Alguém que esteja ao seu lado para dar apoio e assumir responsabilidades se alguma coisa der errado.

Conquiste a confiança do cliente, procurando se comprometer com ele, colocando-se como um gestor de soluções e aprofundando o relacionamento. "O segredo está na prestação de serviço, fazendo um acompanhamento da satisfação do cliente depois da compra. O cliente passará a ser leal à marca a partir do momento em que houver uma relação de confiança entre as pessoas", reforça Moacir Moura.

Não esqueça — Manter o contato após a venda é fundamental não só para conquistar novas negociações, mas também para propagar uma boa imagem do vendedor e da empresa. Dessa forma, é possível mostrar que ambos não estão preocupados apenas com a venda em si, mas com a satisfação contínua do cliente.

Na prática — Muitos vendedores se perguntam se os passos da venda devem ser trabalhados de forma diferenciada na venda de produtos e serviços. Embora o processo seja o mesmo para todo tipo de venda, ao vender serviços é preciso fazer os devidos ajustes, uma vez que não há produto tangível para mostrar, tocar, sentir e experimentar. Aprofundar mais a descoberta de necessidades, a fim de propor o que o cliente realmente precisa.

Fundamental mesmo é tornar os passos da venda algo natural, parte integrante dos processos de venda. Para isso, é preciso treinamento e preparação constante, como fazem os atletas de alta performance. "Mesclar técnica e prática, fazer correr nas veias conhecimentos, sentimentos e ação transformando tudo em resultados. Conhecer o processo com interesse e paixão de tal forma que passe a ser sua segunda pele", explana Moacir Moura. A naturalidade vem com a preparação. Sem surpresas, o vendedor estará apto a ouvir e a receber qualquer tipo de informação sem parecer falso.

Serviços — José Walmy Junior, diretor de vendas da Disal, administradora dos consórcios Volkswagen, de São Paulo (SP), afirma que conhecer as peculiaridades de cada etapa facilita a realização da venda e lembra que, no início, precisava parar para pensar nos passos da venda. "Com o passar do tempo, eles acabam se alojando em nossa mente de forma inconsciente e se manifestam naturalmente."

Ele acredita que todos os passos são de extrema importância. Entretanto, se tivesse de destacar um, destacaria a pós-venda. "É muito difícil conquistar um cliente, mas é muito mais difícil manter esse cliente satisfeito. É como um casamento, ambos têm de estar sempre atendendo e superando as expectativas."

Junior conta que um dos concessionários que se associaram no ano de 2006 veio confirmar a importância da pós-venda: "depois de anos de negociação, consegui fechar a venda. Após três meses, a concessionária foi procurada por outra administradora que ofereceu uma bonificação por cota vendida, bastante atrativa, mas a diretoria declinou da proposta alegando que a equipe estava muito satisfeita com o atendimento prestado por nós".

Produtos — A Milenium é uma empresa varejista de moda de Paulo Afonso (BA). Maciel Lima, diretor administrativo, também destaca a pós-venda: "para mim, a venda nunca acaba. É na pós-venda que você consegue as respostas mais verdadeiras do cliente, pois ele já utilizou seu produto e falará realmente o que achou". Na Milenium, a pós-venda é praticada de três formas:

1. **Telemarketing** — A cada três meses, selecionam 10% dos clientes e fazem uma pesquisa por telefone para avaliar a empresa como um todo.

2. **Serviço de Atendimento ao Cliente (SAC)** — Disponível no site, o cliente pode fazer sugestões e reclamações.

3. **Caixa de sugestão** — Disponível na empresa, a cada dois meses as sugestões são retiradas e avaliadas.

Maciel lembra uma vez em que um passo da venda — levantamento de necessidades — foi fundamental para uma nova direção tomada pela empresa. "Levantando as necessidades, acabamos descobrindo que nossos clientes estavam ficando mais gordos. Então, começamos a procurar mais produtos para esse público, pois eles gostavam do que a gente vendia, mas não encontravam do tamanho que precisavam", conta.

Canais de venda — Os passos da venda podem e devem ser trabalhados em todos os canais de venda. Nossos entrevistados dão as principais dicas para cada um deles, o que não invalida, claro, que algumas delas possam ser aplicadas em todos os canais. Confira!

	Varejo	Telemarketing
Preparação	» Conheça os produtos e o perfil dos clientes. » Prepare a loja para receber o cliente.	» Descubra algum detalhe que facilite o contato. » Domine o script para não ficar dependente dele, aplicando-o mecanicamente.
Prospecção	» Contate clientes antigos para manter, chamar e solicitar novas indicações. » Use o tempo ocioso para buscar clientes.	» Busque novas fontes em anúncios, catálogos, *mailings* externos. » Levante mais informações sobre os contatos das listas.
Abordagem	» Capriche na apresentação pessoal, seja simpático e quebre o gelo. » Dê um tempo para o cliente observar e encontrar algo que lhe chame a atenção.	» Não telefone em horários impróprios, seja objetivo. » No ativo, vá direto ao assunto, dizendo quem é e o que pretende. No receptivo, deixe a abordagem por conta do cliente.
Levantamento de necessidades	» Deixe o cliente explicar o que deseja. » Faça perguntas para entender melhor o que ele necessita.	» No ativo, faça algumas perguntas antes de iniciar a apresentação. » No receptivo, dê oportunidade para o cliente falar.
Proposta de valor	» Ressalte as características, evidencie o valor e demonstre segurança. » Formule a oferta com base nas necessidades do cliente.	» Passe segurança e enfatize os benefícios e as características. » Evite pressionar o cliente.
Negociação	» Ouça pacientemente as objeções, sem oferecer nenhuma resistência. » Fuja da pechincha, concentrando-se em valorizar os benefícios e agregando valor à sua oferta.	» Respeite a opinião do cliente e posicione-se a favor dele, raciocinando a partir do seu ponto de vista para analisar a situação. » Argumente e desfaça possíveis objeções.
Fechamento	» Esclareça as dúvidas finais. » Confirme dados, reveja acordos, fale sobre prazo de entrega e formas de pagamento.	» Resuma tudo que foi acordado anteriormente e tente o fechamento. » Com naturalidade, induza o cliente a fornecer os dados necessários para formalizar a compra.
Pós-venda	» Mantenha contatos regulares com o cliente. » Estabeleça laços duradouros, através da prestação de serviço.	» Acompanhe o recebimento do produto e se coloque à disposição. » Volte a ligar depois de alguns dias para perguntar sobre a satisfação do cliente.

Venda direta	Internet
» Divida os clientes por setores. » Organize roteiro de visita.	» Elabore um bom site, com loja virtual. » Selecione listas de e-mail para trabalhar.
» Busque novas fontes nas revistas especializadas, sindicatos, associações, federações. » Pesquise dados do cliente a ser visitado.	» Trabalhe *mailing list* interno. » Pesquise novos clientes no Google, Yahoo, Facebook e demais sites.
» Investigue as causas dos problemas e preocupações do prospect. » Procure estabelecer uma relação de amizade.	» Trabalhe com mensagens curtas e objetivas. » Apresente produtos e serviços de forma participativa, estimulando o retorno.
» Pesquise necessidades dos clientes e cruze com as tendências do mercado em que atua. » Faça perguntas para entender melhor o que ele necessita.	» Aproveite a interatividade para conhecer melhor seu público. » Responda sempre os e-mails, principalmente aqueles que solicitam informações.
» Ressalte os valores exclusivos da empresa e do produto. » Valorize os pontos que satisfazem as necessidades e agregam valor para o cliente.	» Foque na interatividade, oferecendo soluções personalizadas. » Aproveite os recursos da informática para flexibilizar suas ofertas, de modo a satisfazer as mais variadas tendências e necessidades.
» Não pressione nem conteste diretamente o cliente. » Fale sobre volume, preço e condições de pagamento.	» Apoie-se em argumentos lógicos e vantagens palpáveis. » Valorize os diferenciais, especialmente a pós-venda.
» Faça o prospect visualizar uma solução vantajosa. » Vá direto ao assunto fazendo uma pergunta fechada cuja resposta seja uma confirmação da compra.	» Facilite a forma de pagamento e a navegação. » Parabenize o cliente pela compra.
» Crie vínculos através da prestação de serviços. » Esteja sempre disponível para o cliente.	» Acompanhe o recebimento do produto e se coloque à disposição. » De tempos em tempos, envie mensagens aos clientes, informando-os sobre as novidades.

Agora que você já conhece cada um dos passos da venda, torne essas ações partes integrantes do seu dia a dia e de qualquer processo de venda: prepare-se, prospecte, aborde, levante necessidades, proponha valores, negocie, feche e faça pós-venda. Com isso, tenha certeza de que você venderá muito mais e melhor.

DESAFIOS DE VENDAS

DESAFIO 11

Curva ABC e limpeza da carteira

Etapa da venda

Preparação e planejamento

Definição

A palavra da vez é FOCO. Foco no que e em quem realmente importa.

Há quanto tempo você não revê sua lista de contatos, exclui os nomes irrelevantes, atualiza as informações dos clientes atuais e inativos de grande potencial e faz uma segmentação a partir disso?

Bem, chegou a hora de botar a mão na massa e resolver tais situações.

Sintoma

Os males de uma lista de contatos desatualizada são imensos, mas podemos destacar os seguintes como primordiais:

- O fato de você concentrar as suas ações em clientes com os quais está sempre em contato faz que outros potenciais compradores, que estão em sua carteira, fiquem à disposição da concorrência.
- Muitos clientes inativos podem estar apenas esperando um contato seu para voltar a fazer negócios com você.

A (provável) imensidão de contatos desqualificados só contribui para dificultar e burocratizar seu trabalho.

Descrição do desafio

Seu trabalho é entrar em contato com todos os clientes de sua carteira, entender a atual situação deles e analisar o perfil de cada um, para então requalificá-los ou excluí-los de sua rede de contatos, caso isso seja pertinente. A lógica deste desafio é inspirada no Princípio de Pareto, já mencionado em outro desafio do livro, o qual diz que 20% dos seus clientes são responsáveis por 80% do seu lucro. Ao final desta missão, você terá seus bons clientes segmentados e ranqueados. Os ruins, aqueles que estão inativos, que não compram há mais de seis meses, serão excluídos da sua carteira.

Nossas sugestões

Sua ação deverá ser baseada na Curva ABC de Clientes, cuja explicação você confere no texto disponível em *Ferramentas*. Os motivos do contato podem ser diversos: atualização de cadastro, anúncio de novidades e ofertas ou algo gentil, como por exemplo, para apenas saber como o cliente está. O importante, após esse contato, é saber se ele continua sendo ou não um potencial cliente e posicioná-lo no seu ranking ABC.

Eis um exemplo do quanto é importante estar sempre em contato com seus clientes: você costuma receber ligações, visitas ou e-mails de vendedores de quem comprou algo? Podemos apostar que isso acontece em raras oportunidades. E quando isso acontece, é sempre uma experiência marcante, não é?

Comprovação

ANTES DO DESAFIO

Data de início: ____ /____ /____

Quantos nomes você tem ao todo em sua carteira de clientes: ______________

DEPOIS DO DESAFIO

Data de conclusão: ____ /____ /____

Quantos nomes irrelevantes (inativos há mais de seis meses) você conseguiu excluir após a filtragem? ______________

Quantos negócios você conseguiu gerar a partir da requalificação da base de clientes? ______________

Quantos estão no A, no B e no C? ______________

A que você atribui o sucesso ou o fracasso deste desafio?

____

____

____

____

____

____

____

____

A GRANDE LIÇÃO

Com base na experiência que teve com este desafio, registre aqui o que é importante lembrar para que você faça uma atualização periódica de seus contatos.

____

____

____

____

____

____

____

____

____

A Curva ABC de clientes

Por Raúl Candeloro

A maioria das empresas tem clientes com perfis diferentes, e muitas delas não lidam corretamente com essa divergência. Definem suas estratégias e operações de forma geral, tratando todos os clientes da mesma maneira.

Entretanto clientes são diferentes. Alguns querem muita atenção, mas compram pouco, outros compram muito, mas querem desconto, outros ainda compram de forma esporádica e sem planejamento. Para piorar, existe uma pressão cada vez maior pela otimização do uso do tempo em vendas. Isso deixa qualquer vendedor maluco (ou estressado).

A solução? Segmentar a base de clientes. Além de melhorar o atendimento, uma boa segmentação permite que um profissional de vendas canalize melhor seus esforços, diminuindo até mesmo custos (deslocamento, tempo de espera, adequação da proposta, customização de produtos e serviços etc.).

A segmentação de clientes nada mais é do que juntar os clientes "parecidos" em diferentes grupos e, a partir daí, tratar cada grupo de forma mais personalizada. Essa segmentação de clientes pode ser feita de diversas formas: por faturamento, por comportamento, por características sociodemográficas (idade, sexo, renda), por região geográfica etc. Mas uma das formas mais usadas por profissionais de venda excelentes é a **Curva ABC**, e é sobre ela que vamos falar.

Segmentando através da Curva ABC

A Curva ABC é, na verdade, uma consequência lógica do princípio de Pareto mencionado na introdução deste desafio. A maneira mais fácil de explicar uma Curva ABC é mostrando como ela funciona na prática. Imagine que você tem dez clientes e irá criar um ranking de acordo com seu faturamento médio mensal.

Cliente 1 compra: R$10.000,00/mês
Cliente 2 compra: R$9.500,00/mês
Cliente 3 compra: R$9.380,00/mês
Cliente 4 compra: R$7.500,00/mês
Cliente 5 compra: R$7.240,00/mês
Cliente 6 compra: R$6.300,00/mês
Cliente 7 compra: R$4.120,00/mês
Cliente 8 compra: R$3.880,00/mês
Cliente 9 compra: R$2.900,00/mês
Cliente 10 compra: R$1.050,00/mês

Se você colocar isso numa planilha do Excel e traçar um gráfico, verá que existem duas "quebras", onde a linha abruptamente faz uma curva para baixo. Nesse caso, os clientes 1, 2 e 3 seriam considerados "A", os clientes 4, 5 e 6 seriam "B" e o restante seria "C". (Algumas empresas criariam a categoria "D" para o cliente 10 e, muitas vezes, até mesmo uma "E", para clientes inativos, que não aparecem no gráfico, porque seu faturamento é zero).

Uma vez divididos dessa forma, o próximo passo seria analisar as características comuns, necessidades e demandas específicas de cada um desses segmentos. Como, quando, por que, onde e o que compram os clientes do grupo A, B e C? O terceiro passo é criar um sistema de atendimento diferenciado, que possa ao mesmo tempo atender a demanda dos clientes e otimizar o tempo e os investimentos da empresa. Por exemplo:

a. **Clientes A:** visita pessoal toda semana.
b. **Clientes B:** visita pessoal na primeira e terceira semana do mês, telefone na segunda e na quarta semana do mês.
c. **Clientes C:** e-mail marketing na primeira semana, visita na segunda semana, telefone na terceira e quarta semana do mês.

Isso é só um exemplo extremamente simplificado, lógico, mas já começa a ficar clara a diferença prática da segmentação. A ideia toda é dar mais atenção aos melhores clientes, sem prejudicar o atendimento aos demais compradores. Esse tipo de segmentação permite que o vendedor canalize melhor suas energias e possa se preparar de forma mais adequada para visitas ou telefonemas.

Como já foi dito, você pode segmentar seus clientes de diversas outras formas (por frequência de compra, por lucratividade, por porcentagem acumulada de vendas ou por qualquer outra característica que desejar), mas a lógica fundamental por trás da Curva ABC de clientes é esta: segmentar os clientes de alguma forma (geralmente por faturamento).

E, uma vez segmentados, criar maneiras diferenciadas e personalizadas de atendê-los, para que você, inteligentemente, administre recursos — tempo e dinheiro —, potencialize seus ganhos e melhore a satisfação/lealdade dos seus clientes que certamente ficarão felizes em ser atendidos de acordo com suas necessidades.

Vale a pena "demitir" clientes?

Por Redação VendaMais

Não é raro encontrar no mercado pessoas que perderam horas com algum cliente e, no fim das contas, o esforço acabou não valendo a pena. O problema é que nem todos os colaboradores e empresários percebem a importância real de cada consumidor para a companhia e acabam mantendo na carteira alguns que não são sequer rentáveis. Para muitos, ainda valem máximas como "o cliente sempre tem razão" e "todo consumidor é bem-vindo".

Por outro lado, especialistas defendem a teoria do marketing de relacionamento seletivo, o qual consiste basicamente em aplicar a Curva ABC em sua carteira de clientes e passar a se dedicar apenas aos que ficarem nas duas primeiras categorias. Para fazer isso, a empresa pode optar por aumentar preços, extinguir descontos, diminuir prazos ou cobrar taxas extras para quem não se enquadrar em determinados parâmetros — e quem não concordar com as novas condições estará delicadamente convidado a frequentar a concorrência.

Diante dessa teoria, a revista *VendaMais* resolveu ir a campo e perguntar: será que vale a pena gastar tanto tempo e empenho com um cliente inadequado ao seu negócio? Ou as empresas já têm colocado em prática a demissão de consumidores? Confira algumas situações pelas quais nossos leitores já passaram e perceba se você também tem mantido em sua base clientes desnecessários.

"Já demiti vários clientes ao longo de minha vida profissional, mas tive dois casos que foram emblemáticos: uma rede de eletrodomésticos e uma de óticas — ambas extremamente referenciais em seus segmentos. Eram consumidores viciados em pagar o preço que achavam que o produto valia, na concepção única e exclusiva deles. Demiti os dois da emissora em que trabalhava, pois pagavam menos que todos os outros e ainda se achavam no direito de 'botar banca'. Repus a verba rapidamente com um terço dos comerciais."

Nelson Gonçalves

"Com certeza, todo vendedor já encontrou um cliente grosseiro, um folgado ou um 'do contra'. Eu tive uma experiência com um consumidor que possuía esses três perfis: era um tremendo grosseiro, folgado e 'do contra'. Eu atendia lojas agropecuárias representando um laboratório de medicamentos e, sempre que visitava um determinado cliente, ele menosprezava-me. Não dava bom dia quando chegava, deixava-me horas esperando para ser atendido e, depois, ainda dizia que não queria nada. Visitei ele umas dez vezes, pois estava em meu roteiro de visitas, mas fui cansando, até começar a deixá-lo de lado. Então, passei a adotar a seguinte estratégia: visitava seus vizinhos (concorrentes menores dele), começando a introduzir meu produto, mandava o caminhão de minha empresa passar toda semana em frente à loja dele e comecei a visitá-lo com menos frequência. Chegou a um ponto em que ele precisou de alguns produtos nossos e teve de ligar para a gente pedindo-os. Aí, visitei-o e fechei o negócio como queríamos."

Everaldo Galvan

"No sistema capitalista, a base do negócio é o lucro. Demitir um consumidor que não traz resultados é tão difícil quanto conquistar um que os traga. De qualquer forma, cliente sem resultado é cliente demitido, mesmo em época de 'vacas magras', em que o comprador se torna seu maior concorrente. A venda sem resultado foge do princípio do capitalismo."

Paulo Abreu

"Na área de vendas, certa vez, o presidente de uma empresa fez um teste comigo e mais alguns supervisores: deu-nos uma folha em branco e pediu que escrevêssemos três características de um cliente chato. Ao entregarmos as folhas, ele nem sequer as olhou, dobrou-as todas juntas e nos disse: 'como um consumidor pode ser chato se comprou de você e gerou renda para a empresa? Se o ajuda a pagar suas contas no fim do mês? Já que é o cliente quem sustenta o mercado, em hipótese alguma ele é chato. Se ele está reclamando, é porque quer continuar comprando e cabe a nós descobrir o que ele não está gostando em nosso atendimento. Cada vez que retornar para comprar mais, o consumidor deve ser muito bem atendido. Você tem de fazê-lo se sentir o cliente mais importante da loja'."

Alberto Barbosa

"Eu tinha um cliente que só entrava na loja para perguntar o preço. Entrava por uma porta e saía pela outra. Já tinha passado por vários funcionários, desde o atendimento até a gerência, mas não se cansava. Certo dia, após o almoço, ele chegou e os outros vendedores se esconderam para não atendê-lo. Eu fui ao seu encontro e fiz o que ele não esperava: fiz um atendimento com tanta atenção que nem o melhor dos clientes já havia recebido até então. Depois dessa, ele se tocou e não voltou mais."

Ermeson Nei Alves Frazão

Opinião do especialista

"O primeiro passo é definir qual é o cliente ideal para sua empresa e, a partir disso, trabalhar as estratégias de fidelização. Os melhores consumidores são aqueles cuja rentabilidade estratégica, operacional e de relacionamento, juntamente à lucratividade, são altas. A companhia que consegue definir seus clientes desejáveis também sabe quem são os indesejáveis — e o que não faltam são maneiras de tratar o segundo tipo. Você pode 'demiti-lo', elevar o custo do serviço prestado ou, caso sua empresa tenha o costume de investir em pesquisas, é pertinente mantê-lo por perto. Assim, quando uma nova for realizada, veja se existe possibilidade de transformá-lo em um cliente atrativo."

Peter Wilton, diretor do programa internacional de negócios da Universidade de Berkeley, na Califórnia

Como organizar e gerenciar uma carteira de clientes

Por Paulo Ferreira

Uma das funções mais importantes da área de vendas é o gerenciamento da carteira de clientes. Para uma loja, ela é o resultado do esforço de anos em propaganda, ações de marketing e atendimento qualificado. Para a empresa que atua no segmento corporativo, é investimento em feiras e congressos e vários anos de visitas dos representantes e consultores para conquistar cada cliente.

Uma carteira não se forma sozinha nem de graça. Alguém no passado realizou esse trabalho e decidiu pagar o custo emocional e financeiro.

O que diferencia um aventureiro de um profissional de vendas? A forma como cada um faz a organização e o gerenciamento da carteira! Não se trata de simplesmente começar a visitar e vender. É imprescindível ter um propósito gerencial que defina suas estratégias de atuação.

Por isso, acompanhe a seguir duas dicas para fazer isso de maneira produtiva e profissional:

1. Conheça todos os clientes da carteira

Apesar de óbvio, são raros aqueles que realmente conhecem todos os clientes da carteira. A maioria assume a carteira e, sem conhecer, estabelece o potencial e as visitas apenas pelo histórico de compras.

Tenha por objetivo conhecer cada cliente e estabeleça um prazo máximo de 90 dias para isso. As empresas deveriam exigir isso de cada vendedor que assume um novo grupo de clientes. Procure se apresentar e conhecer pessoalmente cada pessoa que esteja envolvida com os produtos e serviços que sua empresa fornece, do usuário ao dono da empresa, quando o consumo é para uso próprio, e dos entregadores ao proprietário, quando a empresa revende seus produtos.

Identifique os contatos-chave: saiba o nome completo, suas funções dentro da empresa e a data de nascimento. Se quiser ter um relacionamento consistente, o mínimo que você pode fazer é ligar cumprimentando seus novos contatos no dia do aniversário deles.

Faça um círculo de amizades profissional. Seja educado e preserve esses novos amigos, você vai precisar muito da ajuda deles para ser bem-sucedido em seu trabalho.

Estude seu cliente para conhecer a situação atual e a situação futura. O potencial de compras de um cliente será definido quando fizer uma visita e analisar:

- Quantos fornecedores ele tem do mesmo segmento que o seu.
- Quanto compra de cada um e de você.
- Quais produtos ele compra de você e dos outros.
- Quantos produtos ele compra do seu mix.
- Potencial de consumo (novos mercados) que ele tem para produtos que nem você nem outros fornecedores vendem.
- Outros tópicos dentro dessa linha de raciocínio.

2. Defina o perfil e o potencial do cliente

Ao receber uma carteira de clientes, você deve estabelecer alguns critérios para iniciar as visitas, por exemplo: empresas do mesmo segmento, ou que compram os mesmos produtos, ou que estão no mesmo bairro, rua ou cidade.

Depois de conhecer cada um dos clientes, você estará apto a criar prioridades e critérios para organizar sua carteira de clientes, baseado em quatro pontos:

1. **Prioridade máxima:**
   - Principais clientes por valor total de compras.
   - Principais clientes por quantidade em unidades.
   - Principais clientes por produtos do mix.

2. **Prioridade um:**
   - Clientes com valor de compra entre 10 e 50.
   - Clientes com valor de compra entre 51 e 100.
   - Clientes com valor de compra entre 101 a 300.
   - Clientes com valor de compra entre 301 a 500.

3. **Prioridade:**
   - Clientes com maior percentual de rentabilidade.

4. **Alto potencial de crescimento:**
   - Aumento do valor de venda.
   - Aumento da quantidade de unidades.
   - Aumento de produtos do mix.

Facilite seu trabalho criando uma planilha no Excel para diferenciar esses quatro grupos de prioridades. Vale lembrar que seus resultados não estão ligados diretamente com as informações colocadas nas planilhas, mas com o que você será capaz de fazer na prática com as informações que obteve.

DESAFIO 12

Reduzir em 30% a média de desconto neste mês em relação ao mês passado

Etapa da venda

Negociação

Definição

Quando não é possível extinguir o desconto, por que não fazer que ele seja cada vez menor? Essa é a proposta do 12º desafio que fazemos a você.

Sintoma

A maior parte de suas vendas é feita graças aos descontos? Você é conhecido por sempre dar "aquele jeitinho" que facilita a vida do cliente e garante a sua venda? Cuidado. O desconto sistemático caracteriza um vendedor com baixo nível de desenvolvimento técnico e muito mais preocupado com sua própria meta do que com a lucratividade da empresa. Isso, além de colocá-lo em uma zona de conforto, impede-o de crescer na carreira e conquistar resultados cada vez maiores.

Descrição do desafio

Por exemplo: você fez 100 vendas no último mês e em 90 delas você concedeu algum desconto. Sua meta agora é reduzir esse número em 30%. Ou seja, as exceções não podem ultrapassar 63 vendas. No mês seguinte, considerando as mesmas 100 vendas, o número de vendas com desconto deve cair para 44 e assim por diante. Isso deve seguir até que a nova era que sonhamos para você finalmente se concretize: o tempo do desconto zero.

Nossas sugestões

1ª: Reveja todos os seus pedidos dos três últimos meses e responda: qual é a média mensal de desconto que você concede em suas vendas? ____________

2ª: Agora, multiplique esse valor por 12, compre uma cartolina e escreva em letras grandes a frase "Por ano, eu rasgo R$ ____________ em desconto para meus clientes" e adicione o valor total de descontos do ano. Fixe esse cartaz perto da sua base em seu escritório, isso o ajudará a se lembrar de quanto dinheiro é perdido.

3ª: Depois relacione os três principais motivos pelos quais seus clientes frequentemente reclamam por algum desconto:

1. ______________________________
____
2. ______________________________
____
3. ______________________________
____

4ª: Agora preste muita atenção: analise cada um desses três argumentos usados pelos clientes e faça o possível para verificar se essas objeções são realmente verdadeiras. A maioria das objeções pode não ser 100% verdadeira, e você precisa identificar em que a objeção do cliente está falhando, pois é nesse ponto que você deverá focar a sua argumentação para não conceder mais o desconto.

5ª: Por fim, relacione aqui cinco produtos ou serviços agregados que a sua empresa dispõe e que podem substituir o desconto (como ampliar o prazo de pagamento, reduzir o prazo de entrega etc.).

1. ______________________________
____
2. ______________________________
____
3. ______________________________
____
4. ______________________________
____

Comprovação

ANTES DO DESAFIO

Data de início: ____ /____ /____

Divida a sua média mensal de desconto por quatro e escreva aqui quanto você concede de desconto por semana ______________

DEPOIS DO DESAFIO

Data de conclusão: ____ /____ /____

Qual foi o valor semanal que você concedeu de desconto durante este desafio?

____

Você obteve redução de 30% na sua média semanal de desconto?

____

A que credita o sucesso ou o fracasso deste desafio?

____

____

____

____

Quais foram as maiores dificuldades encontradas?

____

____

____

A GRANDE LIÇÃO

Com base na experiência que você teve com este desafio, registre aqui o que será necessário lembrar para que continue reduzindo a quantidade de descontos que concede até chegar a zero.

____

____

____

____

____

____

____

FERRAMENTAS

O preço nunca é tudo numa negociação

Por Silvia Campos

Desde o começo da crise financeira mundial, temos visto que os preços voltaram a se tornar o centro das atenções em muitas negociações. Diariamente, perguntam-me se o preço não é tudo numa negociação. É claro que não, reafirmo! Principalmente porque ele é, acima de tudo, o valor que você atribui ao seu produto e que seu cliente concorda em pagar — nada mais, nada menos. Então, vamos ver algumas informações importantes que reforçam essa ideia.

Uma pesquisa realizada pelo norte-americano Tom Reilly descobriu que, entre 0 e 10, vendedores dão peso de 8,3 para o preço, enquanto os clientes dão 6,9, ou seja, os vendedores estão muito mais preocupados com o preço que os compradores.

Então, como uma primeira dica, entenda que o comprador **sempre** irá dizer que está caro e insinuar que, sem desconto, a negociação naufraga, por mais que ele queira muito aquele produto ou serviço. Isso faz parte do papel dele, mas nem por isso é verdade. Muitas vezes, quando o cliente começa a negociar preço, é porque já decidiu a compra, porém ainda precisa ter a sensação de que fez um excelente negócio. Aqui, é importante que você saiba fazer concessões estrategicamente, guardando sempre uma última carta na manga para o fechamento. O cliente fica contente achando que foi bem-sucedido e você mantém as condições planejadas.

Mas, já sei, sempre há aqueles vendedores que vão insistir que não adianta pontuar todos os benefícios dos produtos que os compradores sempre acabam leiloando com a concorrência ou pressionando pelo desconto máximo de tabela, o.k.! Então, vamos admitir que o preço tem, sim, sua importância e que precisamos enfrentar isso numa negociação claramente. Portanto, o passo seguinte na gestão do preço, em uma negociação, é protegê-lo. Como?

O seu preço precisa do suporte de seus conhecimentos técnicos, experiências de venda e, principalmente, de sua confiança em si mesmo e no produto. Por isso, sempre coloque seu preço por último em uma negociação, lembrando-se de que você tem uma abertura para **conquistar** a confiança de seu cliente, uma exploração para **descobrir** o que realmente interessa para ele, uma apresentação para **demonstrar todas as vantagens** do que vende, uma clarificação para **esclarecer** acertos e uma ação final para **fechar** o negócio, colocando o preço nessa última etapa, pois é o momento mais estratégico.

Preciso admitir que o preço implica diretamente toda a negociação, mas ele nunca é um valor isolado. Ele tem sua própria dinâmica de funcionamento, que modifica sua percepção caso a caso, como o prazo, o valor da parcela e os descontos; por exemplo: há clientes que consideram o prazo de entrega muito mais importante que o preço e outros que valorizam mais a forma de pagamento. Muitas vezes, o valor da parcela que o comprador irá pagar é muito mais importante que o preço final do produto ou serviço. Em outros casos, os descontos são uma ferramenta estratégica de fechamento para quem prefere pagar à vista.

Como neutralizar a objeção ao preço

- Verifique se seu produto ou serviço é o que o cliente quer ou o que você gostaria que ele comprasse.
- Será que seu cliente realmente percebeu o valor de seu produto ou serviço?
- Existe a possibilidade de seu cliente estar apenas blefando e tentando colocá-lo em desvantagem com a concorrência? Reforce ponto a ponto seus benefícios e mostre que seu preço é, acima de tudo, coerente.
- Admita que, às vezes, seu cliente não tem orçamento ou dinheiro. Nesse caso, não existe santo que faça milagre e, então, o negócio não será fechado.

Não está na hora de aumentar seus preços?

Por Raúl Candeloro

É verdade que você, como empresário, diretor ou gerente, tem sempre de pensar em maneiras de aumentar seus preços. Se não fizer isso, irá deixar suas margens de lucro completamente corroídas, pois os custos estão sempre aumentando (não sei em sua empresa como é, mas, na minha, isso certamente acontece) e, além de ganhar menos dinheiro, você estará se colocando em uma situação complicada no futuro.

Quem não mexe nos preços raramente sente os efeitos em curto prazo. Parece tudo bem, você continua ganhando um pouco de dinheiro... mas, por baixo dos panos, nos subterrâneos profundos de sua contabilidade financeira, um pequeno estrago começa a ser feito. É como ácido corroendo por dentro a base que sustenta a empresa ou como se cupins invadissem suas paredes — uma hora a casa cai!

O que acontece, muitas vezes, é que a empresa tenta ficar o máximo possível de tempo sem alterar seus preços. Aí, um dia acorda, descobre que está com sérios problemas e tem de mexer na tabela, recompondo suas margens. Os aumentos decididos geralmente são altos e deixam os clientes malucos e furiosos, sentindo-se traídos.

Aumentar os preços nunca foi fácil. Mas somos empresários e nosso objetivo é também maximizar o retorno dos sócios, acionistas ou donos, funcionários — margens apertadas acabam invariavelmente em salários e comissões apertadas — e comunidade. Afinal, uma empresa lucrativa não ajuda somente seus colaboradores, mas também a família deles, os fornecedores e parceiros.

Então, que tal conversar com sua equipe de vendas, mostrar os números e fazer os cálculos? Ajude-os a comprarem a ideia, porque geralmente os primeiros a reclamarem de aumentos hoje em dia são os próprios vendedores da empresa, que, muitas vezes, acham algo "caro" quando o cliente ainda iria achar barato.

Sob o pretexto teórico de defenderem os interesses dos clientes, na verdade estão muito mais preocupados com suas comissões que com o negócio em si. O que não tem muita lógica, já que, se venderem por um valor um pouco maior, também receberão um pouco mais. Entretanto, se eles não comprarem a ideia nem estiverem convencidos de que realmente aquele preço é justo, boicotarão qualquer reajuste e, depois, essa postura acabará contaminando de forma negativa os próprios clientes.

Enquanto algumas coisas realmente têm caído de preço, muitos custos sobem ano a ano, por exemplo: impostos, salários, insumos básicos como eletricidade e combustíveis, etc. E, quando seus gastos aumentam, você tem basicamente duas opções: aumentar seus preços ou diminuir sua margem. Uma outra opção seria expandir a produtividade, mas isso só pode ser feito até certo ponto (e, geralmente, também precisa de investimentos).

Pequenos aumentos, feitos consecutivamente, são muito mais fáceis de negociar que uma única grande (desculpe-me pelo termo) "porrada". Além disso, podem fazer maravilhas pela sua margem com o passar do tempo. Aumentos de 3% ao ano, por exemplo, quase sempre passam despercebidos, mas, no fim de cinco anos, fazem uma diferença de quase 16% (15,92% para ser exato. Na matemática financeira, os aumentos são cumulativos). Experimente, por outro lado, mexer 16% em seus preços de uma hora para outra e veja a gritaria que vai ser.

Melhores margens permitem mais gastos em marketing, aprimoramento nos produtos e serviços, melhor atendimento, contratar pessoas mais qualificadas, investimentos em qualidade... tudo o que o cliente quer, pois ele sempre fala que está caro, mas, na verdade, é devido a algumas falhas que ele deixa de comprar. Em qualquer pesquisa séria que se faça entre compradores, o preço geralmente aparece em quinto lugar na lista de prioridades. Preços maiores também permitem uma maior flexibilidade de negociação, caso a concorrência não acompanhe seus aumentos, aproveitando para uma ação agressiva a fim de ganhar mercado. Nesses casos, você terá um belo argumento em mãos: seu desconto será maior que o do concorrente, basta saber argumentar corretamente.

Preços um pouco mais altos também beneficiam a empresa pelo lado psicológico da venda. Todos nós sabemos que, de maneira inconsciente, a maioria dos compradores tende a fazer uma correlação forte entre preço alto e qualidade. Valores baixos demais podem, na verdade, estar afetando sua imagem no mercado — são uma ótima ferramenta promocional de curto prazo; entretanto, em longo prazo, acabam prejudicando a todos. Mas aí o gerente ou diretor responsável pela besteira já foi trabalhar em outro lugar, e os prejudicados são os que ficam.

Preços (e margens) mais altos também têm um benefício extra: valorizam a empresa como ativo financeiro. Mesmo que sua companhia não tenha ações na bolsa de valores, ela é um bem valioso e merece ser cuidada como tal. Por uma questão cultural, muitos pequenos e médios empresários brasileiros pensam apenas em seus salários, pró-labores e bonificações como valor financeiro da organização. Mas isso é um grande erro, principalmente num mercado globalizado como o nosso, em que é cada vez mais comum acontecerem aquisições e fusões por parte de grandes companhias nacionais ou multinacionais.

E adivinhe como esse pessoal mede o valor da empresa? Posso lhe garantir que margens de lucro são um fator fundamental na hora de avaliar o preço final do negócio. Mesmo que você não esteja pensando em vender, é uma coisa importante que deve ser levada em consideração.

Resumindo: será que não está na hora de aumentar seus preços, nem que seja só um pouquinho? Pense a respeito e faça os cálculos. Afinal de contas, aumentar por aumentar, sem ter noção de mercado, nem um produto ou serviço de qualidade que valha o que se está pedindo, pode ser um tiro no pé. Como tudo na vida, moderação aqui parece ser uma palavra muito oportuna.

Analise e, se no fim das contas chegar à conclusão de que pode, sim, cobrar um pouco a mais, mude seus preços e teste. Se você realmente está entregando aquilo que o cliente valoriza, ele possivelmente vai ser o primeiro a entender o pequeno reajuste.

Como lidar com objeções ao preço

■ **Por Raúl Candeloro**

Ao contrário do que muita gente pensa, preço é uma objeção relativamente fácil de se tratar. Aprenda como identificar qual é a motivação do cliente em pedir o desconto.

Nos seus seminários, o especialista Tom Reilly sempre reforça que nunca devemos baixar nossos preços, a não ser por questões estratégicas. Quando seus produtos e serviços competem apenas em preço, é como se você estivesse dizendo para o cliente: "o preço é o que realmente interessa, pois meu produto/serviço não tem nenhuma diferença do produto/serviço concorrente. Por isso, vou vender pelo preço mais barato possível — mas, se um de meus concorrentes vier com um preço mais baixo ainda, compre deles".

Ou seja, você está, indiretamente, mandando clientes para a competição e reforçando que a única coisa que interessa é o preço, mesmo que você tenha uma série de outras coisas para agregar valor ao seu produto ou serviço. Um dos grandes problemas que incentivam vendedores a dar sempre o desconto pedido é que lidar com objeções ao preço cansa. De tanto ouvir pedidos de desconto e reclamações sobre o preço, o vendedor começa a acreditar (ou desiste e nem tenta mais argumentar). Mas, de acordo com um recente estudo feito por Reilly com oito mil empresas compradoras, de cada seis compradores:

- Um está interessado apenas em preço.
- Um está interessado apenas em valor agregado e atendimento.
- Quatro estão indecisos, esperando serem convencidos.

Reilly perguntou aos compradores: "De 1 a 10, qual é a importância do preço?". Eles responderam que, na média, a importância do preço é de 6,9. Estranhamente, quando Reilly perguntou aos vendedores: "De 1 a 10, qual é a importância do preço?", descobriu que os vendedores davam, em média, a importância de 8,3. Ou seja, os vendedores dão mais importância ao preço do que os próprios compradores! Não é interessante?

Agora, mais assustador ainda é saber que quase 100% dos vendedores dariam o desconto máximo permitido pela empresa para fechar uma venda. Isso é muito dinheiro sendo deixado na mesa, todos os meses.

Mas por que vendedores cortam seus preços? Existem fatores internos e externos.

Os fatores internos são:

- Falta de conhecimento sobre o produto ou serviço e por que ele vale mais.
- Falta de técnica para trabalhar com produtos/serviços de maior valor.
- Falta de confiança no produto ou serviço.
- Problemas pessoais relacionados a preços mais altos (por exemplo, quando o preço do produto/serviço é mais alto do que o salário do vendedor, ele entende que aquilo é muito caro).

Os fatores externos são:

- Mau atendimento da empresa.
- Produto ou serviço de qualidade inferior.
- Concorrência mais agressiva e melhor treinada.
- Condições adversas de mercado.
- O comprador é muito melhor negociador do que o vendedor.

Como lidar com tudo isso?

Imagine se você, como gerente de vendas, recebesse um real toda vez que um vendedor viesse pedir sua autorização para dar desconto ou dizer que está muito difícil vender porque os clientes acham caro. Você ficaria rico rapidamente? Se sim, então tem algo errado com a sua equipe e você precisa mudar isso.

Preço é uma objeção relativamente fácil de tratar, ao contrário do que muita gente pensa. Tudo o que temos de fazer é identificar qual é a motivação do cliente em pedir o desconto. As mais comuns são:

- O cliente está realmente sem dinheiro.
- O cliente ainda não percebeu o real valor do seu produto/serviço.
- O cliente tem um orçamento do concorrente por um valor mais baixo e não entendeu a diferenciação da sua empresa e por que pagaria mais.
- Seu produto/serviço tem mais atributos do que o cliente realmente precisa e ele não quer pagar por tudo isso sem necessidade.

Para cada uma dessas situações, é possível que o vendedor inverta a situação, trabalhando com o cliente para que ele entenda o porquê do preço que está sendo cobrado. Um vendedor que conhece completamente o produto/serviço que está vendendo (bem como os benefícios que ele gera) e trabalha com o cliente para que as necessidades e expectativas sejam realmente atendidas, dificilmente perderá para uma objeção de preço.

Dicas finais

Em uma objeção de preço

1. Não encoraje reduções de preço — "Está caro, né?". Alguns vendedores chegam a dizer: "você está preparado?". Assim, você passa a mensagem de que acha que o preço está alto e que pode negociar.

2. Não sugira reduções — "Deixa ver o que posso fazer" ou "vou falar com meu chefe e ver o que dá para fazer". Com frases como essas, o que mais um cliente pode esperar senão uma redução no preço?

3. Não diga: "somos melhores em tudo, menos no preço" — O preço cria uma oportunidade de mostrar serviço. Não desperdice essa oportunidade pedindo desculpas. Quanto mais importante forem a qualidade e a segurança de obter os resultados finais, menor importância terá o preço.

4. Não diga: "é o preço de tabela" — Preço de tabela tem sempre desconto.

6 coisas para manter a integridade dos seus preços

1. Suporte o preço apresentado — “Deixe-me dizer por que...”

2. Use o fato do preço alto como motivo para comprar — “Nós temos a melhor assistência pós-venda”.

3. Use testemunhais — “Aqui estão as pessoas que também pagaram um preço maior e hoje estão muito satisfeitas”. Ou melhor ainda: “Estas são as que resolveram escolher o preço mais baixo e se arrependeram, vindo depois comprar conosco”.

4. Venda vantagens competitivas e diferenciações, não seu preço — “Nosso sistema exclusivo de...”

5. Venda o relacionamento — “A empresa é autossustentável, não temos débitos no mercado e não vamos sumir”.

6. Venda tudo, menos o preço — Se você não tem o menor preço, ofereça o maior valor, menor custo final, melhor produto ou serviço, melhor benefício, maior produtividade, atendimento etc.

Lembre-se: estatísticas mostram que a maioria das reduções de preço vem diretamente dos vendedores (e não dos clientes) e as maiores resistências ao preço estão centralizadas, também, nos vendedores e não nos compradores. Em vez de sair por aí dando descontos, invista um pouco do seu tempo no treinamento dos seus vendedores. Será muito mais barato e muito mais eficiente — trazendo melhores resultados para você, para os seus vendedores e para toda a empresa.

DESAFIO 13

Aumentar a média de renovação/recompra

Etapa da venda

Negociação e pós-venda

Definição

Este é um grande teste para você detectar o quanto seus clientes estão satisfeitos com você e sua empresa. O objetivo é garantir melhores receitas no futuro e aumentar sua credibilidade perante o mercado. Como? Aumentando as taxas de renovação/recompra.

Sintoma

Possuir baixos índices de recompra é a grande prova de que alguma coisa está errada em seu trabalho e/ou relação com os clientes. Se eles não querem continuar comprando de você, não são apenas os custos e o trabalho com prospecção para compensar perdas que irão aumentar. Sem clientes fiéis e relações duradouras, nem você nem sua empresa terão a credibilidade necessária para atrair novos clientes e ganhar mercado.

Descrição do desafio

Você deverá calcular como está a média atual de recompra de seus clientes e, então, aumentar esse número em, pelo menos, 10%.

As sugestões que apresentamos a seguir serão úteis para ajudá-lo a cumprir essa missão.

Nossas sugestões

Faça uma lista das objeções/motivos mais comuns que impediram a recompra, escolha três que considera as mais importantes e crie três contra-argumentos poderosos para contorná-las. Por fim (e na prática), descubra quais desses contra-argumentos são mais eficazes e utilize-os definitivamente em seu dia a dia.

Comprovação

ANTES DO DESAFIO

Data de início: ____ /____ /____

Qual é o percentual de renovação entre todos os seus clientes? ______________

DEPOIS DO DESAFIO

Data de conclusão: ____ /____ /____

Em quanto conseguiu aumentar a taxa de recompra? ______________

A que você atribui o sucesso ou o fracasso deste desafio?

A GRANDE LIÇÃO

Com base na experiência que você teve com este desafio, escreva aqui quais são os contra-argumentos que irão ajudá-lo a não perder clientes ao término de contratos.

FERRAMENTAS

Venda relacional

Por Redação VendaMais

Conheça a forma de vender que ajuda a evitar objeções de preço, garante a fidelização do cliente e, ainda, pode fazer você ganhar alguns bons amigos.

Trabalhar com vendas é lidar com dados duros, inflexíveis. Quantidade de clientes visitados, tíquete médio, porcentagem de vendas por visita. Números, dinheiro, porcentagem, preço. Mas o vendedor que se limita a esses números perde negócios e clientes. Ele vê apenas a ponta do iceberg. Falta aquilo que não se traduz diretamente em números. Interesse. Investigação de necessidades. Compromisso com o cliente. Convite para visitas posteriores. Relacionamento, no sentido mais amplo e abrangente da palavra.

O consultor Mário Persona diz que, embora o relacionamento pessoal com o cliente possa ser um dos aspectos que irá gerar uma venda relacional, há outros aspectos que podem ter o mesmo efeito: "uma venda de conveniência, por exemplo, pode ser considerada uma venda relacional, ainda que a pessoa esteja comprando sempre o seu refrigerante em uma máquina no saguão do prédio onde trabalha, em vez de atravessar a rua para comprar o supermercado em frente por um preço bem menor. Nesse caso, a relação criada com a comodidade, facilidade e proximidade da máquina tem prazo ilimitado, ao contrário da compra apenas por preço — transacional — que poderia se alternar entre o supermercado em frente, o da esquina, ou o depósito de bebidas, mais adiante".

Para Persona, a venda relacional pode ser considerada aquela que não ocorre unicamente em função do menor preço ou condições de pagamento. Uma vez que se coloca o preço como fator principal, você está fazendo venda transacional, a qual é outra modalidade. Ele tem razão. Mesmo em áreas em que o contato entre vendedor e cliente é mínima, pode-se fazer venda relacional.

Razão de ser — Aldo Cercal, gerente-geral do Extra Hipermercados em Curitiba (PR), afirma: "temos como lema que o cliente é nossa razão de ser e, com isso, somos capazes de estreitar relações com o consumidor, mesmo em uma loja do tamanho do Extra. Fazemos ações relacionadas à comunidade, trazemos informação para a loja e compartilhamos com clientes (como cursos de culinária, palestras com médicos, campanhas de prevenção de doenças). Também desenvolvemos ações ligadas ao meio ambiente, como o estímulo à reciclagem. Além disso, a própria loja oferece serviços que fidelizam e atraem, como a entrega em domicílio, o carrinho de compras com bebê conforto, os carrinhos para crianças e os carrinhos motorizados para deficientes".

Ana Maria Monteiro, presidente da Am3 Call Center Services e vice-presidente da Associação Brasileira de Telemarketing (ABT), diz que venda relacional é o resultado de um relacionamento duradouro entre empresa e cliente. "As vendas só ocorrem por um acúmulo de atitudes positivas por parte do vendedor e da empresa, como também pela somatória de diversas ações baseadas na relação custo x benefício", explica. Para Ana Maria, algumas dessas ações são:

- Preço x qualidade
- Preço x desempenho
- Preço x durabilidade
- Preço x utilidade
- Preço x prazo de entrega
- Preço x condições de pagamento
- Preço x certeza de novos fornecimentos
- Preço x garantia
- Preço x serviços
- Preço x imagem

Em outras palavras, tudo o que serve de contraponto ao preço. Tudo que responde o "seu preço está alto", com benefícios, vantagens de médio e longo prazos e outros fatores.

Na hora de colocar para funcionar — Para fazer uma venda relacional, Mário Persona diz que a principal ferramenta é o bom-senso e a capacidade de percepção. Observar que o que está sendo vendido não é 100% tangível. E ele dá um exemplo: "há alguns anos, havia uma lanchonete em frente ao prédio em que moro que fazia um hambúrguer espetacular. Além da qualidade do produto, ela estava localizada no ponto de maior concentração de moradores por metro quadrado de minha cidade. E ainda ficava no centro de um triângulo formado por duas escolas importantes que tinham cursos diurnos e noturnos e uma igreja evangélica com centenas de frequentadores. O ponto não poderia ser melhor. E a lanchonete fechou em poucos meses.

O erro daquele empresário, na minha opinião, foi vender apenas hambúrguer, ainda que de excelente qualidade. Não percebeu que as pessoas não vão a uma lanchonete apenas por causa do lanche. O ambiente era pouco convidativo. Paredes brancas, piso branco, mesas brancas, luzes fluorescentes brancas e a fachada totalmente aberta e exposta para a rua. À noite iluminava o quarteirão. Quem iria querer comer um lanche com a namorada ou tomar uma cerveja com os amigos em um lugar assim? As mesas estavam sempre vazias. O proprietário não entendeu que deveria vender todo um ambiente de benefícios, entre os quais o hambúrguer seria apenas um item".

Bom-senso e capacidade de percepção, infelizmente, não estão à venda por aí. É possível, entretanto, desenvolvê-los. Fique atento a:

- O comportamento de seu cliente. Converse, pergunte o que ele deseja, analise seus hábitos. Recentemente, funcionários de supermercados passaram uma semana nas casas dos clientes, para analisar seus hábitos de consumo. Você não precisa chegar a esse extremo, mas deve conhecer seu cliente.

- Seus concorrentes. No auge da guerra fria, um fabricante de aviões norte-americano tentou processar os soviéticos, alegando que eles copiaram a forma de um avião seu. A ação não seguiu adiante, pois os russos deram a única resposta que não tinha defesa: a aerodinâmica funciona da mesma maneira em qualquer lugar do mundo, então é natural que os aviões sejam parecidos. Da mesma forma, seus clientes são parecidos com os clientes de seus concorrentes. Analise o que a concorrência faz, tente entender a razão por trás de cada cor, cada frase, cada ação.

- Empresas de outra área. Elas podem fornecer grandes ideias que podem ser adaptadas para o seu negócio.

- Você mesmo. Tente esquecer, por um momento, tudo o que você sabe sobre a empresa em que trabalha. Imagine o que gostaria de encontrar lá se fosse cliente. A esses dados, Edmundo Almeida, diretor executivo da People Mais, agência de marketing de relacionamento, adiciona:

1. A imagem de marca, construída por todos na empresa e não apenas por vendas.
2. Respaldo de mercado.
3. Satisfação do consumidor.
4. Compartilhamento de interesses e credibilidade.

Esses quatro últimos itens são exemplificados por Andréa Mistrone, supervisora comercial da Zêlo, rede especializada em cama, mesa e banho e maior fabricante de acolchoados do Brasil, que reforça a importância de se entender o cliente: "a venda só ocorre ao detectarmos os desejos e as reais necessidades do cliente. Esse é o passo mais importante! A partir daí, acreditamos que uma boa venda não está expressa somente nos valores que o cliente irá gastar, mas, sim, na sua satisfação e na confiança depositada em nós. Esse fato faz que ele se lembre da Zêlo, cada vez que desejar um produto de cama, mesa e banho".

Edmundo concorda com essa integração de vendedores com a empresa: "venda relacional é um processo iniciado, muitas vezes, pelo vendedor, apoiado e endossado pela alta gerência, em um compartilhamento de valores".

Mário Persona agrega a isso à importância dos detalhes, por menores que sejam: "sou cliente relacional de uma loja de informática por um motivo curioso: quando preciso de um item de computador ou quando quero comparar os preços de uma loja com o que encontro na internet, basta olhar pela janela e discar o número que vejo escrito na placa da loja. Todo esse conjunto, a placa com o telefone ao alcance de minha vista, a comodidade, facilidade de acesso — basta atravessar a rua — e até mesmo preço, que posso negociar por telefone enquanto comparo com os preços na internet, acabou fazendo de mim um cliente relacional".

Detalhes presentes também nas diferentes maneiras de entrar em contato com um prospect ou cliente. É preciso, ainda, prestar atenção no que cada um dos canais de venda oferece em termos de relações, diz Paulo Pandjiarjian, diretor de relações institucionais da Alshop (Associação Brasileira de Lojistas de Shopping) e coordenador executivo do CDE (Conselho de Desenvolvimento Estratégico do Varejo): "os diferentes canais proporcionam diferentes sensações nos compradores, e todas elas são importantes: a gratificação imediata, o toque e o contato humano são os pontos mais importantes nas lojas físicas; no catálogo, é a portabilidade e a venda de conceito e estilo de vida; e, na internet, a conveniência, a interatividade, a facilidade de informação e a atualização rápida são os destaques. Esses são os canais e, no meio, deles está o cliente. Quando nós trabalhamos em multicanais, garantimos maior fidelidade do cliente. As vendas relacionais, por meio do multicanal, são uma das mais novas experiências de compra".

Há espaço para todos na hora de se relacionar com o cliente.

Os limites do relacionamento — As vantagens de estabelecer uma venda relacional com o cliente, como se vê, são muitas. Ana Maria Monteiro diz que é mais barato formar e manter um histórico de clientes que auxilie a empresa na elaboração de campanhas futuras, cujas ofertas sejam aderentes ao público-alvo, do que investir altas somas na aquisição de novos clientes.

Mário Persona concorda e menciona outro perigo que as empresas que não fazem uma venda relacional sofrem: viciar sua clientela com promoções. Afinal, é uma negociação em que a única variável é o preço. Assim, o fluxo de caixa da empresa é irremediavelmente prejudicado.

Além disso, deve-se levar em conta a concorrência, diz Persona: "em um mercado com uma concorrência predatória, sobrevivem apenas duas espécies de comerciantes: os predadores, que conquistam clientes que buscam apenas preço, e aqueles que criam uma relação de conveniência, confiança, satisfação ou qualquer benefício que não seja meramente preço e possa conquistar clientes relacionais.

A concorrência predatória geralmente é praticada pelos gigantes de cada setor, que são capazes de ganhar em várias frentes — financiamento próprio, compras em volume, maiores prazos para pagar fornecedores e investimento nas vendas à vista graças a esses prazos. São muitas as formas indiretas de ganhar que permitem competir com preços menores. Alguns estabelecimentos vendem certos produtos sem margem ou até abaixo do preço de custo como forma de atrair clientes, ganhando na venda de outros itens.

Quem não quer ou não pode sobreviver nessa arena deve, necessariamente, buscar formas relacionais de vender ou de ser percebido por sua clientela. É a venda relacional que tem permitido a sobrevivência e o sucesso de muitos negócios que, se competissem por preço, já teriam desaparecido".

Ainda assim, há clientes que não querem um relacionamento profundo com as empresas, vendedores e fornecedores. Querem apenas entrar, comprar e sair, sem compromissos emocionais, só financeiros.

Nesses casos, Ana Maria Monteiro é categórica: "ligue para o cliente e pergunte o que ele realmente espera de sua empresa, como vocês podem servi-lo melhor. E, se a resposta do cliente for mesmo nada ou nada além do melhor preço que eu puder encontrar, é preciso respeitar essa decisão. Limite-se ao mais básico. Por telefone, baseie-se no Código de Ética do Programa de Autorregulamentação do Setor de Relacionamento com Clientes e Consumidores".

Edmundo Almeida vai mais longe: "se o cliente não quer um relacionamento, trabalhar com ele é perda de tempo. O custo de uma venda é muito alto para ser desperdiçado com vendas ocasionais e com catequização. Esse tempo tem de ser dirigido aos nossos clientes fiéis e representativos. Eles, sim, merecem os nossos investimentos, pois são a base dos nossos resultados". Relacionar-se, então, também tem a parte do divórcio.

O custo da amizade — Existem empresas que afirmam que não vale a pena investir muito em venda relacional, porque o cliente acaba se tornando cliente do vendedor e não daquela companhia. Assim, um cliente que tem um forte laço com o vendedor acaba indo com ele para empresas concorrentes, causando uma perda dupla: a empresa perderia, além do ótimo profissional, um grande cliente.

Para Ana Maria Monteiro, a chave para que isso não aconteça é o treinamento. Você não pode padronizar pessoas, mas deve ter certeza de que todos falem a mesma língua. Utilize scripts e processos sistematizados que tranquilizem o cliente, fazendo-o perceber que tanto faz falar com B ou C, pois as informações, a postura e a conduta terão sempre a mesma presteza e qualidade.

Mário Persona diz que é importante envolver o cliente em um ambiente completo e não deixar que o vendedor seja o único ponto de contato com a marca. Se for esse o caso, sim, existe o perigo de a empresa perder o cliente se aquele vendedor sair. Por isso, é importante investir no conjunto todo, para que traga benefícios que possam ser claramente percebidos pelo cliente, como comodidade, ambiente, facilidade de acesso, entre outros.

Edmundo Almeida reforça dizendo que isso vale para os dois lados. Um bom ambiente, um cuidado com o cliente através de outras ações além do vendedor dão mais segurança e tranquilidade ao profissional de vendas e evitam grandes danos à empresa, caso se contrate uma pessoa pouco competente. "A relação é sempre de alguém que representa uma marca, com todos os benefícios e riscos. Uma vez mais, ele é a porta de entrada, o interlocutor. Um mal vendedor põe em risco uma marca, por melhor que ela seja."

Para começar um relacionamento — Os profissionais de vendas que responderam a enquete do site VendaMais parecem conhecer bem alguns pontos da venda relacional. Somente 6,4% afirmaram que ampliam o relacionamento oferecendo descontos. Essa prática, como vimos, apenas cria um cliente mal-acostumado, que acaba com o fluxo de caixa e com o lucro.

A maioria, 54,3%, reforça o relacionamento por meio de contatos sem o objetivo de vender, apenas para reforçar o relacionamento. Uma boa atitude. Porém, preocupante foi o baixo número de vendedores que assinalaram as opções que não dependem só dele, mas de um envolvimento da gerência e de todos na empresa. Apenas 10,6% disseram que fornecem vantagens exclusivas, e somente 5,3% atendem os clientes em horário diferenciado.

É algo preocupante, pois o relacionamento não é responsabilidade apenas do vendedor.

Edmundo diz que é um processo iniciado, muitas vezes, pelo vendedor, apoiado e endossado pela alta gerência, em um compartilhamento de valores. Mário Persona diz que é preciso investir em uma cultura relacional, aprender que as pessoas não compram só por causa do preço. Há muitos aspectos que ajudam a gerar uma clientela relacional, como localização, facilidade de acesso, arquitetura e decoração do ambiente, qualidade dos produtos ou serviços, marcas, perfil e preparo da equipe de atendimento, comodidade, comunicação. A lista é infinita.

"É importante lembrar também que, embora a criação de um relacionamento entre o cliente e as pessoas que vendem seja importante, o cliente nem sempre irá comprar só porque conhece ou gosta da pessoa que vende. Relacionamento é um dos aspectos da venda relacional, mas não é o único. O cliente relacional surge quando percebe benefícios abrangentes e duradouros. A relação de compra é com todo um contexto e não apenas com a pessoa que o atende", completa.

Mas, no ambiente vendedor com cliente, Andréa Mistrone pontua: todo cuidado é pouco. Ela afirma que a Zêlo treina seus vendedores em dois conceitos básicos, nos quais se apoiam sua estratégia de venda relacional. O primeiro é estar preparado para olhar com os olhos do cliente, para desenvolver um relacionamento de confiança. O segundo ponto é mais surpreendente: simpatia, disposição e bom humor. Diz Andréa: "Podemos dizer que o vendedor desenvolve a arte de sorrir. Essa habilidade transpõe qualquer resistência do cliente".

Aldo, do Extra, afirma que seu objetivo é surpreender e dar ao cliente o que ele espera, antes mesmo que ele manifeste. "Pensamos assim quando vamos negociar preços, quando definimos promoções, quando decoramos as lojas e até quando vamos contratar nossos funcionários." Paulo Pandjiarjian diz que a venda relacional ajuda a não nos esquecermos do que é importante: "mesmo com a evolução tecnológica, as empresas continuam tendo como foco principal o cliente e ele sente grande necessidade de ter contato humano. Por isso, mesmo tendo um negócio na internet, é necessário dar a possibilidade do contato humano ao seu cliente, por meio de outros canais. A internet se tornou indispensável como uma forma a mais de relacionamento, de comunicação e de fechamento de negócios. Aumentou a possibilidade da compra por impulso, fechou o vazio entre o desejo e a compra."

Ou seja, como um canal complementar, entre cliente e empresa, entre vendedor e comprador. Os resultados aparecem, e rápido. Mas para isso é preciso saber medi-los.

Discutindo o relacionamento — Muitas empresas cometem o erro de só ver o resultado final. Número de vendas, de visitas, de pessoas na loja/showroom. Ao fazer uma venda relacional, é importante dividir esses dados entre os vindos de prospects, de pessoas que compram pela primeira vez e os de clientes antigos.

Para facilitar, Ana Maria Monteiro lembra que existem softwares e ferramentas no mercado, como a Informatização da Força de Vendas (IFV). Essa automação nos permite trazer à tela do computador variadas informações sobre os clientes e avaliar índices de cancelamentos, reclamações, fidelizações. Um bom sistema de CRM também é fundamental. Para mais informações sobre essa ferramenta ou similares, procure os serviços de uma boa loja de informática ou busque apoio no Sebrae ou na Associação Patronal da sua região. Nada o impede, entretanto, de desenvolver um sistema manual para controlar a frequência e a satisfação dos clientes antigos. Paulo Ventura, gerente de vendas do hotel Slaviero Full Jazz, exemplo de relacionamento, diz que seu controle é feito nas próprias fichas dos hóspedes. "Cada hóspede tem uma ficha de cadastro, que conta com o campo 'observações', no qual colocamos as preferências e peculiaridades de cada um. No dia anterior à entrada do hóspede, consultamos a ficha dele para saber se há alguma informação específica. O objetivo de tudo isso é sempre surpreender e encantar o cliente."

Não é preciso, então, grandes investimentos em informática, desde que você desenvolva sua técnica de medir a frequência de compra do cliente e de anotar cada vez mais dados sobre ele.

Mais maneiras de checar resultados de um bom relacionamento:

Com a palavra, Daniela Belentani, vendedora da Calmac Veículos, concessionária Land Rover de São Paulo: "eu tenho a liberdade de, por exemplo, ligar para um grande executivo que é meu cliente e dizer: 'olha, faltam tantos reais para eu fechar a minha meta, você não quer dar um passadinha na loja?'. Eles, meus clientes, vêm aqui com o maior prazer, porque sabem que preciso fazer o meu trabalho, mas quero sempre ajudá-los, não fico empurrando nada, só vendo o que pode realmente ser útil para eles. Também sou constantemente convidada para festas de família dos meus clientes. E tudo isso acontece porque desenvolvemos um relacionamento de confiança e amizade. Certa vez, eu atendi um cliente com muita atenção e espontaneidade, como sempre, sem saber que ele era o presidente de uma grande empresa. Quando ele revelou quem era, disse que o que o cativou foi a minha naturalidade".

RESUMO

Para fazer uma venda relacional:

» Conheça seus clientes.

» Use o bom-senso.

» Tenha boa percepção.

» Apoie sua venda em tudo, menos no preço.

» Tenha diversos pontos de contato entre você e o cliente.

» Dê um motivo para o cliente voltar a falar com você.

» Não espere ele entrar em contato. Seja proativo.

» Mostre um interesse sincero.

» Integre a empresa inteira em volta das necessidades do cliente.

» Meça o sucesso de suas vendas relacionais por meio da frequência de compra dos clientes e do tíquete médio.

20 ações para agradar seus clientes

Por Raúl Candeloro

Toda empresa pode fazer algumas coisas simples para melhorar sua imagem perante os clientes. Muitas são tão fáceis e simples que passam despercebidas. Abaixo estão 20 ações que podem influenciar positivamente a decisão dos seus clientes e prospects, e um *check-list* para ajudá-lo a colocar em prática!

1. **Transmita confiança na sua empresa:** Toda empresa deve investir na sua marca e imagem no mercado. Empresas sólidas e conhecidas acabam ganhando muitos negócios de clientes indecisos, que preferem gastar um pouco mais em troca da tranquilidade de um nome famoso. Mais importante ainda é conquistar a confiança total dos seus clientes atuais, para que continuem comprando e recomendando você.

2. **Mantenha clientes permanentemente informados:** Se o seu telefone ou endereço mudou, se você aumentou ou diminuiu preços, se um novo funcionário importante foi contratado, se foram efetuados novos lançamentos, se alguém não trabalha mais na sua empresa... conte para seus clientes. Não se feche nem provoque surpresas. A informação franca e aberta é a melhor maneira de estabelecer uma boa reputação, trazendo os clientes para o dia a dia da sua empresa e estreitando relacionamentos.

3. **Depressão pós-compra:** É quando, após assinar o cheque ou dar o dinheiro, o comprador começa a questionar se realmente tomou a decisão correta. Esse momento de insegurança pode ser utilizado para benefício do vendedor, reforçando sua relação com o cliente: por exemplo, ligar e parabenizar pela compra; mandar cartas, cartões ou mesmo um buquê de flores, dependendo da situação. Não abandone seu cliente após a compra. Reforce que ele tomou a decisão certa e aproveite para preparar o terreno para vendas futuras.

4. **Encontre mais utilidades para o seu produto ou serviço:** É muito difícil imaginar todos os usos possíveis para o que você vende. Muitos dos seus clientes usam seus produtos e serviços de maneira diferente do que as planejadas inicialmente. Por isso pergunte, pergunte e pergunte. Você pode acabar descobrindo novas utilizações, posicionamentos mercadológicos e nichos lucrativos e ainda totalmente inexplorados.

5. **Torne-se um consultor:** De duas, uma: ou você é um *expert* na sua área ou deveria estar trabalhando em outro ramo. Imaginando que você tenha escolhido a primeira opção, seria uma pena que esse conhecimento não esteja beneficiando outras pessoas. Seus clientes devem confiar tanto em você que irão procurá-lo sempre que tiverem dúvidas sobre um projeto. A única maneira de alcançar esta posição é NÃO tentar vender alguma coisa sempre que visitar um cliente, mas, sim, ouvir atentamente e tentar

resolver suas dúvidas e seus problemas (mesmo que isso envolva indicar outras soluções que não a sua).

6. **Mostre entusiasmo:** Você conhece a história dos dois vendedores que foram mandados para a África vender sapatos? Um deles voltou deprimido — ninguém lá usava sapatos; logo, ninguém iria comprar. O outro vendedor voltou todo entusiasmado — ninguém lá usava sapatos; logo, iriam todos comprar! Ninguém gosta de conviver com pessoas e empresas negativas, que passam pela vida se arrastando, lamuriando seu triste destino. Em vendas, como em qualquer atividade na vida, colhemos o que plantamos, e quem tem razões para se lamentar geralmente tem absolutamente toda a culpa pela situação.

7. **Faça as coisas acontecerem:** O seu cliente precisa preencher um formulário? Elimine os dados desnecessários. Se possível, preencha os documentos para o cliente. Entregue em casa. Vá buscar. As pessoas estão cada vez mais ocupadas e vão reagir de maneira altamente positiva sempre que você tornar a vida delas mais fácil.

8. **Diga sempre a verdade (é mais fácil de lembrar!):** A mentira tem pernas curtas e o mentiroso acaba sempre descoberto. Seja sincero com clientes e prospects, principalmente quanto a condições de pagamento, prazos de entrega e padrões de qualidade.

9. **Faça propaganda de maneira regular:** Diversos estudos realizados por institutos de pesquisa na Europa e nos EUA demonstram claramente que empresas que anunciam de maneira regular, mesmo em períodos de depressão econômica, vendem mais do que empresas que não anunciam ou que cortam drasticamente suas verbas de propaganda quando a coisa fica preta. É claro que o ideal é chegar a um ponto onde não é preciso mais investir em propaganda, deixando as vendas a cargo da propaganda boca a boca. Mas, até chegar lá, é completamente indispensável um bom planejamento de marketing, com ações regulares que melhorem tanto suas vendas quanto sua imagem perante o mercado.

10. **Imprima seu telefone em tudo que você produz:** E também seu fax, seu e-mail, sua caixa postal ou seu endereço. A comunicação direta

é fundamental, pois permite que seus clientes e prospects entrem em contato com você e demostrem interesse pelos seus produtos e serviços. Além disso, mostra que sua empresa não precisa se esconder e que está totalmente aberta para qualquer tipo de contato, mesmo que seja uma reclamação (está aí uma oportunidade de resolver o problema e satisfazer o cliente).

11. **Satisfação garantida ou o seu dinheiro de volta:** Sem perguntas e sem reclamações. E ponto final. Embora algumas empresas fiquem histéricas com a ideia, achando que serão inundadas por milhares de reclamações injustas de clientes desonestos, isso raramente acontece. Na verdade, o que acontece é que empresas que NÃO fazem isso acabam perdendo milhares de clientes insatisfeitos, que acabam saindo por aí falando mal da empresa. Como os custos de perder clientes são absurdamente altos, é uma bobagem não atender aos pedidos das pessoas que reclamam (que são honestas na maioria das vezes). Não é bondade nem ingenuidade: é respeito e profissionalismo.

12. **Responda em 24 horas:** O nome do jogo hoje em dia é agilidade e rapidez. Mostre que você é uma pessoa ativa e responda a todas as cartas, solicitações e telefonemas em 24 horas e exija o mesmo de todos na sua empresa. Nada é pior para a imagem de uma empresa do que ter um cliente correndo atrás de um vendedor, tentando comprar. Responder rapidamente é o mínimo de consideração e cortesia que podemos dar a um cliente e, muitas vezes, acaba sendo a diferença entre fechar ou não um negócio.

13. **Todos na empresa devem cultuar o bom atendimento:** Existem empresas que acham que somente vendedores e pessoal de atendimento devem ser educados, corteses e profissionais com clientes ou prospects. Um bom exemplo disso são motoristas de entrega sem uniforme, com a barba por fazer e sem tomar banho, ou o pessoal do departamento financeiro, que não responde telefonemas ou manda protestar no cartório contas de dez reais que atrasaram um ou dois dias. O porteiro, o segurança, a faxineira, o pessoal técnico, o departamento de produção, enfim, todos na empresa devem ter pelo menos uma noção de como manejar as situações mais comuns: como atender o telefone, como tratar o cliente, o que pode ou não ser feito etc.

14. **Delegue:** Ninguém consegue fazer tudo da melhor maneira possível. Delegar envolve uma série de fatores, principalmente a escolha correta de seus assistentes e vencer a insegurança. Aprenda a separar tarefas que podem ser realizadas por outras pessoas. Você é pago para pensar maneiras de melhorar a empresa, vender mais e ganhar mais dinheiro. A única forma de fazer isso é se desvencilhando de tarefas menores. E não esqueça que "delegar" é diferente de "largar" — exija sempre um *feedback* de seus assistentes e certifique-se de que as tarefas estão sendo realizadas.

15. **Invista em treinamento:** A média de investimento em treinamento por funcionário no Brasil é ridícula. Isso deve acontecer porque muita gente encara treinar funcionários como um custo. Se for esse o seu caso, é fácil solucioná-lo: comece a investir em treinamento de uma maneira correta e monitore melhor os resultados dos funcionários que participarem (atitude, *turnover*, absenteísmo, resultados diretos, lealdade, motivação etc.). Depois me conte se realmente treinamento é uma despesa ou um investimento.

16. **Tenha um sistema permanente de recrutamento e seleção:** As empresas americanas são famosas pelo recrutamento agressivo e constante dos melhores alunos, nas melhores faculdades. É um processo permanente, que permite injetar todos os semestres sangue novo na empresa. Não é necessário ser uma grande empresa para ter um programa de estagiários (muitas faculdades têm departamentos especializados para ajudar empresas nessa situação) ou para ter novos e bons funcionários. Crie um departamento de RH ativo e eficiente na sua empresa e mantenha a busca constante por talentos.

17. **Recompense a lealdade:** Lealdade dos funcionários, mas, principalmente, de clientes. Aumente prazos, dê descontos, organize eventos fechados. As empresas têm a tendência de se acomodar e tratar os clientes que continuam comprando como se fosse a coisa mais natural do mundo (não é!). A maioria dos esforços se concentra em ganhar contas novas. Mas a manutenção de clientes é infinitamente muito mais lucrativa do que a sua aquisição, tanto que Jay Conrad Levinson, autor da série sobre Marketing de Guerrilha, é taxativo ao afirmar que 99% das empresas utilizam sua verba de marketing de cabeça para baixo. O correto seria gastar a maior parte do dinheiro com os clientes atuais, e não o contrário.

18. **Trate bem quem reclama:** O sábio grego Sócrates disse certa vez: "fala, para que eu possa te ver". Pessoas que se dão ao trabalho de reclamar são uma fonte incrível de informações para a sua empresa. De novo: embora exista uma minoria de mal-intencionados, isso não é desculpa para maltratar a maioria de pessoas honestas que confiaram em você, na sua empresa, nos seus produtos e serviços para resolver um problema. E lhe deram dinheiro para isso. Faça um cálculo rápido e imagine quanto você estaria faturando se perdesse menos clientes. O número geralmente é muito alto. Ponha-o bem grande na parede do seu escritório, para que ninguém dentro da empresa se esqueça do valor que tem um cliente, principalmente os que reclamam.

19. **Faça certo da primeira vez:** É mais barato, economiza tempo, aumenta a produtividade, agrada a clientes e funcionários e é imensamente mais lucrativo. Coloque isso como um padrão de desempenho, do qual já falamos anteriormente, e conscientize a todos na empresa sobre a importância de fazer certo da primeira vez.

20. **Clientes internos também são importantes:** Henry Ford ficou famoso ao dobrar os salários de seus funcionários, para que eles pudessem comprar seus próprios carros. Se os seus funcionários pudessem escolher, por exemplo, você acha que eles (em casa) usariam seus próprios produtos e serviços ou os da concorrência? Isso diz muito sobre o nível de satisfação e qualidade percebida pela sua equipe. Funcionários insatisfeitos, desmotivados ou que não acreditam na qualidade do que vendem são uma fonte certa de dores de cabeça. E o amor à camisa não pode ser imposto: ele é conquistado um pouco todos os dias.

Acompanhe a seguir a tabela para a realização das ações.

LEMBRETE

Menos de 10 OKs: Você deve estar perdendo muitos clientes. Aja imediatamente.

10 OKs: Muito bem, você já está agradando muitos clientes.

15 OKs: Com certeza seus clientes confiam na sua empresa e tem uma tendência a comprar de vocês.

20 OKs: Parabéns! Além de ter clientes satisfeitos, você tem agora clientes leais e parceiros.

20 AÇÕES PARA AGRADAR SEUS CLIENTES
Clientes satisfeitos = Mais compras e mais indicações

Preencha com um X no local apropriado. Se a ação já está sendo praticada com sucesso, coloque em OK. Se ela estiver sendo realizada, mas sem muita atenção, coloque que precisa melhorá-la. E se a ação não estiver sendo feita, então coloque o X na coluna "precisa ser feita". Reavalie as ações quinzenalmente ou mensalmente e certifique-se de que, com o passar do tempo, você tenha cada vez mais X na coluna OK.

Se você achar que para realizar cada ação será necessário envolver mais pessoas, investimento de tempo e dinheiro, definição de prazos etc., recomendamos a utilização da ferramenta 5W2H (já vista no desafio nº 10). Com ela, você definirá o que, por que, onde, quanto, como, por quem e quanto custa fazer cada ação.

BOM TRABALHO!

Data de início: ____ /____ /____

AÇÃO	OK	PRECISA MELHORAR	PRECISA SER FEITA
1. TRANSMITIR CONFIANÇA NA SUA EMPRESA			
2. MANTER CLIENTES PERMANENTEMENTE INFORMADOS			
3. CUIDAR DA DEPRESSÃO PÓS-COMPRA			
4. ENCONTRAR MAIS UTILIDADES PARA O SEU PRODUTO/SERVIÇO			
5. TORNAR-SE UM CONSULTOR			
6. MOSTRAR ENTUSIASMO			
7. FAZER AS COISAS ACONTECEREM			
8. DIZER SEMPRE A VERDADE			
9. FAZER PROPAGANDA DE MANEIRA REGULAR			
10. IMPRIMIR SEU TELEFONE EM TUDO QUE VOCÊ PRODUZ			

11. PROPOR SATISFAÇÃO GARANTIDA OU O SEU DINHEIRO DE VOLTA			
12. RESPONDER EM 24 HORAS			
13. TODOS NA EMPRESA DEVEM CULTUAR O BOM ATENDIMENTO			
14. DELEGAR			
15. INVESTIR EM TREINAMENTO			
16. TER UM SISTEMA PERMANENTE DE RECRUTAMENTO E SELEÇÃO			
17. RECOMPENSAR A LEALDADE			
18. TRATAR BEM QUEM RECLAMA			
19. FAZER CERTO DA PRIMEIRA VEZ			
20. CUIDAR DE CLIENTES INTERNOS, QUE TAMBÉM SÃO IMPORTANTES			
TOTAL			

As 12 leis do atendimento pós-venda

Por Raúl Candeloro

Uma das formas eficazes de se diferenciar da concorrência e fidelizar clientes é por meio da pós-venda. Esse serviço, entretanto, tem sido negado por muitas empresas, nas quais persiste a visão de que ele apenas aumenta custos. O texto a seguir faz parte do sétimo livro da *Coleção Passos da Venda* (Editora Quantum) e gostaria de compartilhá-lo.

A verdade é que precisamos prestar atenção em todos os passos e fazê-los corretamente, se quisermos ter uma pós-venda mais tranquila. O atendimento ao cliente, para ser eficaz, exige comportamentos consistentes de cada funcionário da empresa, sempre que você entra em contato com a empresa, seja lá qual for o motivo (são os famosos "momentos da verdade"). Para melhorar o relacionamento com os seus clientes, o especialista Tim Connor recomenda começar com as 12 leis do atendimento pós-venda:

1. **O cliente nem sempre tem razão** — Entretanto, o seu objetivo não deve ser desacreditá-lo, embaraçá-lo, irritá-lo ou desafiá-lo de maneira destrutiva. O que deve ser feito é descobrir a fonte ou a causa dessas percepções, crenças e atitudes incorretas. O próximo passo é descobrir se a empresa contribuiu de alguma forma para criar essa situação ou se a causa é alguma ação da concorrência, do mercado ou do primo Zé.

2. **O cliente nunca está completamente errado** — Existe sempre algum elemento na percepção do cliente que é a verdadeira expressão da realidade por ele compreendida. Um cliente insatisfeito pode nos ensinar muitas lições, se mantivermos a mente aberta e um comportamento receptivo e neutro. Um cliente pode ser o reflexo da nossa propaganda, canais de distribuição, estratégias de preço, normas administrativas e métodos de venda que precisam de melhorias ou de uma mudança radical.

3. **O cliente merece o melhor, independentemente da hora, semana ou mês** — O fato de você ter ficado trabalhando até tarde ontem à noite, porque tinha de entregar o relatório mensal, não deveria se tornar um problema para os seus clientes — eles não têm nada com isso.

4. **O cliente merece o melhor, independentemente do seu treinamento, sua filosofia ou de qualquer outra atitude corporativa** — Um vendedor está contando os dias que faltam para se aposentar. O novato fica reclamando de que o pessoal da produção não lhe dá apoio. Outro, na primeira semana de trabalho, está meio perdido e ainda não conseguiu entender como todas as coisas funcionam, ou você tem um determinado item encalhado no estoque e começa a estimular sua saída, forçando os clientes a substituírem as suas compras regulares pelo item que você quer girar. Essas e milhares de outras situações, quando não enfrentadas e resolvidas, acabam sendo um convite para o seu cliente procurar a concorrência.

5. **Não passe o pepino para frente** — Se reclamaram para você, o problema agora é seu, resolva. Quantas vezes aconteceu de você ligar e ser transferido quatro vezes, antes de chegar à pessoa certa (isso quando ela está)? Quantas vezes, como cliente, você já escutou a famosa frase: "isso não é comigo"? Não fique na posição defensiva ou irritado quando um cliente lhe trouxer uma sugestão ou reclamação. Aceite o fato de que o problema realmente existe e ajude a resolvê-lo.

6. **Nunca esteja ocupado demais para os seus clientes nem dificulte fazer negócios com você** — Quantas vezes um vendedor ou funcionário de uma empresa agiu como se você, cliente, estivesse interrompendo o seu trabalho? Quantas vezes, quando um determinado aparelho dá problema, tentam jogar a culpa em cima de nós, consumidores? Quantas vezes um vendedor nos atendeu parecendo que estava nos fazendo um favor? Não deixe isso acontecer na sua empresa e, muito menos, com você.

7. **Funcionários também são clientes** — Qualquer funcionário que faça qualquer coisa dentro da empresa está fazendo isso diretamente ou indiretamente em função dos clientes. Isso faz que todos os funcionários sejam embaixadores, representantes e porta-vozes do cliente. Quando um funcionário ou departamento falha em servir internamente aos outros funcionários ou departamentos da empresa, mais cedo ou mais tarde os clientes também sentirão na pele os resultados dessa incompetência ou falha de comunicação.

8. **Se você usar tecnologia, faça ser amigável** — Já está começando a ficar irritante o fato de ligar e falar com uma máquina: "disque nove para falar com um ser humano". Às vezes, é mais fácil ligar para o concorrente.

9. **Diga o que você fará e cumpra o que prometeu** — Mantenha a palavra, respeite as promessas feitas, honre os seus compromissos e mantenha sempre os clientes informados sobre o que está acontecendo. Seus clientes tenderão a ser bem mais compreensivos, pacientes e tolerantes se você se comunicar com eles de forma íntegra e com frequência.

10. **Mostre o seu interesse, sua atenção, e aja como se estivesse feliz que o cliente resolveu dar-lhe o seu dinheiro** — As pessoas gostam de comprar de outras pessoas que apreciam fazer negócios com elas. Clientes acabam gastando mais dinheiro com empresas amigáveis, que acomodam os seus pedidos especiais e que demonstram o seu interesse. Uma das maneiras de mostrar esse interesse é transformando-se em um *expert* na sua área, para que, com um sorriso no rosto, você possa resolver imediatamente qualquer problema que surgir sem ter de ficar dez minutos com o cliente dependurado no telefone, esperando achar alguém que o ajude.

11. **O que é privado é privado — clientes não querem saber da sua vida pessoal ou dos problemas internos da empresa** — Eles estão ocupados demais e não têm tempo, paciência ou a mínima vontade de ouvir o que é que o pessoal da contabilidade andou aprontando. Nem querem saber se você está insatisfeito e querendo mudar de emprego. Seja você o presidente da empresa, seja você a recepcionista, trocar confidências (pessoais ou profissionais) é de mau gosto e de pouco profissionalismo. Também faz o cliente ficar imaginando o que é que você deve falar dele para o resto do mundo.

12. **Esteja sempre um passo à frente do cliente, pensando e agindo com a atitude de quem quer realmente resolver problemas** — Para sobreviver e prosperar neste novo milênio, as empresas — e todos os seus funcionários — terão de pensar sobre as necessidades e os desejos futuros dos clientes, bem como os possíveis problemas e as suas soluções. Se você ficar esperando que os seus clientes lhe tragam de bandeja os problemas ou que comuniquem de forma organizada e compreensível os seus desejos e as suas necessidades futuras, será tarde demais, principalmente se a concorrência já estiver trabalhando nisso.

As expectativas de cada um dos seus clientes na pós-venda são únicas, merecendo sua flexibilidade, sua atenção e seu esforço extra para garantir satisfação e vendas futuras.

DESAFIO 14

Prospectar e positivar 3 clientes da concorrência em 3 semanas

Etapa da venda

Prospecção

Definição

Você sabe que pode ser melhor do que a concorrência em diversas situações? Então, por que não trabalhar para trazer para perto de você clientes que hoje estão com seus adversários?

É isso o que propomos neste desafio.

Sintoma

Desconhecimento do trabalho realizado pela concorrência e falta de iniciativa para sair da zona de conforto e buscar novos negócios. Esses são os sintomas que evidenciam o fato de você estar perdendo oportunidades por não ser mais atuante, estrategista e agressivo como vendedor.

Descrição do desafio

Entre em contato com alguns clientes de empresas que concorrem com a sua, apresente seus diferenciais e deixe claro o que eles têm a ganhar caso venham a comprar de você.

Sua missão é conseguir três novos clientes a partir desta ação. Mas atenção: esse trabalho deve ser feito sem falar mal ou criticar a concorrência.

DESAFIO 01 02 03 04 05 06 07 08 09 10 11 12 13 **14** 15 16 17 18 19 20 21 22 23 24 25 26 27 28 29 30

Nossas sugestões

O planejamento é crucial para o sucesso desta tarefa. Portanto, antes de sair "à caça", liste os pontos fortes e fracos dos concorrentes e descreva como você pode ser ainda melhor que eles nesses quesitos e quais são as vantagens que tem sobre as fragilidades deles. Com isso, saberá como argumentar com precisão e antecipar possíveis objeções. Outra sugestão é utilizar a técnica SPIN®* ao negociar com esses prospects. Lembre-se: somente com um bom plano de ação e benefícios vantajosos para os potenciais consumidores é que você irá conquistá-los.

Você pode começar buscando clientes que solicitaram orçamentos com a sua empresa, mas acabaram não fechando o negócio — é muito provável que eles tenham ido para a concorrência. Na dinâmica do dia a dia, muitos orçamentos e muitas propostas são "esquecidos"; o cliente pede uma proposta de compra e, se ele não fecha com você, é "abandonado". Então, lembre-se deles.

(*) Metodologia criada pela Huthwaite (**www.huthwaite.com.br**).

Comprovação

ANTES DO DESAFIO

Data de início: ____ /____ /____

Em uma escala de 1 a 10, qual é a nota que você daria à sua atuação no que diz respeito ao acompanhamento do trabalho da concorrência? ____________

Você tem o hábito de propor soluções para clientes da concorrência? Por quê?

____

____

DEPOIS DO DESAFIO

Data de conclusão: ____ /____ /____

Relate as etapas do planejamento que você fez para atrair a atenção dos clientes da concorrência.

____

____

O planejamento que fez foi útil para antecipar as objeções que enfrentou?

____

Quais são os nomes dos três clientes que conseguiu atrair?

1. ____

2. ____

3. ____

A que você atribui o sucesso ou o fracasso deste desafio?

____

____

____

A GRANDE LIÇÃO

Com base na experiência que você teve com este desafio, escreva aqui quais são os contra-argumentos que irão ajudá-lo a não perder clientes ao término de contratos.

____

____

____

FERRAMENTAS

SPIN® Selling

Por Raúl Candeloro

Há algum tempo, Neil Rackham esteve no Brasil dando palestra no Fórum Mundial de Marketing & Vendas da HSM. Como eu estava cobrindo o evento, achei que seria um excelente assunto.

Rackham começou a ganhar fama no círculo de pensadores de vendas quando, depois de anos de vida acadêmica, saiu da universidade e montou uma empresa de pesquisa e consultoria em vendas, a qual começou a questionar a forma como as coisas eram feitas.

Uma das primeiras coisas que ele descobriu foi que, quanto maior o valor de uma venda, menos funcionam as táticas comuns de fechamento. Quando ela é de alto valor, o cliente precisa pensar mais, ter mais informações antes de decidir, consultar outras pessoas etc. Se o vendedor pressionar muito, existe uma grande probabilidade de que a venda seja perdida.

Esses estudos provocaram tremores no mundo do treinamento em vendas, pois negociação e fechamento são duas das etapas de venda mais treinadas em qualquer equipe decente. Aliás, muitos clientes pedem isso sem ao menos saber exatamente por quê.

Ao estudar o assunto com mais atenção, Rackham descobriu que muitos treinamentos de vendas estavam atrapalhando mais que ajudando, simplesmente porque a venda agressiva não funciona em todos os casos. Parece óbvio, certo? Mas não é, e cito um exemplo: dos oito livros da minha *Coleção Passos da Venda*, os três que mais venderam, nesta ordem, foram: *Fechamento*, *Negociação* e *Prospecção*.

Já os livros *Preparação e planejamento*, *Levantamento de necessidades* e *Proposta de valor*, provavelmente os passos mais importantes de uma boa venda, vendem muito menos que os outros, mesmo sendo essenciais para conseguir negociar e fechar uma venda. Como é que alguém quer negociar bem se não sabe levantar necessidades nem fazer uma proposta decente?

Rackham foi além nos seus estudos e mostrou que, mesmo em situações que as técnicas de fechamento funcionavam bem, elas só conseguiam resultados positivos de curto prazo, pois em longo acabavam sendo um tiro no pé. Ao pressionar os clientes, alguns vendedores realmente conseguiam vender mais, só que os clientes raramente voltavam. O nível de satisfação era muito menor que o dos clientes atendidos por vendedores que não utilizavam técnicas agressivas de fechamento.

Indo mais a fundo, Rackham chegou a testar se não usar nenhuma tentativa de fechamento funcionava. Ele descobriu que também não dava certo, ou seja, não adianta exagerar e só atender bem o cliente sem tentar vender. Em algum momento, o vendedor tem de ser proativo e tentar fechar a venda.

Duas tentativas parecem ser a média ideal. A partir da terceira, o vendedor passa a ser visto como inoportuno e exageradamente agressivo, ou seja, nem tanto ao mar nem tanto à terra. Moderação é bom como muitas coisas na vida e, com certeza, tentativas de fechamento em vendas são algumas delas.

Depois de acompanhar centenas de visitas de vendedores e analisar os resultados, Rackham descobriu que havia um método que parecia ideal, usado intuitivamente pelos melhores vendedores. Para ficar mais fácil de lembrar, ele batizou essa metodologia de SPIN. Hoje, a mais utilizada em treinamentos do mundo inteiro.

Então, como funciona a metodologia SPIN? Cada letra significa um tipo de pergunta.

S: perguntas sobre a Situação do cliente, por exemplo:

- "Quantos funcionários sua empresa possui?"
- "Quando foi a última vez que você...?"
- "Como foi que você...?"
- "Por que você...?"

São perguntas feitas para descobrir a situação atual do cliente e devem ser usadas com parcimônia, pois as pessoas se cansam rapidamente de responder esse tipo de questionamento. Entretanto, são fundamentais para estabelecer o contato inicial e avançar a conversa.

P: perguntas sobre os Problemas que o cliente está enfrentando, como:

- "Você está satisfeito com a qualidade do produto/serviço/fornecedor atual?"
- "Você tem tido problemas com o produto/serviço/fornecedor atual?"

Perceba como aqui já começamos a descobrir o que realmente está acontecendo, qual é o problema que o cliente quer resolver e como ele/ela se sente em relação ao produto/serviço.

Segundo Rackham, a grande dificuldade é que justamente nesse ponto a maior parte dos vendedores comete seu maior erro: falar sobre seu produto/serviço, como ele é bom, como resolve magicamente o problema do cliente etc. Vendedores realmente bons esperam mais um pouco e passam para a próxima fase, que é o I do SPIN.

I: perguntas sobre a Implicação dos problemas, ou seja, exatamente o que eles estão provocando, por exemplo:

- "O que acontece quando (descreva um problema comum que acontece com o concorrente)...?"
- "Como você se sente quando...?"
- "Quais outros departamentos (ou pessoas) são afetados quando isso acontece? Como eles reagem?"

Essa parte da implicação é fundamental, porque faz que o cliente finalmente passe a perceber uma série de coisas importantes sem que o vendedor fale nada. Esse momento é um dos mais importantes da venda, pois estamos falando do que realmente incomoda o cliente.

O problema aqui é que se cria um clima negativo, porque, quando benfeito esse passo, faz que o cliente fique realmente incomodado com o que está acontecendo. Mais uma vez, um vendedor amador, precipitadamente, ofereceria seu produto ou serviço, esperando que a venda ocorresse naturalmente. Entretanto, ainda não é o momento, falta mais um passo — o passo final que só os verdadeiros profissionais conseguem dar.

N: perguntas sobre Necessidades de resultados, como:

- "Por que seria importante para você solucionar esse problema?"
- "Além de tudo que já conversamos, que outros benefícios surgiriam se o resolvêssemos?"
- "Como isso ajudaria no seu dia a dia?"

A ideia aqui é parar de falar dos problemas e começar a falar da solução e dos benefícios. Mas com um porém — o bom profissional de vendas deixa o próprio cliente falar dos benefícios, pois isso tem uma influência positiva muito maior do que o vendedor ficar falando. É uma questão de credibilidade e o próprio cliente acaba se vendendo.

O treinamento SPIN dura semanas, principalmente com vendedores mais experientes e acostumados a vender sempre da mesma forma — oferecendo o produto/serviço antes da hora, negociando preços/prazos, e não benefícios e solução de problemas, etc.

Para quem trabalha com serviços ou produtos de valor agregado mais alto, o SPIN é uma metodologia que certamente merece ser estudada com muita atenção. Contudo, a lógica é fácil de entender: situação, problema, implicação e necessidade de resultados.

De quem é a culpa?

Por João Baptista Vilhena

É comum vermos gestores de vendas discutindo com seus colaboradores sobre quem é o culpado por um cliente ter deixado de comprar da empresa e agora estar aninhado nos braços da concorrência. Nessas discussões, quase sempre, verifica-se um tremendo desgaste, que depois resulta em nada.

Esse resultado frustrante acontece porque, geralmente, fica-se procurando os culpados, em vez de investigar quais processos podem ter levado o cliente a desistir da empresa/produto. Acredito que estas são as causas mais comuns para um cliente deixar de comprar de uma empresa:

Falta de atenção por parte do vendedor — Infelizmente, muitos vendedores dedicam mais tempo e energia à conquista de novos clientes do que à manutenção dos antigos. Isso é um erro de paradigma, pois é inegável que o melhor cliente é aquele que já comprou de nós e teve suas expectativas plenamente atendidas. Clientes novos são importantes para aumentar nossas oportunidades de vendas, ampliar o *market share* e diluir os riscos de concentração, mas, normalmente, são refratários aos apelos mais racionais e tentam nos convencer a dar cada vez mais descontos para podermos obter a preferência deles. Já os clientes antigos querem apenas que continuemos a tratá-los como fazíamos no passado, ou seja, com atenção e cortesia.

Promessas que não podem ser cumpridas — É inacreditável, mas ainda existem vendedores que acham que, para vender, vale tudo, até mesmo mentir e enganar. Esses verdadeiros dinossauros, que infelizmente ainda não foram extintos, além de denegrirem nossa imagem, também contribuem para que alguns clientes tenham uma postura permanentemente defensiva quando se deparam com vendedores. É preciso ter certeza de que o cliente não nos abandonou por ter ficado esperando indefinidamente algo que lhe havia sido prometido.

Falhas nas áreas de apoio — Como sabemos, vender internamente, muitas vezes, é mais complicado do que vender para fora. Isso significa que nem sempre as áreas internas da organização compreendem exatamente como é difícil vender em um mercado cada vez mais concorrido. Esse desconhecimento faz que certos esforços adicionais deixem de ser feitos e, consequentemente, o cliente passe a comprar de outras organizações que foram mais eficazes no atendimento a demandas aparentemente "fora do padrão".

Inovações da concorrência — Não há frase mais perigosa do que aquela que diz que "em time que está ganhando não se mexe". Pergunte a um profissional da Sony por que o *walkman* perdeu a liderança de mercado. Ele provavelmente lhe dirá (como fez o próprio presidente dessa companhia, num corajoso *meaculpa*) que foi porque a empresa confiou demais no sucesso do produto e não se preparou para enfrentar uma radical mudança do mercado, representada pelo lançamento do iPod, da Apple. Quando o cliente se depara com uma oferta tecnologicamente muito superior à nossa e não percebe que estamos empenhados em oferecer uma alternativa à altura, acaba por ceder à tentação de experimentar o que a concorrência oferece.

Sei que você pode estar se perguntando se preço mais atraente não poderia ser um fator importante para o cliente trocar de fornecedor. Acho que pode até ser, mas só no caso dos chamados "compradores de transação", que tomam suas decisões baseados exclusivamente em preço (esse é o caso dos compradores de *commodities*, por exemplo).

Mas uma situação tão específica não serve para modelar o comportamento de todo o mercado. Por isso, fica aqui o meu conselho: em vez de ficar discutindo sobre quem é o culpado pela perda do cliente, procure identificar como corrigir as falhas que o levaram a trocar sua empresa pela concorrência.

Conhecendo a concorrência

Por Luis Paulo Luppa

Sou amigo de vários campeões mundiais que atuaram pela Seleção Brasileira em diversas Copas do Mundo. Quando conversamos sobre as vitórias, é um grande barato, porque as coisas que assistimos pela televisão se materializam com muitas riquezas de detalhes.

Isso sem contar que falar de vitórias é bem mais legal que falar de derrotas, o que me leva a uma simples e, ao mesmo tempo, complicada pergunta: "onde aprendemos mais: nas vitórias ou nas derrotas?". Bem, estou plenamente convencido de que as derrotas contribuem decisivamente para o nosso desenvolvimento, pois é exatamente onde investimos mais tempo para entender nossos erros.

Ouvindo nossos craques, percebi dois fatores que sempre estiveram presentes nas derrotas:

1. Erro no planejamento.
2. Desconhecimento mortal dos adversários.

Digo mortal porque, em uma competição como a Copa do Mundo, esse desconhecimento pode, em um breve momento, dar a vitória ao time adversário. E aí ficamos com o segundo lugar mesmo!

Como os dois assuntos são muito amplos, irei focar agora apenas na falta de conhecimento do adversário — seus concorrentes. Você já entrou no site deles e deu uma boa navegada? Sabe qual é a missão, o valor e a visão desse pessoal? O que realmente sabe a respeito de alguém que adoraria vê-lo no fundo do poço?

É possível que você saiba o nome do vendedor que representa seu concorrente e, talvez, até faça um campeonato de tristeza com ele na sala do cliente: "ah, o mercado...", "ah, a crise..." ou ainda o clássico "a situação tá preta!". Mas vamos ao que realmente interessa: as coisas importantes que você precisa saber sobre seus principais concorrentes:

1. Quais são os objetivos de seu concorrente no mercado em que você atua?
2. Qual é sua política comercial? Preço? Descontos? Prazos?
3. Qual é o perfil do vendedor que representa seu concorrente? Ele é um vendedor de alto impacto, mais agressivo ou consultivo?
4. Seu concorrente cumpre o que promete?
5. Enumere cinco razões para seu cliente comprar do concorrente.
6. Agora, liste cinco razões para que ele não compre do concorrente, e sim de você.
7. Se os clientes tivessem de escolher um diferencial em cada um de seus concorrentes, o que eles elegeriam:
   a. Preço.
   b. Prazo.
   c. Logística eficiente.
   d. Tecnologia.

e. Marketing agressivo.
f. Atendimento impecável.
g. Outros.

8. Qual você acha que é a estratégia de seu concorrente este ano?

Em muitos de nossos treinamentos, costumo perguntar aos vendedores e gerentes de vendas se eles conhecem bem seus clientes e concorrentes. Todos são unânimes em dizer que sim. E quem se relaciona de verdade com eles? Aí, a maioria coça a cabeça.

Meu amigo, muito cuidado com conhecer e se relacionar. Eu conheço bem Barack Obama, Pelé e Xuxa, mas nunca me relacionei com nenhum deles. Relacionar tem a ver com profundidade de conhecimento, e isso é o que você precisa ter para se antecipar aos seus concorrentes e evitar "levar uns olés" por aí.

DESAFIO 15

Reconhecer o perfil de 10 clientes e negociar de acordo com o que eles esperam de você

Etapa da venda

Abordagem

Definição

A consequência de dominar essa habilidade é bastante convidativa: vendas melhores e mais lucrativas! E, antes de achar que este desafio é impossível de ser cumprido, saiba que não se trata de misticismo, mas de, simplesmente, técnica de venda.

Podemos classificar os clientes em: analíticos, expressivos, pragmáticos ou afáveis. Você está preparado para identificá-los?

Sintoma

Atender um cliente afável de forma pragmática e vice-versa é ter a certeza de que irá perder a venda. Se você não for capaz de entender seu cliente e “falar a língua dele”, seus resultados nunca ultrapassarão o nível razoável — e isso porque estamos sendo muito otimistas.

Descrição do desafio

Após estudar profundamente cada um dos quatro perfis que listamos, sua missão é identificar o perfil de dez clientes, atendê-los da forma como eles, seguramente, gostariam e preencher a tabela a seguir.

Nossas sugestões

Para cumprir esta missão você precisará ler com atenção as matérias e os artigos que sugerimos em *Ferramentas.* A chave para você entender cada um dos perfis e aprender a se relacionar com eles está lá.

Um bom exercício para testar seu conhecimento sobre esses perfis é responder o que é capaz de irritar cada um deles. Por exemplo: imagine que você é um cliente que não gosta de ler e um vendedor lhe entrega um folder com 12 páginas de texto explicando todas as características do produto. Irritante, não? Ou então: você é um vendedor que costuma falar muito e o seu cliente é uma daquelas pessoas que precisam mais ser ouvidas do que serem convencidas. Você não acha que ele irá perder a paciência com você?

Comprovação

ANTES DO DESAFIO

Data de início: ____ /____ /____

Você tem o hábito de prestar atenção nas sutilezas que evidenciam o perfil do cliente? Por quê?

____

____

____

____

DEPOIS DO DESAFIO

Data de conclusão: ____ /____ /____

Preencha a tabela abaixo:

NOME DO CLIENTE	PERFIL	COMO IDENTIFICOU O PERFIL	O QUE PODE IRRITÁ-LO?

A que você atribui o sucesso ou fracasso deste desafio?

____

____

____

A GRANDE LIÇÃO

Com base na experiência que teve com este desafio, registre aqui o que será necessário fazer para que você possa identificar o perfil de todo cliente que vier a atender.

____

____

____

____

____

FERRAMENTAS

Trate seus clientes como eles querem ser tratados

Por Carlos Alberto Júlio

Um dos erros mais frequentes que os vendedores cometem é tratar todos seus clientes da mesma forma. Se considerarmos que as pessoas são diferentes, ou seja, que não há dois clientes iguais, tratar a todos da mesma maneira é um erro.

Na verdade, até dizemos que tratamos todo mundo do jeito que gostaríamos de sermos tratados. Assim, assumimos que a forma como gostaríamos de ser tratados é a mesma que todos os nossos clientes também gostariam de ser tratados. Esse erro pode lhe custar caro.

Podemos dividir os clientes em quatro tipos:

1. **Pragmáticos —** Querem ser tratados sem intimidade e com rapidez.
2. **Analíticos —** Não querem intimidade, e sim atenção e muita informação.
3. **Afáveis —** Querem intimidade, proximidade, assessoria e atenção.
4. **Expressivos —** Querem relacionamento, elogio e rapidez.

É claro que também temos a nossa forma de ser. Se você tem um perfil de comportamento, vamos dizer, expressivo, é uma pessoa que adora se relacionar, é extrovertido, fala muito e é pouco formal — e vai atender a um pragmático, que é formal, não gosta de intimidades e quer ser atendido com rapidez e sem lero-lero, dá para ver que essa relação ou esse encontro tem tudo para dar errado.

Logo, quando você atende a um cliente que tem um perfil diferente do seu, a regra é se adaptar ao estilo dele. Irei ajudá-lo a explorar melhor esse método.

Conheça um cliente pragmático

Cliente pragmático é aquele que usa mais a razão que a emoção em suas decisões e relações no trabalho. Além disso, ele é uma pessoa rápida, que vai direto ao assunto, irritando-se, portanto, com conversa fiada e intimidades. Para identificá-lo, basta analisar se ele tem um tom de voz forte, aperto de mão firme, vai direto ao assunto e se decide com rapidez, baseado em respostas.

Nesse caso, atendê-lo bem significa dar-lhe respostas, não enrolar e ir direto ao assunto. Preparo é a palavra-chave para atender a um pragmático. Como quer respostas, ele não suporta vendedores que não as tenham.

Um bom vendedor, para um cliente pragmático, é o que resolve seus problemas no menor tempo possível. Ele não quer saber de família ou futebol, pois ocupa seu dia com o trabalho e quer ser o mais assertivo possível. Queimar-se com um cliente desse tipo é ser lento, não ser direto nem conhecer o que vende ou as condições comerciais na ponta da língua.

Dica: dê respostas seguras a um cliente pragmático.

Conheça um cliente analítico

Como o pragmático, o analítico é aquele que usa mais a razão que a emoção. No entanto, não tem pressa na decisão, pois privilegia mais a análise que a velocidade. Portanto, um cliente racional e que leva um certo tempo para decidir, fala com uma voz mais constante e tem gestos pensativos é um analítico. Assim, para identificá-lo, analise estas características: esse cliente, como o nome já diz, é aquele que adora informações, tabelas, gráficos e informações técnicas.

Atendê-lo bem significa lhe dedicar tempo e materiais. Ele gosta de ser assessorado, mas quer encontrar suas próprias respostas. Não o visite com pressa nem desprovido de catálogos e materiais informativos que possa deixar com ele. Queimar-se com um cliente analítico é querer lhe impor as respostas ou não dar a ele o devido tempo para que tome suas decisões. Como é mais racional que emocional, não devemos tratá-lo com muita intimidade — o melhor é ser formal.

Dica: dê o maior número possível de informações ao analítico.

Conheça um cliente afável

Cliente afável é o que usa mais a emoção que a razão nas suas decisões e comportamento no trabalho. Via de regra, ele é uma pessoa de fácil relacionamento, dá-nos tempo e atenção, gosta de ser tratado mais como pessoa que como profissional e é um ombro amigo. Podemos identificá-lo por sua natureza calma, voz e gestos suaves. É alguém que pede e aceita conselhos, quer relacionamento e confia na sua assessoria, deixando-o muitas vezes que tome a decisão por ele.

Atendê-lo bem significa não esquecer detalhes da relação, dedicar-lhe tempo e falar de família. Ele gosta de compartilhar experiências do trabalho e da vida em geral. Precisa e gosta de conselhos sobre os negócios. Confiança é a palavra-chave na relação. Queimar-se com um cliente afável é não se ligar aos detalhes da relação e se esquecer de compromissos, e, quando isso acontece, geralmente não há perdão, pois traição de amigo é a que dói.

Dica: dê atenção ao seu cliente afável.

Conheça um cliente expressivo

Um cliente expressivo é aquele que usa mais a emoção que a razão, e é extremamente rápido e agitado. Ele decide rápido, mas, ao contrário do pragmático, que usa fatos e números, o expressivo se une a histórias e pessoas. É muito ligado nas pessoas e nos relacionamentos, trata e gosta de ser tratado com informalidade até excessiva, em certos casos, e suas decisões estão sempre ligadas ao nível de relacionamento que mantém com as pessoas.

Atendê-lo bem significa se relacionar intensamente, elogiá-lo por seus feitos e ser parceiro sempre. Para identificá-lo, é necessário se atentar aos seus gestos largos e tom de voz alto. Ele é extrovertido e gosta de ser o centro das atenções.

Dica: relacione-se e elogie seus clientes expressivos.

E para que todo esse esforço de identificar o perfil de comportamento do cliente e passar a tratá-lo de acordo com o perfil encontrado? Simples, para estabelecer o *rapport* com ele. *Rapport* é uma figura da neolinguística que significa entrar na frequência do cliente, estar no mesmo tempo que ele e criar um clima agradável e de confiança para a visita e para o encontro.

Encontros rápidos com clientes que nos exigem tempo, como os analíticos e afáveis, são desaconselháveis. O mesmo podemos dizer de longas visitas ou conversas com pragmáticos ou expressivos.

Entrar na frequência do cliente é gerar credibilidade, ser ouvido por ele e receber atenção. Usar o método de entender o perfil do seu cliente para atendê-lo do jeito que ele aprecia pode ser o seu diferencial para vencer sua resistência e fechar muito mais vendas.

Decifra-me ou te ignoro

Por Cláudio Queiroz

Parafraseando o enigma da mitologia grega "decifra-me ou te devoro", este texto apresenta uma trilha para conhecer efetivamente os clientes.

O desafio é decifrar seus desejos e suas necessidades, focando não somente no comportamento aparente, mas também no inaudível e invisível. As empresas que atingirem esse objetivo sairão à frente da guerra de marcas e produtos. E já existem diversos livros que nos capacitam tecnicamente para esse desafio.

Primeiro patamar — Estudar os fatores que influenciam o comportamento de compra. Embora analisados separadamente, eles se entrelaçam na mente humana, influenciando a maneira como as pessoas compram. Os fatores se dividem em:

- **Culturais —** Cultura e classe social.
- **Sociais –** Grupos de referência, família, papéis sociais e status.
- **Pessoais —** Idade, sexo, estágio no ciclo de vida, ocupação, circunstâncias econômicas, personalidade, autoimagem, estilo de vida e valores.
- **Psicológicos —** Motivação, percepção, aprendizagem e memória.

Uma nova perspectiva é a necessidade de capacitação específica para decifrar grupos, como: crianças, adolescentes, homens, mulheres, naturalistas, idosos etc. O grupo que se modificou significativamente foi o de jovens. Atualmente, eles manifestam interesse em comprar suas roupas e decidem que tipos de entretenimento participarão e não ocupam somente o papel de influenciadores, mas também de decisores. A indústria tem conhecimento desse fato e busca a opinião deles para desenvolver soluções e peças promocionais.

Outro exemplo disso é o mercado de cuecas. Quem compra a maioria desses produtos? As mulheres. Ciente disso, uma indústria tem desenvolvido embalagens com imagens que chamam a atenção delas.

Solteiros morando sozinhos, terceira idade utilizando em maior escala serviços tecnológicos, interesse por uma alimentação mais saudável, preocupação com a qualidade de vida e ecologia são mudanças que influenciam o comportamento humano e devem ser consideradas na arte de decifrar o cliente. Portanto, uma diretriz básica é estudar também as novas tendências.

Segundo patamar — Compreender o consumidor de forma individualizada através dos quatro estilos de comportamento já apresentados na ferramenta anterior. Embora a personalidade seja algo singular, é possível classificar os indivíduos em grupos com características semelhantes e, a partir dessa análise, desenvolver melhores estratégias de relacionamento e atendimento.

Terceiro patamar — Descobrir os valores e o estilo de vida de cada cliente, atentando-se ao grau de importância que ele estabelece para cada dimensão. O estilo de vida reflete as atividades, os interesses, as opiniões, os valores e as escolhas que um indivíduo faz.

Quarto patamar — Integrar todas essas informações e usar a intuição para captar o invisível. Esse é o estágio em que se percebe a maior *gap* (lacuna) por parte de atendentes e vendedores. É o patamar que nos permite decifrar o consumidor.

Como conseguimos isso através de *insight*, é fundamental que primeiramente tenhamos o conhecimento do cliente. O Boston Consulting Group afirma que as marcas duradouras são construídas com base em *insights* profundos sobre as necessidades de seus consumidores.

O segredo desse quarto estágio consiste em sair das observações óbvias e caminhar com o cliente, cruzando dados, identificando seus valores, estilo de vida e, por fim, descobrindo como essas peças se encaixam de forma intuitiva.

Primeiramente, isso pode parecer uma tarefa difícil e até mesmo impossível. Entretanto, à medida que os vendedores se permitem olhar e percebem o consumidor em sua complexidade, é possível conseguir essa competência. Afastar-se desse desafio é se apaixonar excessivamente pelas características de seus produtos e serviços, como se magicamente atraíssem os clientes, ou seja, viver o Mito de Narciso.

MATRIZ DOS PERFIS DE COMPORTAMENTO

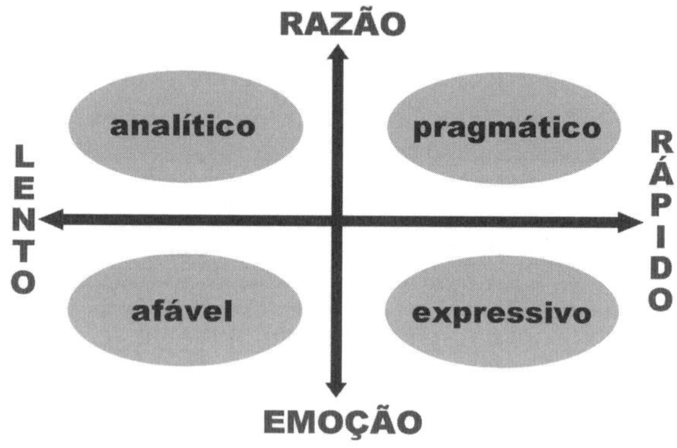

Fonte: A magia dos grandes negociadores (Negócio Editora).

Pensando como o cliente

Por Raúl Candeloro

Os seres humanos se relacionam a partir dos sentidos. Possuímos cinco: a visão, a audição, o olfato, o tato e o paladar. Entretanto, a partir deles, existem três comportamentos predominantes na comunicação entre as pessoas: o visual, o auditivo e o cinestésico. Ou seja: se quer vender para uma pessoa cujo comportamento predominante é o visual, você terá de usar termos, palavras e expressões visuais. Para esse cliente, você terá de ressaltar os elementos pertinentes à linguagem visual. Ao vender um produto, por exemplo, dirá a ele: "olhe este design inovador; observe, ele é muito prático!".

Já para o cliente auditivo, utilizará os predicados adequados ao seu ouvido, como escute, ouça e por aí vai. Para o cinestésico, você apelará para as sensações que o produto remete, do tipo: "ele é muito gostoso, pois é feito disso e daquilo. Basta você pegar para sentir a textura!".

Percebeu? Para cada um, há um tipo de "apelo". E você se sairá melhor, utilizando o que "falará mais fundo" no seu cliente.

Vamos agora conhecer as características específicas de cada personalidade:

Visual — Pessoas sistemáticas, organizadas, limpas e bem-vestidas. Geralmente falam alto e rápido, e tendem a inclinar o corpo e a cabeça para frente quando conversam com alguém.

Dica: utilize as palavras: analisar, parecer, panorâmica, clareza, claro, "dar uma olhada", distinto, sonho, enfoque, imagem, "visão geral", observar, ler, perceber, cara a cara.

Auditivo — Possuem voz agradável e falam com clareza. Falam sozinhos e movem os lábios quando o fazem. Distraem-se facilmente com barulho.

Dica: entre em mais detalhes sobre as características e os benefícios. Utilize as palavras: amplificar, conversar, dissonante, mensagem, consultar, mencionar, silêncio, declarar, sintonizar, boato, voz.

Cinestésico — Gostam de estar confortáveis fisicamente, o tempo todo. Possuem movimentos e fala mais vagarosa. Costumam se aproximar das pessoas com mais facilidade do que os visuais e auditivos e, geralmente, reagem bem ao toque.

Dica: verbalize estados de emoção e faça-o tocar os produtos ou acessórios. Utilize as palavras: ativo, afetado, atacar, "pôr a mão na massa", concreto, afiado, profundo, desmantelar, "pegar o jeito", praticar, discussão, macio, testar.

Alguns especialistas em neurolinguística defendem também os chamados Estilos de Comportamento. Por essa ótica, dependendo da velocidade que toma decisões e da maneira racional ou emocional que se relaciona nos negócios, o perfil de comportamento dos clientes pode ser classificado em: analítico, pragmático, expressivo ou afável.

Sabendo que perfil algum é melhor do que o outro e que ninguém apresenta único e eternamente um mesmo perfil, vamos aprender a identificá-los. Para isso, é preciso fazer duas perguntas:

1. O cliente age mais com a razão ou com a emoção?
2. O cliente é mais lento ou mais rápido na tomada de decisões?

Somando essas duas respostas, obtemos quatro combinações possíveis e, consequentemente, os quatro perfis já mencionados nas ferramentas anteriores deste desafio:

1. "Razão" + "Rápido" = Perfil Pragmático.
2. "Razão" + "Lento" = Perfil Analítico.
3. "Emoção" + "Rápido" = Perfil Expressivo.
4. "Emoção" + "Lento" = Perfil Afável.

Você já conheceu sobre estes perfis na primeira ferramenta, mas para reforçar e complementar seu entendimento, seguem mais alguns detalhes:

1. **Pragmático** — É formal, possui aperto de mão firme, é agressivo, organizado — mas não excessivamente metódico —, gosta de ir direto ao assunto e decidir rápido. Busca poder e pode ser insensível.

   Dica importante: caso tenha dificuldade na negociação, mude o ambiente. A tendência é o cliente migrar para o lado mais emocional, o que poderá ser decisivo.

Rapport

- Ao ser recebido com formalidade pelo cliente pragmático, adote a mesma postura.
- Não caia na armadilha de "quebrar o gelo".
- Saiba que ele quer respostas e, acima de tudo, decidir rápido.

- Explicações demais podem parecer enrolação para ele.
- Prepare-se levando algumas respostas para o encontro.

2. **Analítico** — Possui tom de voz constante e gestos pensativos, é gradual no processo de tomada de decisão e demanda uma grande quantidade de informações. Presta muita atenção, tentando descobrir quais são as vantagens e as consequências de cada proposta, além de se preocupar em ser justo e de agir com base em princípios. Busca a perfeição e tende a ser idealista.

   Dica importante: assim como o pragmático, caso você perceba que a decisão final vai demorar demais, tente mudar o ambiente, aproveitando os aspectos emocionais da proposta.

Rapport

- Prepare todo tipo de informações de que esse cliente possa vir a precisar, pois são imprescindíveis ao processo de tomada de decisão.
- Ele precisa de tempo para avaliar tudo.
- Se o analítico achar que você está tentando "forçar" um fechamento, ele tenderá a se encolher e levantar mais defesas.
- Lembre-se: ele quer dados, e não opiniões.

3. **Expressivo** — É eloquente, tem gestos expansivos e fala alto; é movido muitas vezes pela intuição; costuma mudar de assunto, abordando temas diversos, além dos negócios e não gosta de ir direto ao assunto e decidir rápido. Busca popularidade e pode ser centrado em si mesmo.

   Dica importante: apesar de parecer lento, perdendo tempo com conversas iniciais, a velocidade da tomada de decisão do expressivo pode acelerar em virtude da intuição, e você pode acabar ficando para trás.

Rapport

- Prepare-se para utilizar uma estratégia baseada em relacionamento.
- Uma boa conversa pode preceder a proposta de negócios.

4. **Afável –** É gentil e empático, tem gestos suaves e fala baixo. Preocupa-se em desenvolver relacionamentos duradouros, gosta de solicitar aprovação e bons conselhos. Busca a paz e tem apego à tradição.

   Dica importante: caso sinta-se traído, o afável nunca mais falará com você.

Rapport

- Vá devagar, com calma, e procure estabelecer uma relação de cumplicidade.
- Além de conselhos, essas pessoas precisam de apoio para suas decisões.

DESAFIO 16

Descobrir com 5 clientes perdidos as razões que os fizeram não comprar de você

Etapa da venda

Preparação e planejamento

Definição

Nem sempre fechar a venda é o mais importante. Há momentos em que o aprendizado adquirido em uma negociação infeliz supera a relevância da comissão. Foi a partir dessa lógica que criamos este desafio.

Sintoma

Desprezar as lições que podem ser aprendidas em vendas perdidas é um erro muito comum entre vendedores. Mas não é novidade para ninguém que o aprendizado proporcionado por insucessos é impagável. Portanto, se para você uma venda perdida é apenas mais uma entre tantas outras que já ocorreram e irão ocorrer, está na hora de mudar seu pensamento. É preciso se dedicar a entender os porquês das perdas e, principalmente, a tirar lições disso.

Descrição do desafio

Sua missão é entrar em contato com cinco clientes que por algum motivo não compraram de você e, então, descobrir as razões que os impediram de fechar o negócio. O objetivo é levantar informações importantes para ajudá-lo a evitar erros futuros no processo de venda.

Nossas sugestões

Neste desafio, é provável que você tenha dificuldades para obter a atenção das pessoas. Afinal, não são todos que estão dispostos a contribuir para que você seja um vendedor melhor sem ganhar nada por isso. Portanto, você vai precisar de muito jogo de cintura para criar ações que compensem esse possível inconveniente. Por exemplo: após o contato, envie uma carta de agradecimento e um presente para a pessoa que o ajudou. Pode até ser um simples bombom. O importante é mostrar a essa pessoa que ela foi importante para você.

Comprovação

ANTES DO DESAFIO

Data de início: ____ /____ /____

Qual é sua atitude diante de vendas perdidas?

____

____

DEPOIS DO DESAFIO

Data de conclusão: ____ /____ /____

Preencha a tabela abaixo:

	Nome do cliente	Porque não fechou a venda com você?	Foi um problema da empresa/ produto?	Você tinha como argumentar para contornar a objeção?
1			Sim ( ) – Não ( )	Sim ( ) – Não ( )
2			Sim ( ) – Não ( )	Sim ( ) – Não ( )
3			Sim ( ) – Não ( )	Sim ( ) – Não ( )
4			Sim ( ) – Não ( )	Sim ( ) – Não ( )
5			Sim ( ) – Não ( )	Sim ( ) – Não ( )

O que você pode mudar na sua argumentação para contornar as objeções citadas?

____

____

A que você atribui o sucesso ou o fracasso deste desafio?

____

____

A GRANDE LIÇÃO

Com base na experiência que teve com este desafio, registre aqui as maiores razões que fazem as pessoas deixarem de comprar de você e o que você precisa fazer para mudar essa situação.

____

____

____

FERRAMENTAS

O que você sabe sobre o cliente que não compra?

Por Marcelo Caetano

O cliente que não compra é sempre uma incógnita nas empresas. Tenho me preocupado muito com essa informação que, na maioria das vezes, passa despercebida pelos tomadores de decisão. O que você sabe sobre os clientes que não compram na sua empresa? Sobre aquele que liga para verificar preço, mas acaba comprando com o concorrente, aquele que entra na sua loja e sai sem comprar nada?

Essa pergunta começou a me incomodar desde que participei de uma grande convenção de uma rede de supermercados e notei que sabiam tudo sobre seus clientes. Sabiam os hábitos de compra, o que compravam, os diversos perfis de clientes, quanto levavam, enfim, sabiam muito sobre os clientes. Confesso que fiquei surpreso com o volume de informações que eles tinham sobre os clientes. Mas não estavam satisfeitos, porque as vendas estavam estagnadas. Então, surgiu uma dúvida, e a pergunta saiu espontaneamente: "o que vocês sabem sobre os clientes que deixaram de comprar da sua loja ou sobre aqueles que entram na loja e saem sem comprar nada?". Um silêncio funeral tomou conta da sala. Eles não sabiam nada sobre esses clientes.

Curioso como sempre, isso me fez repetir essas perguntas em vários treinamentos, e a resposta foi sempre um silêncio terrível. Então vou propor algumas práticas para você, como vendedor, ou para sua empresa: pesquise os clientes que deixaram de comprar na sua empresa ou aqueles que cotam preços e não fecham. Veja cada informação importante que podemos obter:

Para os que cotam e não compram ou para os que saem de mãos abanando da sua loja:

1. O que você procurou na nossa empresa?
2. Por que optou por não comprar o produto que oferecemos?
3. Em qual empresa você comprou ou comprará esse produto?
4. O que fez você optar por essa empresa?

Para o cliente que se tornou inativo, você pode fazer as seguintes perguntas:

1. Você era cliente do vendedor X, mas está inativo há três meses. Qual é o motivo para essa interrupção nas compras?
2. Você optou por comprar em algum concorrente?
3. O que poderia ser feito para você voltar a comprar com o vendedor X ou com a nossa empresa?

Veja que, com esse questionário simples, você poderá notar se o problema é com a variedade de produtos da sua empresa, com o vendedor, com o preço, o prazo de pagamento ou algum diferencial do concorrente. Informações fundamentais para você tomar decisões que influenciarão muito o futuro da sua empresa.

Se precisar, seja guerrilheiro, pesquise os clientes que compram do seu concorrente e saiba o que os faz tomar tal decisão. Não tenha medo, pergunte mesmo. Mas não caia na tentação de tentar vender enquanto faz perguntas, isso deve ficar para outro momento. Desculpe, mas preciso avisar, porque sei que você não gosta de perder nenhuma oportunidade e não aguenta ver aquele tão sonhado cliente na sua frente. Segure-se, essas informações farão você vender muito mais, em breve!

O que os clientes compram?

Por João Baptista Vilhena

Clientes não compram produtos nem serviços, compram soluções para seus problemas e satisfação para seus desejos. Lembrei-me dessa máxima do marketing quando comecei a pensar sobre as diferenças entre vender produtos tangíveis e intangíveis.

Em todos os treinamentos que faço, sempre há alguém que diz que vender intangíveis (serviços) é mais difícil que vender tangíveis (produtos). Eu discordo dessa ideia. Na verdade, acredito que existem apenas dois tipos de vendas: as simples e as complexas. Veja a figura a seguir:

Vendas simples	Vendas complexas
←	→
baixo envolvimento emocional	alto envolvimento emocional
baixa percepção de risco	alta percepção de risco
baixo valor agregado	alto valor agregado
baixo custo de mudança	alto custo de mudança

Acho indiscutível que a venda de um avião ou navio não seja mais fácil que a venda de um tíquete para show ou palestra. Desse modo, não é o fato de ser produto ou serviço que torna a venda difícil.

Partindo dessa premissa, vamos ver o que é preciso para fazer vendas complexas de serviços.

1. Saiba lidar com o envolvimento emocional do comprador

Isso significa que é preciso que você saiba exatamente a importância que quem compra atribui ao negócio. A maioria das vendas complexas significa mudanças de patamar para o comprador. Ao migrar de uma plataforma de informática de médio porte para outra de grande porte, a organização está sinalizando seu crescimento para o mercado. Ao adotar um sistema do tipo ERP, uma companhia pode estar avisando a intenção de abrir seu capital em bolsa. Saiba sempre o que está por trás da venda que está fazendo.

2. Diminua a percepção de risco de quem compra

Garantias, assistência técnica e *follow-up* são algumas das formas de reduzir a percepção de risco de quem compra. Aqui, o mais importante é demonstrar ao cliente que você está interessado nele, e não apenas no dinheiro dele.

3. Saiba vender valor

Vender valor é oferecer aquilo que o cliente realmente precisa (e não o que sua empresa quer vender). Para isso, é necessário ter um compromisso indiscutível com o sucesso do consumidor, conhecendo suas necessidades e seus desejos e alinhando-os à oferta.

4. Administre o custo de mudança a seu favor

Clientes que fazem compras complexas não querem ficar mudando de fornecedor a toda hora. Tire proveito disso, mostrando-se realmente parceiro e colocando-se ao lado do consumidor na busca das melhores soluções.

Por último, lembre-se de que essas quatro regrinhas também se aplicam à venda de produtos tangíveis, sem que seja necessário alterar uma vírgula sequer.

Pense nisso e boas vendas!

Meu cliente comprou de mim e ficou decepcionado. E, agora, o que eu faço?

Por César Frazão

A maioria dos vendedores, infelizmente, preocupa-se apenas em vender — e acaba se esquecendo de verificar se aquilo que vendeu realmente ajudou o cliente em seu objetivo.

Joe Girard, um dos maiores vendedores do mundo, diz: "a venda não acaba quando o consumidor compra, ela está apenas começando". Então, se o seu cliente ficou decepcionado, precisamos saber a causa da decepção. Geralmente, as mais comuns são estas três:

1. **Alta expectativa no ato da venda** — Com medo de perder a venda, os vendedores aumentam a expectativa do cliente, prometendo coisas demais e exagerando nos benefícios. Quando ele compra e vê que o produto ou serviço não era o esperado, sente-se enganado.

2. **Não repassar o fechamento** — Muitas vezes, no decorrer de uma negociação, a comunicação não é clara entre comprador e vendedor. O ideal é, após o fechamento, sempre repassar o pedido para ver se tudo realmente ficou como o cliente desejava (quantidade, cor, prazo de entrega, modelo etc.) e também parabenizá-lo pelo excelente negócio.

3. **Mau funcionamento, defeito, falhas, queda no preço, problemas com a entrega etc.** — Empresa alguma, por melhor que seja, está livre de problemas ou falhas nos produtos e serviços que vende. O melhor a fazer é corrigi-los rapidamente ou devolver o valor ao consumidor — quanto mais rápido for, melhor.

A reconquista do cliente insatisfeito é trabalhosa, mas extremamente importante para o futuro da organização. Se errar, aproveite o erro para encantar e surpreender, pois mais vale perder um pouco de dinheiro que perder o consumidor. Você pode recuperar o dinheiro no mês seguinte, mas o cliente desapontado nunca mais retornará. Pequenos mimos, como um buquê de flores, uma caixa de bombons ou mesmo um sincero pedido de desculpas, podem fazer toda a diferença, já que a maioria das empresas não faz absolutamente nada quando erra.

Vendedores que fazem a diferença sabem que transparência e bom-senso são fundamentais. Veja algumas dicas para aliviar as decepções dos clientes:

- Invista em você. Quanto mais capacitado um vendedor estiver, menor será a chance de ele errar em uma venda.
- Coloque-se no lugar do cliente. Pense em como se sentiria caso estivesse passando por isso. Sam Walton, fundador da rede Walmart, disse: "clientes podem demitir todos os colaboradores de uma empresa simplesmente indo fazer suas compras em outro lugar".
- Foque na solução, não no problema. Luiza Helena Trajano, superintendente da Magazine Luiza, não admite três coisas em sua empresa: tratar as pessoas mal, comportar-se de modo ruim com o cliente e perder tempo com desculpas.
- Reconheça o erro rapidamente e não fique postergando, resolva-o você mesmo. Na Southwest Airlines, líder americana em voos domésticos, os funcionários são motivados a encontrar uma solução simples, imediata e básica para qualquer problema com o cliente.
- Pergunte: "o que deseja que eu faça para solucionar esta questão?". Ninguém melhor que o cliente para lhe dizer como compensar um erro.
- Aja com entusiasmo, energia e boa vontade.
- Jamais minta.
- Dê o seu melhor para reconquistar o consumidor insatisfeito, pois ele é muito importante. Lembre-se de que custa muito mais caro buscar novos clientes que manter os atuais!

DESAFIO 17

Levantar as necessidades de 5 prospects ou clientes com os quais você conversou nesta semana

Etapa da venda

Levantamento de necessidades

Definição

A razão da existência deste desafio é para que você aprenda a preparar o terreno e semear grandes negócios. Em seu primeiro contato com cinco clientes, você terá de levantar uma série de informações que, mais tarde, farão a diferença para o fechamento das vendas.

Sintoma

Não se preocupar em obter informações a respeito do cliente — quais são suas motivações para comprar, quem está ao seu lado na tomada de decisão e outras questões importantes — é praticamente um atestado de óbito para suas vendas. O levantamento de necessidades é uma das etapas mais importantes da venda e, se você não conduzi-la de forma adequada, os passos seguintes serão desastrosos.

Descrição do desafio

O desafio é descobrir informações relevantes sobre as necessidades dos potenciais clientes logo no primeiro contato. Dominar tudo sobre eles será crucial para melhorar a argumentação na continuidade do processo de venda. Para completar o desafio, você terá de saber as respostas para as seis perguntas da tabela a seguir.

Nossas sugestões

O melhor caminho para você obter as informações que precisa é utilizar a técnica SPIN Selling®*. Relembre as informações sobre ela no desafio 14.

(*) Metodologia criada pela Huthwaite (www.huthwaite.com.br).

Comprovação

ANTES DO DESAFIO

Data de início: ____ /____ /____

Você tem uma estratégia ou metodologia para levantar as necessidades dos clientes? Qual?

____

____

____

DEPOIS DO DESAFIO

Data de conclusão: ____ /____ /____

Preencha a tabela abaixo:

N.	Nome do potencial comprador?	Quem decide a compra?	Por que precisa/ quer comprar?	Quando pretende utilizar?	Mais alguém influencia na decisão?	Qual seria o cenário ideal para fechar o negócio mais rápido?
1						
2						
3						
4						
5						

A que você atribui o sucesso ou o fracasso deste desafio?

____

____

A GRANDE LIÇÃO

Com base na experiência que você teve com este desafio, registre aqui como conduzirá o processo de levantamento de necessidades dos clientes.

____

____

____

____

____

FERRAMENTAS

Quando o cliente não deixa claras as suas necessidades...

■ **Por João Alberto Costenaro**

O que fazer quando o cliente não tem claras necessidades ou nem as conhece? Uma vez que todos os especialistas em vendas dizem ser essencial saber as necessidades dos consumidores para realizar uma boa negociação, o que deve fazer o vendedor que se depara com um cliente assim?

Se considerarmos a média dos profissionais dessa área, isso será um falso problema, já que eles geralmente não exploram adequadamente as necessidades dos clientes. Normalmente, o vendedor apenas descreve as características dos produtos e para o que servem. O cliente identifica, ou não, algo útil. É mais ou menos o que acontece na publicidade de massa para produtos de consumo.

O que há de errado com isso? Existe uma soma de prejuízos com esse processo. O principal deles é que o vendedor vende muito menos do que poderia, embora ainda assim venda, porque há cliente que compra, mesmo que o vendedor esteja fazendo um mau trabalho. No entanto, para aqueles que valorizam vendas e querem cumprir o papel de influenciadores das decisões do cliente, a questão exige atenção.

Por que o cliente não deixa explícitas as necessidades?

Acredito que são duas as situações mais frequentes: a primeira suposição é que o cliente, de fato, não sabe as necessidades dele. Nesse caso, parece mais fácil ganhá-lo como aliado para, juntos, pesquisarem quais são elas. É um verdadeiro exercício de paciência a ser cumprido sem pressão sobre o cliente. Essa é a postura do vendedor-consultor. É melhor investir um tempo maior na pesquisa que se precipitar na oferta e ficar sem nenhum elemento para buscar a decisão favorável ao cliente.

Muitos vendedores acham que devem oferecer seus produtos ou serviços sempre. Isso não é verdade. Para ser respeitado pelo cliente, é muito melhor, primeiramente, conseguir as informações sobre ele, para depois fazer uma oferta concreta.

A segunda suposição é do cliente que não quer adiantar por completo as necessidades, para não dar força ao vendedor na hora de negociar. Essa atitude é mais comum nas compras destinadas à revenda, mas pode ser encontrada em todos os segmentos.

Há situações em que, por erro de avaliação ou até por inexperiência de negociação, o cliente não permite ser ajudado a tomar uma boa decisão ou não confia no vendedor. Nesse caso, cabe ao profissional buscar estabelecer um melhor relacionamento com o cliente. A construção da confiança vem de manifestações de apoio claramente percebidas, ou seja, primeiro é preciso ajudar para depois receber a contrapartida.

É importante se lembrar de que, sem as necessidades claras, não há como estabelecer o verdadeiro valor (não o preço!) do produto ou do serviço. O valor é o que determina a urgência: sem ele, não haverá argumentação boa o suficiente para antecipar a data da compra. Dessa maneira, o vendedor fica à mercê da vontade do comprador, o qual normalmente adia, adia...

Um aspecto importante é que as principais necessidades do consumidor podem não ser do uso do produto ou serviço. Há situações em que os benefícios indiretos movimentam o cliente. Eu explico: existe uma necessidade natural nas pessoas de aproveitar oportunidades (liquidação, atração do brinde ofertado, ganho possível com a revenda etc.). Nesse caso, o foco do cliente não é a necessidade do produto vendido, mas o ganho secundário. Um exemplo é a passagem para Paris na compra de um carro: em se tratando de casais, pode acontecer de um concordar com a compra, porque quer um carro novo, e o outro apoiar, porque quer viajar ao exterior.

O vendedor precisa sempre avaliar sua capacidade de perguntar com efetividade na investigação de necessidades. As maiores falhas nessa área estão na falta de domínio das técnicas para perguntar. Reforce seu arsenal de perguntas e terá vendas mais abundantes.

Perguntas são essenciais

Por João Alberto Costenaro

As perguntas sempre receberam muito da minha atenção. Já escrevi bastante sobre elas e ainda há muito o que poderia escrever. Gostaria imensamente de ver os vendedores brasileiros levando a sério o que se poderia chamar de a arte de perguntar. No geral, preferem falar, falar e falar.

Atualmente, a função de apresentar produtos pode ser substituída por meios eletrônicos muito mais eficazes que faria a média dos vendedores. Perguntar é a parte nobre da atividade do vendedor. De posse de boas informações, ele se qualifica para negociar com vantagens.

Qualquer bom negociador sabe que não pode se esquecer de algumas perguntas especiais. Os melhores as levam escritas. Isso mesmo, escrevem para não esquecer e, acima de tudo, para não errar na formulação. Perguntas benfeitas geram no cliente a sensação de que o vendedor de fato está interessado no que ele pensa e isso cria relacionamento.

A seguir listei algumas perguntas da minha coleção pessoal. Veja quais delas você já usa com disciplina. Quem sabe você não aproveita algumas na sua próxima venda?

Capturando informações

- O que motivou você/sua empresa a procurar por isso?
- Quais são seus requerimentos/expectativas para este produto ou serviço?
- Qual processo você usa para determinar suas necessidades? (De que forma você determina suas necessidades?)
- Como você vê isso se realizando (acontecendo)?

- O que é que você gostaria de alcançar (conseguir) com isto?
- Com quem (fornecedor) você obteve sucesso anteriormente?
- Com quem você enfrentou dificuldades no passado?
- Você pode me ajudar a entender isto um pouco melhor?
- O que isto significa para você?
- Como este produto/serviço funciona agora?
- Quais desafios este processo cria?
- E quais desafios este processo criou anteriormente?
- O que de melhor aconteceu anteriormente?
- Sobre quais outros itens seria bom falarmos?

Qualificando

- Quais seriam os próximos passos desta ação?
- Qual é o seu cronograma para implementação/compra deste produto/serviço?
- Que outras informações deveríamos considerar (conhecer) antes de irmos em frente?
- Qual é o orçamento estabelecido para esta finalidade?
- O que você pensa disto?
- Quem mais estará envolvido no processo de decisão?
- O que poderia transformar isto em uma prioridade?
- Quais mudanças ocorreram desde o nosso último contato?
- O que pode preocupar você neste caso?
- Quais critérios serão usados para comparar os produtos ou serviços?
- Como você mede isso?
- Qual é a urgência?

Estabelecendo rapport, confiança e credibilidade

- Como você foi envolvido neste ...? (Como você terminou pegando este ...?)
- Que tipo de desafios você está enfrentando?
- Qual é a prioridade mais importante para você neste caso? Por quê?
- Que detalhes (itens, questões) são mais importantes para você?
- O que você apreciaria ver melhorado?
- O que você gostaria que eu fizesse para simplificar a negociação?
- Gostaria de me fazer alguma recomendação especial?
- O que podemos fazer para garantir que sua escolha seja a melhor?

Para algumas áreas de negócios, certas perguntas com certeza precisarão de adaptação. Elas se destinam mais aos passos iniciais da venda. Mas algumas podem ser usadas e repetidas em outras fases, especialmente aquelas feitas para estabelecer *rapport*.

Não se esqueça: boa parte do seu sucesso em vendas está em saber mais sobre o cliente e, assim, negociar com vantagem sobre seus concorrentes.

DESAFIOS DE VENDAS

DESAFIO 18

Verificar com clientes 4 informações sobre a concorrência

Etapa da venda

Preparação e planejamento

Definição

Sua missão é descobrir como a concorrência atua. Para isso, peça ajuda aos seus clientes que também compram de seus oponentes.

Sintoma

Ter pouca ou nenhuma informação a respeito de como seus concorrentes atuam e se relacionam com os clientes dificultará (e muito) a missão de ser melhor do que eles. Acompanhar as movimentações e tendências do mercado e estar atento ao que está sendo feito de bom é essencial para inovar e se diferenciar.

Descrição do desafio

Procure clientes com os quais você tem um bom relacionamento e que alternam entre comprar de sua empresa e comprar de seus concorrentes. É com eles que você levantará as informações necessárias para preencher a tabela abaixo. Com esses preciosos dados em mãos, você será capaz de antever as necessidades dos clientes e criar barreiras para impedir que voltem para a concorrência.

CONCORRENTE	Cliente que o ajudou na pesquisa?	Por que ele compra do concorrente?	Pontos fracos do concorrente?	Fazem preço maior ou menor que sua empresa?	Oferecem mais ou menos serviços agregados?
A:__________					
B:__________					
C:__________					

Nossas sugestões

Utilize a Matriz SWOT para detectar as forças e as fraquezas (suas e dos concorrentes) e as ameaças e oportunidades. Os detalhes sobre a Matriz estão no texto disponível em *Ferramentas*.

Comprovação

ANTES DO DESAFIO

Data de início: ____ /____ /____

Em uma escala de 1 a 10, qual é o seu nível de conhecimento a respeito das perguntas listadas na tabela? ____________

DEPOIS DO DESAFIO

Data de conclusão: ____ /____ /____

Na mesma escala de 1 a 10, qual é seu nível agora? ____________

A que você atribui o sucesso ou o fracasso deste desafio?

A GRANDE LIÇÃO

Com base na experiência que você teve com este desafio, registre aqui o que precisa fazer para criar uma barreira contra a concorrência.

FERRAMENTAS

Estratégias para driblar a concorrência

Por Redação VendaMais

Imagine um jogo de futebol em que seu público-alvo é a bola. Sua meta, o gol. Seus concorrentes, o outro time. Qual é o seu papel?

Alguns vendedores se veem como artilheiros, quando fecham um grande negócio, dando grandes demonstrações de puro talento individual. Mas apenas talento não é capaz de impedir que a concorrência pegue uma ou outra bola e avance sem ser incomodada pela sua defesa cheia de buracos e feche vários contratos.

Outros vendedores se veem como zagueiros: visam mais a canela da concorrência do que a bola. O fato de que o nosso juiz costuma demorar para mostrar um cartão amarelo ajuda. O vendedor zagueiro limita-se a falar mal da concorrência, na esperança de, se a bola não cair nos pés de seu atacante, que ao menos o atacante adversário saia do campo de maca, o que é uma vantagem.

Outros são goleiros, que veem o time perder a bola no ataque e não fazem nada. Veem a concorrência se armando no meio de campo e não fazem nada. Veem os outros se aproximando, dominando o mercado e não fazem nada. Só quando a bola está ali, quando o cliente está muito mais propenso a assinar com o concorrente, a poucos metros do gol, é que eles fazem algo. Muitas vezes, já é tarde demais.

Os melhores vendedores sabem se colocar no papel de técnicos. Eles têm consciência de como utilizar cada uma das suas qualidades para barrar a concorrência. E, no mundo real, são muito mais de 11 ferramentas, técnicas, estilos e táticas que podem ser usadas. A equipe da revista *VendaMais* ouviu especialistas de grandes empresas e mostra para você como driblar os concorrentes e vencer esse jogo.

Agradeça aos concorrentes — O palestrante Claudio Diogo lembra que nem sempre ter um concorrente é algo prejudicial. Eles servem para:

- Mostrar novos caminhos.
- Apontar onde deixamos de atuar.
- Mostrar onde podemos melhorar.
- Despertar-nos do sono da acomodação.

Marcos Benutto, coordenador de marketing do curso de idiomas Skill, diz que concorrentes prejudiciais não existem. "Todo concorrente é bom, sempre podemos aprender alguma coisa com eles. Agora, existem oportunistas, que não ajudam a estimular o mercado, se aproveitam de situações já desenvolvidas e nada criam. Existem aqueles que mentem, que iludem o consumidor, formando uma imagem negativa daquilo que fazemos. Esses prejudicam o mercado como um todo." Contra esse tipo de atividade, só tomando as medidas cabíveis. Mas, mesmo uma concorrência benéfica, precisa ser analisada com cuidado.

Todo dia — Para o palestrante Sérgio Dal Sasso, isso é uma tarefa diária: "todos os dias, as empresas e, em especial, seus colaboradores devem estar atentos às mudanças do mercado e das ações praticadas pelos outros. Nosso trabalho necessita de parâmetros, portanto, é natural compararmos com o que os outros fazem, principalmente quando eles demonstram sucesso". O importante do estudo da concorrência é que serve como padrão, mas o verdadeiro diferencial surge quando aproveitamos esse conhecimento tabulado como forma de subsídio à criação de algo superior, estabelecendo, assim, um corpo próprio para lidar diferenciadamente com seu mercado. "A China estudou e copiou processos de fabricação, até de fábricas de 'pinos da grampoleta'", diz Sérgio, "mas sua consolidação e imagem só se formaram diante da superação dos padrões determinantes do mercado. Esforço conquistado pela qualidade, mais do que pelo preço, da sua tecnologia e de investimentos na especialização da mão de obra", completa.

Luciano Fregapani, consultor, palestrante e especialista em estratégia de vendas e concorrência, diz que o tempo gasto para análise da concorrência deve ser considerado como investimento de alto retorno e ocupar prioridade nas ações da empresa. "Muitas ações podem ser terceirizadas, como a realização de pesquisas, que devem ser frequentes e fornecerão informações precisas para tomadas de decisões. Uma boa análise da concorrência parte de uma pesquisa profissional, realizada por uma empresa especializada, e não de conclusões precipitadas e, muitas vezes, infundadas de integrantes da própria empresa. Estudo de *cases* de empresas que perderam a liderança de mercado podem ser fontes de informações preciosas, quando se fala de estudo de concorrência. Pergunta: você está estudando, constantemente, as estratégias e ações da concorrência?", enfatiza.

Planeje a concorrência — Já que estamos falando de futebol, vamos lembrar aquela história antiga de uma Copa do Mundo, antes do jogo contra a União Soviética. O técnico Vicente Feola explicava jogadas, variações e espaços a serem explorados. A certa altura, Garrincha teria perguntado: "mas o senhor já combinou isso tudo com o adversário?".

Luiz Carlos Becker Júnior, sócio-gerente da RM Capacitação de Recursos Ltda., professor de MBA da Fundação Getulio Vargas e coautor do livro *Desenvolvimento de equipes* (Editora FGV), diz que planejar não significa pensar no que fazer amanhã, mas no que fazer hoje, para poder alcançar algo amanhã. "As metas são os objetivos a serem atingidos. As ações já são os métodos, o que fazer para atingir as metas. Dessa forma, não há como separar as metas do planejamento. O que se espera é que, ao construir um planejamento, as empresas tenham pensado em ações que possam neutralizar ou minimizar suas fraquezas e suas ameaças. No caso, um concorrente é uma ameaça e isso precisa ser previsto no estudo de cenários", explica e dá alguns exemplos dessas perguntas:

- Quem são seus concorrentes?
- Que tipo de ameaça nos trazem?
- Que clientes buscam?

Se você não tiver essas respostas nem souber onde buscá-las, pode ter certeza de que a concorrência será um problema para você. Preparar-se para enfrentá-la é o primeiro passo. É o que faz Ricardo Alouche, diretor de vendas domésticas da Volkswagen Caminhões e Ônibus: "identificamos os concorrentes diretos, as demais montadoras de caminhões e ônibus, de maneira precisa e clara. Cada vez que um deles implementa uma ação diferenciada, sabemos disso em uma semana, no máximo, e colocamos em prática nossa estratégia. Escutamos muito o que os clientes falam sobre a concorrência, eles nos passam muitas informações". E dá a receita da Volkswagen para se diferenciar dos outros:

1. Nunca oferecemos nada que o cliente não precise, porque ele terá de pagar mais por isso.
2. Trabalhamos um preço em que o cliente percebe o valor. Não é o menor preço, é o preço correto.
3. Sempre treinamos a equipe.
4. Damos segurança ao cliente, através de uma pós-venda excelente. Não queremos o cliente que compra só uma vez, mas, sim, aquele que volta sempre, por isso investimos muito na pós-venda.

Questão de preço — E quando o concorrente lança uma tática suicida, jogando os preços lá em baixo? Gisela Kassoy, que desenvolve workshops de criatividade e inovação, diz que, muitas vezes, a tática suicida não deve preocupar a empresa. "A primeira coisa é analisar como e por que o concorrente reduziu o preço. Se essa foi uma estratégia do concorrente, a sua empresa terá de encontrar diferenciais que justifiquem seu preço maior. Mas, se o concorrente diminuiu o preço só por diminuir, ou seja, baixou sem ter condições, só para concorrer, não é necessário se preocupar, porque esse concorrente não conseguirá se manter no mercado", explica.

Paulo Ricardo Bageston, consultor de empresas e diretor da Focus Business Consulting Solutions, diz que é preciso analisar, também, outro componente da equação: o cliente daquele setor. Se os clientes priorizam atributos que não são o preço, e sua empresa tem uma oferta não orientada por preço, recomenda-se trabalhar melhor a comunicação desses atributos para facilitar a percepção do valor da sua oferta pelos clientes. "Por outro lado, se o mercado tem o preço como fator decisivo de compra, sua empresa deve avaliar se tem uma operação que permita ser competitiva em preço. Se isso não ocorrer, talvez seja o caso de abandonar esse mercado e buscar novas alternativas.

Assim, é importante destacar que as empresas mais competitivas têm buscado a adoção de uma estratégia dual, por meio da oferta de maior valor aos clientes, mas com a constante busca por redução de custos", completa.

Estratégias — Claudio Diogo diz que na hora de enfrentar um concorrente é necessário ser inteligente e evitar um ataque direto: "lembre-se de que atacar pode não ser algo belicoso. Quando você 'fornece' alguns clientes (que não interessam mais para sua empresa), é uma forma de atacar sem ser agressivo. Ou, quando você traz seu concorrente para perto de você, também é uma forma de atacá-lo de frente, sem que ele perceba".

Luciano Fregapani diz que ser inteligente também significa não menosprezar nenhum concorrente: "a primeira regra é difundir, na empresa, a cultura de que todo concorrente novo é perigoso até que se prove o contrário. Muitas empresas cometem o erro de menosprezar o novo concorrente, sendo comum ouvir frases do tipo: 'não vai dar em nada', 'não passa de alguns meses'. Uma empresa que tem essa mentalidade é candidata em potencial a sofrer prejuízos com um concorrente novo". "De fato", diz Luciano, "deve-se neutralizar o concorrente ainda no início, quando sua operação não está sólida. É como se fosse uma guerra. Você prefere esperar que o inimigo domine uma colina ou uma cidade para começar a atacá-lo ou ataca quando ele está desembarcando na praia?"

"O importante é fechar todas as brechas pelas quais o concorrente possa entrar, pois a maneira mais rápida (e barata) de um concorrente crescer é em cima das falhas do adversário. Não possibilite, dê essa opção. Gosto muito de uma frase que sempre ouvi na infância, que é muito aplicada aos negócios e às relações com clientes e muito pertinente quando se fala em concorrência: 'o cachorro abandonado vai com o primeiro que lhe der comida'. Estendendo para nosso tema, se o cliente estiver abandonado, com pouca atenção, é uma porta de entrada fácil para um novo concorrente se infiltrar e se fixar: você está se preparando para seus novos concorrentes ou está menosprezando-os?", finaliza.

A concorrência está aí e não vai embora se você fingir que ela não existe ou menosprezá-la. É como um jogo de futebol. O outro time quer a bola, você não pode ficar de braços cruzados esperando. Aja agora. Domine a bola. Marque seu gol no mercado.

Dicas finais

O que diz a lei

Veja o que tem a dizer o advogado e palestrante Mário Grimberg, ex-procurador da Fazenda Nacional; especialista nas áreas Concorrencial, de Proteção ao Consumidor, Licitações e Defesa Comercial; membro fundador e diretor do Instituto Brasileiro de Estudos das Relações de Concorrência, Consumo e Comércio Internacional:

O que é proibido: para ser sintético, são proibidos atos de eliminação de concorrência por meios desleais. Um exemplo é a venda casada, pela qual determinada empresa só vende um produto (que é dominante) se o cliente, ao mesmo tempo, adquirir outro produto que, em tese, quer adquirir de outro fornecedor. Isso tira a liberdade de escolha do consumidor, eliminando a concorrência dos demais fornecedores. Podemos, também, citar o cartel, em que empresas concorrentes se unem, eliminando a concorrência entre elas.

Como se proteger: existem órgãos governamentais encarregados desse tema. Qualquer representação deve ser apresentada à Secretaria de Direito Econômico (SDE), do Ministério da Justiça (www.mj.gov.br/sde), que é encarregado de fazer a investigação. Terminada essa fase, o processo é remetido ao Conselho Administrativo de Defesa Econômica (Cade) para decisão. Contra uma decisão do Cade a parte que se julgar prejudicada pode acionar o Poder Judiciário.

11 dicas para fazer seu esquema tático

1. Seja ético. Pode ser seu maior testemunhal competitivo.
2. Se a concorrência falar mal, responda com testemunhais e ações.
3. Faça com que acompanhar os movimentos da concorrência seja parte do seu dia a dia.
4. Evite apenas reagir. Na hora de planejar, inclua ações para a concorrência.
5. Aprenda com os erros e acertos dos outros.

6. Tenha uma vantagem clara para os clientes preferirem você aos concorrentes e saiba comunicá-la.

7. Estude reclamações de clientes, elas mostram pontos vulneráveis à concorrência.

8. Evite entrar em guerra de preço com concorrentes. Procure outros diferenciais.

9. Entreviste ex-clientes: por que a concorrência os serve melhor? O que os faria voltar?

10. Encontre seu mercado. Se o concorrente vender X para todos, venda X para o público tal.

11. Surpreenda o cliente. Crie novos produtos, serviços, melhore o atendimento. Evite perdê-lo.

Clientes e concorrentes

■ Por Brasílio Andrade Neto

Quantas marcas da sua infância desapareceram? Certamente, você lembra-se de ter bebido um certo refrigerante local (chamado genericamente de tubaína em São Paulo, gasosa no Paraná — não sei a nomenclatura em outros lugares). O mesmo deve ter acontecido com lojas, brinquedos, restaurantes. Todos desapareceram.

Agora, as pessoas continuam bebendo refrigerantes, indo a lojas, brincando, comendo. Marcas desaparecem, mas os clientes continuam, só passando a usar outras coisas. Assim, seus consumidores — aqueles que faziam negócios com você desde sempre — que o convidavam para churrascos e batizados, de repente, trocam-no por outro. Mas essa é uma via de mão dupla, e o inverso também pode acontecer: você pode mostrar para um prospect quais são seus benefícios, pontos fortes, e o que você oferece que seu concorrente não tem. Confira algumas dicas para fazer isso.

- Primeiro, faça uma lista dos prospects que deseja tirar da concorrência. Consiga o maior número de informações que puder a respeito deles. Visite o site de cada um e acompanhe o que os outros dizem sobre eles nos jornais e nas revistas.

- Estude seu concorrente também. Descubra o que eles oferecem para aqueles clientes e em que aspectos você é legitimamente superior. Use essas informações para mostrar o que o cliente pode ganhar fazendo negócios com você — nunca as utilize para atacar o concorrente.

- Cuidado com sua mensagem. Muitos vendedores chegam aos prospects falando coisas como: "vim ganhar seu negócio" ou "quero que você seja meu cliente". Em outras palavras, uma maneira segura de perder a venda em uma frase. Mesmo com toda a informação que você adquiriu, escute-o primeiro. Concentre-se no que o cliente quer, aprenda o que ele deseja e como você pode ajudá-lo.

- Nem toda ideia ou informação que você dá ao consumidor precisa se relacionar com seu produto ou serviço. Mostre-se um *expert*, uma pessoa que realmente o ajudará a chegar aonde ele quer.

- Mesmo que o cliente diga que está satisfeito com o que compra atualmente, continue a levantar necessidades. Ninguém tem um relacionamento comercial 100% perfeito, livre de problemas. Todos querem sempre algo mais, almejam coisas que não recebem no momento. Atenção: isso vale tanto para os clientes da concorrência como para os seus.

- Consiga algo daquele consumidor. Se não for a venda imediata, pode ser uma data para uma apresentação mais detalhada, indicações, entre outros.

DESAFIO 19

Desenvolver e cumprir um planejamento semanal de vendas

Etapa da venda

Preparação e planejamento

Definição

Este desafio tem o objetivo de otimizar sua produtividade e criar ações para melhorar a administração do seu tempo.

Sintoma

Você se sente refém das horas? O dia parece sempre ser curto demais? Apagar incêndios faz parte da sua rotina profissional? Grande parte do seu tempo é dedicada a executar tarefas operacionais? Quase não lhe sobra tempo para pensar em ações estratégicas? Cuidado. Você está à beira do caos.

Descrição do desafio

Para planejar sua rotina, você fará uso da ferramenta 1/META/PCX, que, basicamente, corresponde a responder às seguintes perguntas:

1. Qual é a coisa mais importante a fazer hoje?
2. Meta: qual é a meta de vendas para hoje?
3. PCX: quantos e quais prospects (P), clientes (C) e ex-clientes (X) deve contatar hoje?

Nossas sugestões

Você pode conferir os detalhes sobre a 1/META/PCX em *Ferramentas*. Mas adiantamos que essa fórmula simples resolve vários problemas de planejamento e fará seu dia ser muito mais produtivo. Fazer uma única coisa importante por dia pode parecer pouco, mas são 22 no mês e mais de 250 no ano. Tenha certeza de que isso fará diferença em sua vida.

Comprovação

ANTES DO DESAFIO

Data de início: ____ /____ /____

Você utiliza alguma ferramenta para administrar seu tempo e otimizar a sua produtividade? Qual?

DEPOIS DO DESAFIO

Data de conclusão: ____ /____ /____

Liste os principais ganhos que obteve com as mudanças geradas a partir do planejamento que passou a fazer?

A que você atribui o sucesso ou o fracasso deste desafio?

A GRANDE LIÇÃO

Com base na experiência que você teve com este desafio, registre aqui o que é necessário fazer para que seus dias sejam sempre produtivos.

FERRAMENTAS

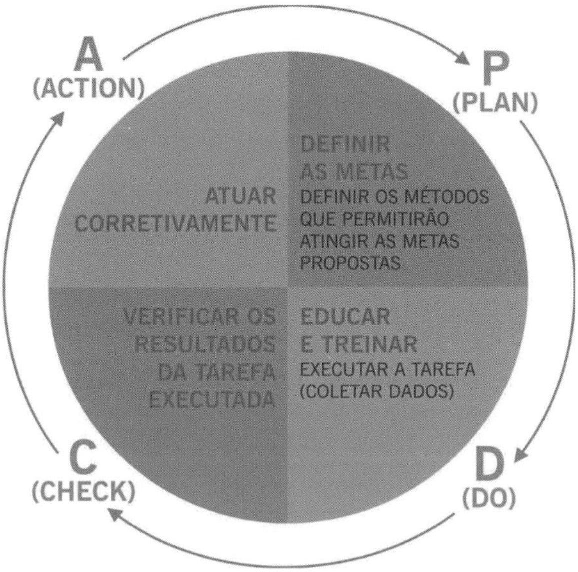

Ciclo PDCA — Aprenda a utilizar essa ferramenta e aumente suas vendas!

Por Redação VendaMais

O que todo vendedor quer? Vender mais, ter uma carteira recheada de clientes fiéis, uma lista de prospects que podem comprar com ele a qualquer hora. Tudo isso e mais um pouco. E o que todo vendedor precisa fazer para conseguir essas coisas? A lista também não é das menores, mas a utilização do ciclo PDCA deve estar nela.

O que é o ciclo PDCA — Na década de 1930, o norte-americano Walter Shewhart desenvolveu uma ferramenta que poderia ser utilizada na abordagem de qualquer problema, para qualquer situação. Ele deu a essa ferramenta o nome de Ciclo PDCA. O ciclo, que depois foi difundido por William Edwards Deming e também é conhecido como ciclo de Deming, está dividido em quatro fases: *to plan, to do, to check, to act*, ou seja, planejar, executar, controlar e agir.

Edelvino Razzolini Filho, um dos autores do livro *Dicionário da administração de A a Z*, lançado pela Editora Juruá, define essas quatro etapas do ciclo PDCA como:

» **Planejar (to plan)** — Estabelecer a missão, a visão, os objetivos (metas), os procedimentos e processos (metodologias) necessários para que os resultados possam ser atingidos.

» **Executar (to do)** — Realizar as atividades necessárias para que o plano seja cumprido conforme o planejado.

» **Controlar (to check)** — Estabelecer formas de monitorar e avaliar periodicamente os resultados alcançados; avaliar os processos e resultados, confrontando-os com o planejado, com os objetivos, especificações e estado desejado, consolidando as informações para que possam ser tomadas as necessárias ações corretivas.

» **Agir (to act)** — É neste momento que são feitas as ações corretivas. Depois de verificar o que aconteceu até a terceira etapa do ciclo, agora é a hora de agir para melhorar o que até então não tinha sido bem feito. Além disso, é aqui que o vendedor deve melhorar o sistema de trabalho adotado para alcançar suas metas.

Como utilizar — Claudio Skora, mestre em administração de empresas, afirma que o ciclo PDCA deve ser utilizado sempre que for necessário tomar decisões, ou seja, em qualquer situação de gerenciamento. Um vendedor, por exemplo, pode usar o ciclo assim que receber uma meta. Confira:

O vendedor de uma renomada loja de calçados recebe uma meta para o próximo mês. De nada irá adiantar ele começar a vender sem ter feito um bom planejamento e sem ter em mente o que e como ele precisa fazer suas atividades. Depois de fazer esse planejamento, ele começa a executar tudo o que foi planejado, tentando seguir à risca o que estava em seu planejamento. Depois de executar o seu planejamento, é preciso que ele faça um controle de todos os passos dados até então e de todas as atitudes tomadas por ele para poder saber em que errou e em que acertou. Para finalizar, o vendedor deve repensar as suas atitudes e agir preventivamente para evitar futuros erros, além de estabelecer novos planos de ação e até mesmo novas metas.

O que não fazer — O ciclo PDCA, assim como todas as outras ferramentas de venda, deve ser bem utilizado para trazer o retorno esperado e, depois de vários anos atuando em empresas que utilizam essa ferramenta, os especialistas na área já sabem dizer quais os erros mais comuns e como eles podem ser evitados.

Para Edelvino, um grave erro está na definição dos objetivos. Segundo ele, muitas empresas traçam objetivos nada claros para os seus vendedores, e esse erro atrapalha todo o restante do ciclo. "Quando iniciar o trabalho com o ciclo PDCA, é preciso ter claro qual é o verdadeiro objetivo a ser atingido, pois só assim o processo poderá ser bem-sucedido", declara. Para ele, uma boa maneira de evitar que esse erro aconteça é simplificar o trabalho. "É preciso que o processo seja o mais simples possível, retrate as práticas atuais (do vendedor e/ou da empresa), seja fácil de ser revisto, atenda às necessidades do trabalho, conte com a participação das pessoas que executam a tarefa e, finalmente, mantenha o foco no cliente, uma vez que esse deve ser sempre o objetivo das empresas e dos profissionais de venda", completa.

Outro erro cometido pelas empresas e pelos vendedores que utilizam o ciclo PDCA e lembrado por Claudio está na escolha dos indicadores para o monitoramento das evoluções trazidas por meio de sua utilização. Segundo ele, muitas vezes as pessoas deixam de pensar qual é o melhor método e medem os resultados através de qualquer um.

Benefícios — Quando bem aplicado, o ciclo PDCA pode trazer resultados muito positivos para as empresas e para os vendedores. O desenvolvimento pessoal é um dos benefícios trazidos por essa ferramenta, já que o vendedor passa a pensar mais nas atitudes que toma e acaba aprendendo com os erros cometidos — o que faz que ele pense antes de cometê-los novamente. Além disso, "o PDCA permite que se padronizem procedimentos e, com isso, garante uma uniformidade no trabalho, permite que se registre o conhecimento sobre os processos, melhora o nível técnico do profissional e ainda evita o desperdício de tempo", afirma Edelvino.

Agora que você já conhece essa ferramenta, que tal colocá-la em prática? Para isso, relembre tudo o que precisa ser feito:

1. **Defina suas metas** — E aí, quanto você quer vender em um mês? Em um semestre? Em um ano? Quais são os seus objetivos?

2. **Defina como você fará para alcançar as suas metas** — Quantos clientes você terá de visitar por dia para que no fim sua meta seja batida? Quais serão as atitudes que você irá tomar para vender para todos esses clientes?

3. **Treine** — O desenvolvimento pessoal não precisa partir do líder da equipe, você mesmo pode ler sobre vendas e se aprimorar a cada dia. Pegue livros, revistas, leia textos na internet que falem sobre vendas e se desenvolva!

4. **Venda!** — Execute a arte de vender, coloque o seu planejamento em ação! Vá até os seus clientes e apresente os benefícios do seu produto, em como você pode ajudá-lo.

5. **Verifique os resultados obtidos até aqui** — Será que, como as coisas andam, você conseguirá atingir a sua meta no fim de tudo? Será que seu planejamento foi correto? Será que existe alguma coisa que poderia ter sido feita melhor?

6. **Atue corretivamente** — Conserte os erros que percebeu ter cometido e aprenda com eles, pensando em não cometê-los novamente nas próximas vendas que fizer!

5 formas de agir quando sobram clientes e falta tempo

Por Marcelo Ortega

Tempo é uma questão de preferência. Foco é uma questão estratégica definida pela escala de prioridade e importância que damos às nossas atividades e obrigações diárias.

Um estimado leitor escreveu para a redação da revista *VendaMais* pedindo dicas, ideias e sugestões que o ajudassem a resolver um problema: parar de perder clientes pela falta de tempo e foco.

Fui então acionado para sintetizar neste artigo algumas boas ideias sobre o assunto que, diga-se de passagem, não é bem um problema, pois conheço centenas de vendedores que gostariam de ter mais clientes e menos tempo em sua rotina diária.

Agora, não dar conta da demanda por pedidos e contatos interessados em comprar é um sinal de que a equipe de vendas, o líder ou o vendedor em questão precisa optar por:

1. Rever a quantidade de clientes em carteira ou a média de atendimento com qualidade em seu comércio, loja ou *call center*. Se o vendedor não consegue manter contato com clientes ativos e ainda atender os novos, é preciso contratar, treinar e alocar mais gente competente.

2. Aprender a se controlar e fazer um plano estratégico usando ferramentas como as que citei em meus dois principais livros: *Sucesso em vendas* e *Inteligência em vendas*, ambos da editora Saraiva. São elas: Mapa de Oportunidades, Agenda Produtiva, *Pipeline* (Funil de vendas) e *Forecasting* (Previsão semanal, mensal e trimestral).

3. Utilizar ferramentas poderosas de gestão como essas que citei, ou uma análise pessoal do seu modelo de negócio, e descobrir:

    - Quanto tempo você reserva para cuidar de seus clientes ativos. Aqueles que compram merecem seu apoio, suporte na pós-venda e ajuda na resolução de problemas técnicos ou administrativos.

    - Quanto tempo você disponibiliza para vender de fato: prospectar, entender, atender, negociar e fechar negócios. Cada uma dessas etapas precisa ter um porcentual mínimo de sucesso que você deve atingir: 10% para os clientes em primeiro contato, 25% para clientes que estão interessados e podem comprar, 50% quando você já fez a sondagem e apresentou sua proposta comercial, 75% quando está negociando com quem decide, 90% quando obtiver um pedido verbal de compra e 100%

para o contrato assinado ou o pagamento efetuado. Planeje seu tempo de acordo com esses índices.

- Como selecionar sua carteira: clientes abaixo de 50% não demandam tanto acompanhamento (*follow-up*) quanto aqueles que já estão com proposta e, teoricamente, mais aderentes a confirmar a compra.

4. Analisar sua agenda. Se não faz uso de agenda, ainda assim é preciso mensurar quais atividades tomam mais tempo e ver, em especial, o que não é produtivo nem está relacionado ao seu plano estratégico.

5. Melhorar sua disponibilidade para os clientes. Para isso, sugiro algo que fiz e faço ainda hoje em seis passos:

a. Não leia e-mails o dia todo, se puder, é claro. A maioria é bobagem da internet e dispersa.

b. Mantenha uma agenda e priorize as atividades que aproximem do objetivo que quer atingir.

c. Não tente atender mais clientes do que consegue, mantendo, assim, a qualidade. Perder clientes por mau relacionamento é altamente negativo para sua imagem e sucesso.

d. Dedique 20%, em média, de seu tempo para suporte, apoio e solução de problemas dos clientes.

e. Dedique 10% do seu tempo para assuntos improdutivos ou inesperados.

f. Dedique 70% do seu tempo para vender, mas priorize clientes que estiverem no seu funil de vendas ou na sua previsão, com status acima de 50%.

Planeje seu trabalho de acordo com seus objetivos e trabalhe seu dia de acordo com seu plano!

Organização e planejamento

Por Redação VendaMais

Nem todos os negócios têm o mesmo grau de simplicidade. Para negócios que requerem um grande número de prospecções, por exemplo, os níveis esperados de pedidos podem ser bem menos previsíveis. O valor das vendas de cada consulta ou pedido pode variar significativamente, assim como a relação de conversão de consultas em pedidos. O número de visitas com o objetivo de venda, ao contrário daquelas destinadas a serviço para clientes, cobrando débitos atrasados ou pesquisando informações do mercado, também podem variar significativamente. Grandes clientes precisam de visitas regulares para manter os seus negócios: os clientes potenciais também precisam de visitas regulares, porém de uma forma diferente. Se você não definir metas para os clientes potenciais, sua equipe de vendas poderá estar atendendo bem ao número de chamadas que surgir, mas você e sua empresa não estarão aproveitando adequadamente o potencial que o mercado oferece e, consequentemente, se distanciarão das metas originalmente planejadas de participação no mercado.

A solução para isso é analisar a carga de trabalho, aplicando um método que chamamos de "Fórmula de Thorn para Otimização das Vendas". À primeira vista, parece ser uma abordagem altamente teórica. Porém, quando aplicada com inteligência — e não apenas mecanicamente, ela pode proporcionar um modelo muito útil do "que tal se...?" para otimizar seus retornos de vendas.

Otimização das vendas

Primeiro, há algumas variáveis de vendas a identificar, que você pode medir e então acompanhar. Elas podem ser as seguintes:

- Sua meta de venda ou pedidos = V (em R$)
- Total de pedidos esperados no ano = P
- Logo, seu valor médio por pedido é = V/P (R$ por pedido)
- Número de cotações (orçamentos)/ano = C

- Visitas de vendas/ano = Vv
- Visitas totais/ano = Vt
- Total de dias de vendas = Dv
- Dias úteis totais = Dt

Então, para uma simples análise matemática, podemos ver que os pedidos que precisam ser gerados a cada dia (V/DT) são uma função de:

(V/Dt) = (V/P) x (P/C) x (C/Vv) x (Vv/Vt) x (Vt/Dv) x (Dv/Dt)

Ou em uma linguagem mais simples:

Pedidos por dia = média do valor dos pedidos (V/P), vezes a taxa média de conversão de consultas em pedidos (P/C), vezes o número médio de consultas recebidas por consulta que gera vendas ou eficiência de cotação (C/Vv), vezes a taxa de visitas de vendas ou a proporção de visitas de vendas para o total de visitas (Vv/Vt), vezes o número de contatos feitos por dia de venda (Vt/Dv), vezes a taxa de dias de vendas disponíveis, expressa como proporção dos dias úteis totais.

Note que, a título de simplificação, supomos que os pedidos recebidos no período em questão correspondem às vendas efetuadas (o primeiro pode ser mais fácil de medir do que o segundo).

Por ora, estamos ainda na fase de planejamento. É importante estabelecer o que essas relações representam atualmente para os seus negócios, se você ainda não os conhece. Defina agora novas metas, as quais você acredita que possam ser conseguidas levando em conta cada uma dessas relações.

Você logo verá que pequenas melhorias podem causar mudanças significativas no número de dias de vendas (e, portanto, no número de vendedores) que você precisa. Por outro lado, e isso é um fator positivo, os dias de vendas extras criados melhorando a eficiência podem ser usados para conquistar mais negócios.

A partir do que dissemos, torna-se simples transformar essa fórmula de maneira a incluir outros parâmetros particularmente importantes para o seu negócio. Por exemplo, você pode estar interessado na monitoração não apenas do retorno de vendas, mas também do preço unitário e do volume. Se assim for, você pode desdobrar a relação (V/Dt) da seguinte maneira:

Pedidos por dia = (V/Dt) = Preço unitário (V/unidade) x Unidades pedidas por dia (Unidades/Dt)

Você pode considerar também os aspectos de análise e controle de crédito. Afinal, bens ou serviços faturados somente representam dinheiro no banco quando as faturas tiverem realmente sido pagas. Observe também que você certamente irá querer pagar as comissões sobre as vendas quando o dinheiro for recebido, não quando for faturado, e, consequentemente, poderá monitorar os valores faturados (VF) e o valor recebido (VR). Portanto, a relação (VR/VF) torna-se uma importante relação de controle de crédito, que deve ser a mais próxima possível de 1.

O seu negócio também pode ser altamente dependente das demonstrações que o seu pessoal de vendas faz dos produtos ou serviços. Você precisa, então, monitorar a relação denominada cotações para demonstrações, ou (C/Dd). Se você quiser ainda pode monitorar a relação entre as demonstrações e as relações de consultas (Dd/Cons), para completar a sequência.

Uma versão mais completa da equação então ficaria assim:

Vendas recebidas (isto é, pagas) por dia = (VR/Dt) = (VR/Unidade) x (Unidades/DT) x (VR/VF) x (VF/P) x (P/C) x (C/Dd) x (Dd/Cons) x (Cons/Vv) x (Vv/Vt) x (Vt/Dv) x (Dv/Dt)

- VR/VF – relação de crédito
- VF/P – valor médio dos pedidos
- P/C – razão de conversão de cotações em pedidos
- C/Dd – relação de demonstrações bem-sucedidas
- Dd/Cons – fator de sucesso nas consultas
- Cons/Vv – relação de consultas por visita
- Vv/Vt – relação de visitas de venda

- Vt/Dv – consultas por dia
- Dv/Dt – relação dos dias de venda disponíveis

Note mais uma vez que, para simplificar, assume-se que todos os pedidos recebidos serão faturados.

Outras relações que podem ser monitoradas da mesma maneira são: quilômetros percorridos por dia ou por contato, custo de cada visita, a relação de contatos pós-venda ou contatos de novos clientes para o número total de contatos etc. Todas essas podem ser descritas pela mesma abordagem global, se essa diferenciação for representativa para o seu mercado.

Um benefício que esse procedimento analítico rigoroso proporciona, além da otimização da sua eficiência de vendas, resultante do desdobramento de suas metas em itens menores e identificáveis, é que você pode aplicar a fórmula a uma equipe inteira de vendas, ou apenas a uma região, ou até mesmo a um indivíduo ou produto. Por exemplo, uma reclamação costumeira do pessoal de vendas é que o planejamento dos contatos não leva em conta a diferença entre os casos nos quais as visitas se entendem a uma área grande com muitos pequenos compradores e contatos para fechar negócios especialmente grandes — o que pode resultar em talvez um único contato por dia em certas ocasiões.

A resposta clássica é que essas metas são apenas médias e que o mais importante é atingir a meta final, global. Porém, usando a fórmula apresentada para levar em conta as necessidades específicas da região para cada pessoa, podem-se definir metas que reflitam as circunstâncias individuais.

Clientes-chave

O seu negócio pode estar na dependência de um pequeno número de clientes-chave.

Esses necessitarão de um plano de vendas muito específico e especial, além de uma estratégia que maximize as vantagens que tais empresas podem oferecer a um fornecedor. A abordagem citada pode ser muito boa.

DESAFIO 20

Utilizar e-mail para fazer 3 vendas adicionais durante esta semana

Etapa da venda

Pós-venda

Definição

O cliente comprou e foi embora. Mas você percebeu que alguns produtos ou serviços que ele não levou estão bem alinhados com o perfil dele e com a compra que fez. Nesse caso, chegou a hora de usar o e-mail para fazer venda adicional.

Sintoma

Você tem dificuldades para praticar a venda adicional no ato da compra? Enquanto faz a venda é comum não perceber que o cliente poderia gostar de outros produtos além dos que ele está comprando, mas depois se dá conta disso? Em situações como essas, você perde grandes chances de faturar uma comissão extra. Mas é aí que entra a estratégia de promover a venda adicional via e-mail.

Descrição do desafio

Após o cliente ir embora, analise o perfil dele e cruze as informações com a compra que ele fez. Em seguida, faça um levantamento sobre os produtos que ele pode vir a se interessar e prepare um e-mail especial para apresentar essas opções a ele.

Nossas sugestões

Espere alguns (poucos) dias para enviar o e-mail. Esse tempo é importante para o cliente formar uma opinião sobre o que comprou e, quem sabe, já começar a sentir outras necessidades. Mas atenção: é importante que a ação seja feita na mesma semana da compra.

Um dia após o envio do e-mail, entre em contato por telefone para saber se o cliente o recebeu, se há dúvidas etc. Esse acompanhamento será importante para reforçar sua estratégia.

Outra dica fundamental para que sua ação gere mais resultados positivos é analisar as compras de clientes com perfil semelhante e, também, o histórico de compras do cliente que receberá o e-mail. Isso irá ajudá-lo a oferecer os produtos mais adequados. Essa lógica é aplicada com sucesso pelos grandes sites de comércio eletrônico. Inspire-se neles.

Por fim, não deixe que o cliente perceba a ação como uma nova venda, mas como uma proposta especial de complemento. A ideia é tirar o peso de um novo negócio — o qual precisa ser analisado com calma.

Comprovação

ANTES DO DESAFIO

Data de início: ____ /____ /____

Como você pauta suas estratégias de venda adicional?

____

____

____

DEPOIS DO DESAFIO

Data de conclusão: ____ /____ /____

Quais foram os maiores benefícios desta estratégia?

____

____

____

Preencha a tabela abaixo:

Nome do cliente	O que ele comprou	Data da compra	O que ele pode comprar também	Dia de enviar o e-mail	Dia de telefonar	Resultado da ação

A que você atribui o sucesso ou o fracasso deste desafio?

____

____

____

A GRANDE LIÇÃO

Com base na experiência que você teve com este desafio, registre aqui as informações que precisa levantar com o cliente no ato da compra para poder criar um e-mail de venda adicional personalizado.

____

____

____

____

FERRAMENTAS

Negociando por e-mail

Por Silvia Campos

O e-mail foi entrando vagarosamente em nossas vidas até se tornar algo insubstituível, quase um vício. Nem por isso negociar por e-mail é sempre uma boa opção. Seguem nove dicas essenciais para saber como e quando utilizar essa ferramenta nos negócios:

1. **Qual é a mensagem?** — O e-mail é perfeito para mensagens positivas ou afirmativas. Por ser mais fácil dizer um "não" ou endurecer por meio do computador, é largamente utilizado nesse sentido, porém com grande probabilidade de causar um constrangimento, mal-entendido ou sentimento ruim que vai precisar de muito empenho para ser dissolvido depois. Por isso, evite mensagens negativas.

2. **É um documento?** — Aproveite a mensagem para documentar todos os pormenores da negociação de forma clara e objetiva, como datas de pagamento, entrega, preços, quantidades, condições financeiras, características técnicas etc. Guarde de forma organizada esses e-mails, evitando assim problemas futuros, já que essas mensagens são consideradas como documentos válidos para casos de litígios, processos advocatícios etc.

3. **De que geração é?** — Jovens geralmente têm facilidade para se comunicar e, consequentemente, negociar via e-mail. Mas, se você perceber que o seu cliente é mais velho ou notar que, quando ele recebe sua mensagem, responde por telefone e, quando lhe manda um e-mail, liga para perguntar se o recebeu, será mais eficiente voltar "à moda antiga", com o telefone e/ou visitas.

4. **Como escrever? —** Pela informalidade do e-mail, muitas vezes escrevemos de forma direta e nossas palavras acabam sendo lidas de forma rude e seca. Para que isso não aconteça, seja objetivo e educado quando negociar por e-mail, ou seja, escreva com humanidade e delicadeza, mas, ao mesmo tempo, de forma organizada e direta.

5. **Quer uma resposta? —** Que sensação nos traz uma mensagem não respondida? Ruim, não é mesmo? Ficamos na dúvida se foi recebida, talvez deletada, se foi para a caixa de spam ou se a pessoa não quis responder. Por isso, sugiro que finalize seu e-mail com uma pergunta simples de ser respondida e aproveite para colher informações.

6. **Formal ou informal? —** Com a disponibilidade das "caretinhas" nos navegadores, sua mensagem pode ter um tom mais divertido e descontraído, quebrando o gelo em momentos de dificuldade. Só não exagere, o e-mail não pode perder a conotação profissional.

7. **Em quanto tempo responder? —** Quando me perguntam qual é o tempo ideal para responder um e-mail, eu defendo o período que vai de seis a 48 horas. Nesse período, você não vai parecer desesperado nem desinteressado.

8. **Será que alguém percebe? —** Evite utilizar seu e-mail pessoal para assuntos profissionais. Caso precise, informe-se sobre como transformar uma conta do Gmail (outras como Hotmail, Yahoo etc. talvez também tenham essa possibilidade) em corporativa. E-mails corporativos com uma assinatura rica em dados transmitem credibilidade, além de divulgar sua empresa.

9. **Está nervoso ou com pressa? —** Então, calma! Deixe o e-mail (e você!) descansar, assim evita erros. Nada pior que enviar uma mensagem para a pessoa errada ou escrever um texto com informações incompletas, dúbias e até mesmo com erros de digitação ou português. Depois que apertar o "enviar", não tem mais volta. Por isso, releia sua mensagem, verifique se o(s) destinatário(s) está(ão) correto(s) e se o assunto estimula a pessoa a abrir seu e-mail.

Por que cartas vendem tão bem?

Por Sandra Camelier

Em um mundo em que quase ninguém escreve cartas para amigos, em que a internet é a grande estrela da comunicação e que as pessoas têm cada vez menos tempo, como explicar que uma oferta enviada por carta, assinada por uma pessoa, continua vendendo tão bem?

Em recente teste que conduzi para uma prestigiada editora brasileira na venda de um kit de treinamento corporativo, a mala direta composta de uma carta e um folheto vendeu 100% mais do que a mesma mala composta apenas do folheto. Testes assim são realizados o tempo todo por administradoras de cartões de crédito, editoras de revistas, operadoras de TV por assinatura, serviços de telecomunicações, entre outros segmentos. O resultado desses testes está na sua caixa de correio: a maioria dessas empresas utiliza cartas para fazer suas ofertas. Algumas vezes sem nenhum folheto anexo, seguindo a lógica: se a verba não é suficiente para fazer uma mala com vários elementos, sacrifique qualquer um, mas nunca a carta.

Esquecendo agora o marketing direto e abrindo nossas mentes para todas as formas de comunicação, convido você a refletir sobre o que ocorre em sua vida de consumidor. Todos os dias, você é abordado por ofertas de produtos e serviços para seu uso pessoal e profissional. Se alguma delas é de algo que você estava procurando naquele momento, sua atenção é total, não importando a forma como chegou a você, certo? A alta relevância é o fator mais importante da comunicação, mas com que frequência isso acontece?

O fato é que uma das principais dificuldades para as empresas é detectar aquele momento mágico, em que o consumidor está ativamente procurando a solução que elas têm a oferecer. O mais perto que se consegue chegar é a consumidores que, pelo seu perfil, terão maior probabilidade de interessar-se por determinada oferta. E isso é razoavelmente fácil de fazer, selecionando-se o perfil desejado em listas disponíveis para ações de marketing direto.

O sonho de todo vendedor é ter uma relação assim em mãos e conseguir visitar cada um dos clientes potenciais pessoalmente. Aplicando as melhores técnicas de venda, não há dúvida de que a taxa de sucesso do contato pessoal seria muito mais alta do que impactar esses mesmos consumidores por meio de anúncios em revistas, *outdoors*, mensagens por e-mail ou mesmo por telefone. Mas não é possível visitar pessoalmente milhares de clientes potenciais espalhados pelo Brasil afora.

Cartas vendem muito bem, porque são a abordagem que simula com mais perfeição aquilo que o vendedor faz quando está frente a frente com um cliente potencial. Veja agora algumas dicas para fazer que suas cartas funcionem como seu melhor vendedor:

Saiba para quem você está escrevendo — Visualize uma única pessoa, com suas características (sexo, idade, estado civil, escolaridade, tipo de linguagem, necessidades etc.) e escreva só para ela. Se o seu público for muito diversificado, faça uma versão de carta para cada segmento homogêneo.

Saiba quais são os benefícios mais importantes e concentre-se neles — Coloque-se no lugar do cliente, estude seus desejos e suas necessidades, saiba quais dos benefícios do seu produto são valorizados por ele e concentre-se neles. Não se disperse tentando falar sobre tudo. Fale dos benefícios no título, no "P.S." (importantíssimo) e os destaque no corpo da carta, criando subtítulos, sublinhando ou usando negrito.

Crie o clima de uma conversa pessoal — Personalize a saudação (Caro Pedro). Escreva em primeira pessoa (quero, tenho ...) e utilize "você" muitas vezes. Use palavras simples e frases curtas. Faça isso também em cartas voltadas a outras empresas. Conte ao leitor com quem ele está conversando, colocando o nome e cargo abaixo de uma assinatura em que seja possível ler o nome. Ao final, leia a carta em voz alta para conferir se ela tem mesmo o ritmo e a linguagem de uma conversa.

Use depoimentos — Ninguém tem mais credibilidade para falar bem do seu produto do que um cliente. Use-os no corpo da carta, nos subtítulos ou na coluna da esquerda.

Faça a carta do tamanho que for necessário — O vendedor não interrompe sua apresentação pessoal porque já se passaram vários minutos, ele usa técnicas para prender a atenção do seu interlocutor. Faça o mesmo com o seu leitor! Envolva-o, iniciando a carta por uma pergunta ou contando uma história. Faça que ele se identifique com alguma situação. Se você conseguir prender o leitor nas primeiras 50 palavras, ele continuará lendo as próximas mil.

Diga e repita ao leitor o que ele deve fazer — Telefonar para agendar visita, fazer o pedido, acessar um site. Faça que ele aja agora, dando um tom de urgência ou prazo de validade. Seja positivo e não diga coisas como: "se você adquirir", mas sim: "quando você tiver em suas mãos".

Despeça-se com energia — Evite fórmulas batidas como "atenciosamente, cordialmente". Prefira despedidas mais calorosas como "com um grande (ou forte) abraço" ou "muito obrigado pela sua atenção" ou despeça-se com uma referência ao tema central da carta como "boa sorte" (concurso), "boas férias" (serviços de turismo) ou "até lá" (convite para evento).

Lembre-se de contar com toda a experiência dos seus vendedores, levantando quais argumentos funcionam melhor, quais são as principais objeções dos clientes e o que funciona melhor para superá-las. Bons negócios!

E-mail marketing: teste o que mais importa e aumente as suas vendas

Por Sandra Camelier

Muitos profissionais acreditam que e-mail marketing é uma mídia barata, que vende quase tudo para quase todo mundo. Com essas falsas crenças, acabam descuidando do que mais importa: garantir o melhor resultado possível em cada ação.

Como ocorre em qualquer outra mídia, os bons resultados das ações de e-mail marketing dependem do ajuste fino de vários fatores, entre eles a oferta, o público-alvo e a criação.

A grande vantagem do e-mail marketing é a possibilidade de testar inúmeras alternativas de ofertas, listas e peças e, rapidamente, descobrir o que funciona melhor.

Veja, a seguir, como realizar testes e utilizar os resultados para aumentar suas vendas:

» **Cuidados essenciais para a segurança dos testes** — Testar é confrontar os resultados de ações idênticas que se diferenciam umas das outras por um único fator, aquele que desejamos testar. Por exemplo: qual entre quatro possíveis linhas de assunto proporciona a maior taxa de abertura?

- Extraia, de forma aleatória, de uma mesma lista quatro grupos de destinatários. Idealmente, cada grupo deverá ter entre cinco mil e 10 mil destinatários.
- Prepare quatro versões idênticas da mesma peça, menos a linha de assunto.
- Dispare, no mesmo dia e horário, uma versão da peça para cada grupo de destinatários.
- Mensure, separadamente, a taxa de abertura de cada versão.

Linha de assunto	Taxa de abertura
Versão 1	21%
Versão 2	17%
Versão 3	32%
Versão 4	15%

Observe que, no exemplo, a melhor linha de assunto (versão 3) proporciona uma taxa de abertura de 113% maior que a pior alternativa (versão 4).

» **O que vale a pena testar**

- **Público-alvo** — Homens x mulheres, classe A x classe B, jovens x público mais maduro, sudeste x nordeste etc.

- **Lista** — O mesmo público em diferentes fornecedores de listas e públicos distintos em um mesmo fornecedor de lista.
- **Produto** — Um único produto por peça x vários produtos na mesma peça.
- **Linha de assunto** — Destacando o produto x oferta x prazos de pagamento etc.
- **Oferta** — Pague 1 e leve 2 x desconto x maior prazo de pagamento x brinde etc.
- **Peça (template)** — Diferentes versões de *layout*, cores etc.
- **Links para áreas de um hotsite** — Quantidade de links, ordem de apresentação, etc.

» **O que fazer quando não há tempo para testar** — Você precisará de apenas uma semana (entre disparo e registro dos resultados) para testar diferentes alternativas da sua ação de e-mail marketing. A vida, entretanto, nem sempre é tão simples e, muitas vezes, é necessário apostar às cegas, disparando a ação sem teste prévio algum. Nesses casos, aproveite para extrair alguns conhecimentos que poderão ajudar você a melhorar os resultados das próximas ações. Basta criar grupos de destinatários e medir separadamente os resultados.

Faça dos testes uma rotina em suas ações de e-mail marketing e descubra a combinação de fatores que irá proporcionar o maior volume de vendas possível. Essa é a fórmula de sucesso para o seu negócio.

DESAFIO 21

Determinar um novo segmento, perfil ou região geográfica, listar 10 prospects e fechar o primeiro pedido com pelo menos 2 deles

Etapa da venda

Prospecção

Definição

Seguindo a linha da busca eterna por novos negócios, desta vez o desafio é mais específico e democrático. Você pode optar por uma região ainda não desbravada, um novo nicho ou um perfil de cliente diferente do que está habituado a vender.

Sintoma

A rotina está o incomodando? Há tempos você não atua em novas áreas? Sente-se desafiado a desbravar algo novo? Isso tudo é um alerta de que você não só está precisando mudar sua rotina, mas também está necessitando conquistar novos territórios para o bem de suas vendas. Outro sintoma muito forte é a estagnação das vendas. Você já vende para grande parte dos clientes do seu mercado, mas precisa aumentar consideravelmente seus números e suas comissões? Então, não há outra solução. Você precisará sair da mesmice e explorar novas experiências em prospecção.

Descrição do desafio

Escolha um segmento de mercado que você nunca explorou, ou um perfil de cliente que comumente você não vende, ou, então, uma região — bairro, cidade, estado ou país — em que nunca atuou, e dedique-se intensamente a fechar novos negócios. Se preferir, poderá ser um mix dos três. O que importa nesse momento é enfrentar o desafio do novo e a fuga da zona de conforto. A missão é encontrar dez prospects e fechar, no mínimo, dois negócios.

Nossas sugestões

1º Faça uma curva ABC da sua carteira de clientes e, analisando-a por pelo menos duas horas, responda à pergunta: quais são as cinco principais características sobre o perfil do seu cliente "A"?

1. ______

2. ______

3. ______

4. ______

5. ______

2º Analise o mix de produtos/serviços que você vende e responda: qual é o mix de produtos que o perfil de clientes "A" geralmente compra?

______

______

______

______

3º Faça um mapeamento do mercado e responda: onde a concorrência está agindo mais fortemente — geograficamente, por segmento ou por nicho de mercado?

______

______

______

______

4º Verifique quais são as outras áreas em que a concorrência está agindo com menos força:

______

______

______

______

5º Visite os maiores clientes da concorrência e ofereça uma proposta com um mix semelhante aos que os seus clientes "A" compram, mas, desta vez, com uma proposta irrecusável para ganhar o cliente.

Comprovação

ANTES DO DESAFIO

Data de início: ____ /____ /____

Quais são os 10 prospects que você escolheu:

1. ______________________________
2. ______________________________
3. ______________________________
4. ______________________________
5. ______________________________
6. ______________________________
7. ______________________________
8. ______________________________
9. ______________________________
10. ______________________________

DEPOIS DO DESAFIO

Data de conclusão: ____ /____ /____

Para quantos clientes você conseguiu vender? ____________

A que credita o sucesso ou o fracasso deste desafio?

____

____

Quais foram as maiores dificuldades encontradas?

____

____

____

A GRANDE LIÇÃO

Com base na experiência que teve com este desafio, registre aqui o que será necessário lembrar para que você mantenha sempre o foco em conquistar novos mercados e expandir sua área de atuação.

____

____

____

FERRAMENTAS

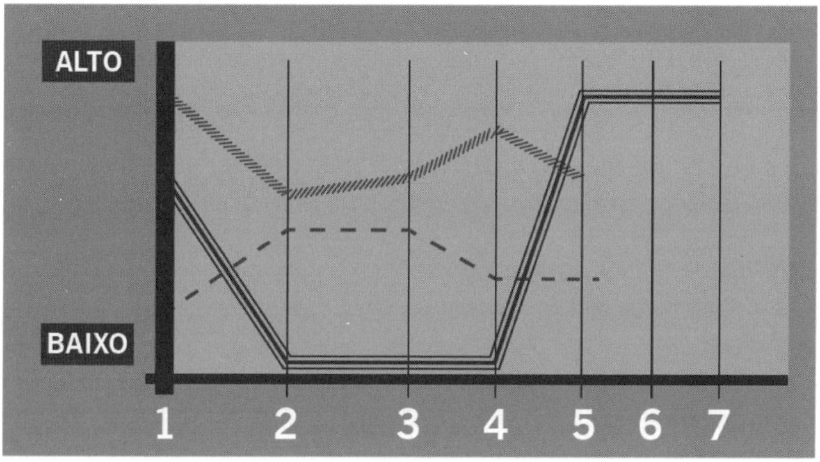

Você sabe o que é a estratégia do Oceano Azul?

Por Redação Liderança

Para os autores W. Chan Kim e Renée Mauborgne, a estratégia do Oceano Azul é algo muito simples: as empresas, em geral, ficam lutando por uma parcela de possíveis compradores, enquanto há uma multidão de pessoas que não está sendo bem atendida, que tem necessidades específicas, dinheiro no bolso e está pronta para comprar algo, ou seja, compete em um mar vermelho. Compare:

Estratégia do mar vermelho	Estratégia do oceano azul
Competir nos espaços existentes de mercado	Criar espaços inexplorados de mercado
Vencer os concorrentes	Tornar os concorrentes irrelevantes
Aproveitar a demanda existente	Criar e capturar a nova demanda
Alinhar todo o sistema de atividades da empresa com sua escolha estratégica de diferenciação ou baixo custo	Alinhar todo o sistema de atividades da empresa em busca da diferenciação e baixo custo

Para encontrar seu oceano azul, você precisa construir uma nova curva de valor. Comece encontrando respostas para estas quatro ações:

1. **Reduzir** — Quais atributos do serviço ou produto devem ser reduzidos bem abaixo dos padrões do setor?

2. **Eliminar** — Quais atributos considerados indispensáveis pelo setor devem ser eliminados?

3. **Elevar** — Quais atributos devem ser elevados bem acima dos da concorrência?

4. **Criar** — Quais atributos nunca oferecidos pelo setor devem ser criados?

O ideal é que você consiga colocar as características em um gráfico, diferenciando-se de seus concorrentes. Identifique as que você e seus concorrentes têm.

Nesse exemplo, usando a estratégia do oceano azul, a pessoa diminuiu um pouco a característica 1 em relação a um tipo de concorrente e eliminou totalmente as características 2, 3 e 4. Já a 5 foi bastante elevada e as 6 e 7 adicionadas.

Que características são essas? Preço? Facilidade de entendimento? Garantia? Assistência? Cores? Design? Forma de pagamento? Diversão? As possibilidades são inúmeras.

Cabe a você descobrir onde pode fazer algo que seus concorrentes não estão fazendo e, assim, garantir a preferência de parte de seus clientes.

13 desculpas em vendas

Por Brasílio Andrade Neto

O site CareerBuilder é um dos maiores na área de ofertas de emprego pela internet. Recentemente, fizeram uma pesquisa sobre desculpas que circulam na empresa. Algumas das melhores:

— Estou bêbado demais para dirigir até o trabalho.

— Deus não me acordou.

— A cobra de estimação do meu namorado fugiu do aquário e estou com medo de sair deste quarto até que ele volte.

— Meu cachorro comeu as chaves do meu carro.

Foram histórias bem elaboradas, como a do funcionário que, para garantir um dia de folga, afirmou que, ao acordar, seu cachorro apareceu querendo brincar. Meio dormindo, ele pegou a bola de borracha do cachorro e a atirou. Acabou acertando uma janela, que se espatifou. Ao correr para evitar que o animal se ferisse no vidro, ele teria cortado o pé em diversos lugares, levado pontos e, por isso, teria de ficar de molho por dois dias, sem ir trabalhar. Segundo o mentiroso, essa história deu certo, porque agregou dois pontos de simpatia: uma pessoa que gosta tanto de cachorro não pode ser má e todos sentem certa pena dos desastrados. O criativo funcionário colocava uma pedrinha ou moeda dentro dos seu sapato esquerdo todos os dias, durante duas semanas, para mancar sempre com o mesma perna e dar veracidade ao conto do pé ferido.

Já imaginou se essa criatividade fosse usada para o trabalho?

Poucos chegam a esse refinamento, mas desculpas no trabalho, todos damos. O problema é que, principalmente em vendas, elas tendem a prejudicar o faturamento da carreira de muitos. Veja algumas das maiores desculpas e reflita se você já se utilizou de alguma delas...

1. Profecias

— Já vi que o próximo mês vai ser fraco.

— Neste ano, com eleições e Copa do Mundo, ninguém vai comprar nada.

Em uma reação que Freud explica, passamos a trabalhar para que essas afirmações se realizem. Para que possamos nos vangloriar: "aí, aí, não disse que seria ruim?".

Evite esse pensamento. Mostre quantas coisas começaram de uma maneira que não queríamos e o resultado acabou sendo bom. No futebol, tem sempre a virada. Em vendas, tem sempre o próximo cliente ou prospect. Evite o desespero de primeira hora.

2. As vendas estão fracas devido à crise/governo/situação

Ao escutar essa frase, peça detalhes. Como, exatamente, a crise está atrapalhando? No que o governo e a situação atrapalham sua atuação?

Você vai ouvir uma interjeição de espanto, do tipo:

— Como, "como assim?!" Então você não lê jornais, não se informa?

— Faço tudo isso, sim. E não consigo ver onde essa dita "crise" atrapalha as vendas.

— É só ver que ninguém tem dinheiro.

Aqui, você tem duas opções: ou mencionar uma estatística sobre algum segmento que bateu recordes de venda esse ano, sobre indústrias em crescimento, ou simplesmente desafiar a pessoa: "quem disse que ninguém tem dinheiro?". A grande possibilidade é de a pessoa ficar calada, sem resposta. E existe a probabilidade, remota, de a pessoa retrucar com um número de fábricas fechando. Hora de fechar o assunto:

— Tudo bem, então, para certas pessoas a coisa está indo mal, para algumas pessoas a situação vai bem. Que tal vermos o que fazem essas pessoas que vendem bem hoje, e tentar copiar e adaptar algumas de suas soluções?

3. Nesta cidade/bairro ninguém compra

Para afirmar isso, é preciso falar com absolutamente todas as pessoas da região, para, então, poder dizer que ninguém compra. Mas será que não está levando em conta as diferentes características? O centro da cidade, cheio de trabalhadores atarefados, é bem diferente de um bairro afastado de colonização italiana. Outros ritmos, outras prioridades, outras maneiras de vender. Seja flexível.

4. As vendas estão baixas por causa do dólar ou outro motivo mais mensurável

A resposta é simples: qual é o plano B? Caso as vendas para nossos clientes tradicionais estejam realmente fracas, devido a situações fora de nosso controle, o que pode ser feito para diminuir a perda? Prospectar novos mercados? Desenvolver novos serviços e produtos para nosso cliente antigo? Mudar a forma de pagamento, para que a empresa sofra menos com flutuações? Buscar fornecedores/procedimentos mais econômicos? O quê?

Dizem que na 3M, tempos atrás, havia um produto que foi desenvolvido e colocado na grande lixeira dos fracassos: uma cola que não colava, que saía fácil. Bem, um funcionário da empresa pegou a cola desenvolvida e transformou-a no *post-it*.

Se não funciona da maneira como você desejava, se você não consegue vender o suficiente para o mercado ao qual estava acostumado, qual é a saída? Para onde vocês vão?

Desafie-se a encontrar uma solução, em vez de ficar só reclamando.

5. A concorrência é desleal

Peça dados: desleal, como? O que ela pretende fazer? Quando? Mesmo com essas ações, em quais pontos permanecemos mais fortes do que eles? Atos da concorrência vêm e vão, e são esperados. As diferenças básicas entre sua empresa e as outras permanecem. Se você ou algum de seus colegas não conhece essas diferenças, comece a estudá-las. Sem perder tempo.

6. A lista é ruim

De novo, essa desculpa é vencida com um simples "quem disse?" ou "tentou com todo mundo?". Pode ser que haja certa resistência, porque essa desculpa é a mais difícil de ser removida. A pessoa acredita que não vende porque aquele fator está atrapalhando. É diferente das outras desculpas por ser mais específica. Seja diplomático. Mostre que talvez não seja a lista ou a cidade que é ruim, mas a forma de apresentar o serviço ou produto. Estimule as pessoas a experimentarem maneiras diferentes de vender, a tentarem encarar a prospecção sem ideias preestabelecidas.

7. Me disseram que...

Também conhecida como "dizem que" e "ouvi falar", essa desculpa tenta colocar alguma credibilidade no que as pessoas falam. A opinião deixa de ser delas, portanto, deve ter mais credibilidade. Essa desculpa também não resiste a um "quem disse"?

A partir daí, a desculpa pode assumir vários caminhos:

— Quem disse? Todo mundo — aqui, use a mesma técnica da primeira resposta. Pergunte: todo mundo quem?, responda com números.

— Ah, ouvi na televisão ou no rádio — novamente, não se impressione. Quem disse isso na televisão ou na rádio? A opinião de uma pessoa escolhida ao acaso na rua é bem diferente da opinião de um ministro de estado. Em de mais a mais, no primeiro caso, as pessoas estão emitindo a opinião sobre o mundo delas. No caso do ministro, são opiniões macroeconômicas, que precisam ser analisadas, e você deve verificar se, de fato, alteram seu cotidiano. Dificilmente meio porcento a mais ou a menos na balança comercial o fará, por exemplo.

— Não posso dizer, mas é uma pessoa que sabe das coisas — a resposta para essa desculpa é questionar se a pessoa misteriosa trabalha para sua empresa, para algum dos concorrentes ou para algum dos clientes.

Caso seja para a empresa, assegure-se de que essa pessoa tem uma opinião única, pois a diretoria acredita em outra coisa (e informe a pessoa da versão correta). Se trabalhar para a concorrência, é do interesse dela espalhar rumores que podem não ser verdadeiros. E, se for cliente, bem, é nossa função, como vendedor, mostrar a ele formas de fazer negócio que o agradem mais, mesmo no cenário pessimista que ele declarar. E, se não trabalhar em nenhum desses três campos, provavelmente a pessoa que falou não tem dados muito confiáveis.

Ou, se a pessoa não quiser dar nenhuma pista sobre esse misterioso detentor de fontes e informações, diga que ouviu — também de fontes seguras, bem informadas, poderosas e secretas, que a situação é bem diferente.

8. O cliente está esperando que...

Essa desculpa tem vários complementos. Que o presidente assine, que saia o resultado da eleição ou da Copa do Mundo. Para o bem desse tipo de cliente, é bom que seus próprios consumidores não esperem tanto para decidir. Já publicamos na revista *VendaMais* uma matéria sobre as vantagens de pedir uma opinião definitiva do cliente. Mesmo que seja um "não". Pelo menos, ele não fica ocupando seu tempo indefinidamente.

9. Este serviço ou produto ninguém quer

Novamente, pergunte o porquê. Se realmente houver alguma coisa no serviço ou produto que dificulte as vendas, essa informação é valiosa para que sejam feitas alterações. Mas o mais provável é que o vendedor em questão esteja com preconceito contra o produto ou tenha dúvidas sobre as vantagens e características daquele serviço. Não é vergonha perguntar, se informar. Vergonha é perder uma venda que poderia ser feita.

10. O cliente não quer mudar de fornecedor

A resposta a essa desculpa está na ponta da língua. Por quê? Qual é o motivo? Essa é a regra básica para responder a qualquer objeção quanto ao fornecedor atual. Dizer que o cliente não quer mudar sem destacar um motivo plausível é sinal de que o vendedor que negocia tem dificuldades com objeções. É hora de treinar, ler e se aprofundar nesses aspectos.

11. Aquele cliente não vai com a minha cara. Acontece?

Muito raramente, mas acontece. Primeiro, verifique se a questão é, realmente, pessoal. Se for, é aconselhável sugerir que a pessoa passe a venda para um colega. Se não for, tente descobrir a verdadeira objeção.

12. Trânsito, movimento de férias, chuva torrencial, alagamentos

Triste verdade: dentro de uma cidade, você não consegue rodar 20 quilômetros em 10 minutos. Por mais que você tente. Por mais que você faça isso no joguinho do computador.

Então, organize seu tempo com bases realistas. Época de chuva, de movimento extra? Considere que seu deslocamento vai demorar mais 10 ou 15 minutos.

13. Emergências reais

A princípio, não se pode evitar parar em um hospital de repente, em uma emergência. Mas pode-se diminuir os riscos disso acontecer: alimentação saudável, exercícios, visitas regulares a médicos. Aqui, não é caso de uma desculpa ou outra para não vender, é sobre sua vida. Cuide dela.

Todos os meses, você vê na revista *VendaMais* casos de pessoas que não gastam sua criatividade e seu tempo inventando desculpas. Elas vendem. Investem todo o seu ser, toda sua vontade e vendem. Não fecham todo e qualquer negócio, mas fecham mais que a média. E conhecem os verdadeiros motivos dos que não se transformam em vendas. Têm dados precisos e verdadeiros que aumentam as vendas e o faturamento. E não desculpas.

DESAFIO 22

Organizar as finanças e poupar pelo menos 10% do seu salário todos os meses

Definição

Um vendedor campeão não é somente um grande batedor de metas. Ele também domina seu fluxo de caixa, controla suas finanças e não passa por apertos financeiros decorridos da má administração de suas receitas e despesas. Por isso, propomos a você o desafio de poupar dinheiro e ser disciplinado financeiramente, fazendo disso um hábito.

Sintoma

Não importa o quanto você ganha, chega o fim do mês e seu saldo está negativo? Você não possui uma reserva financeira para emergências? Não tem controle algum sobre seus gastos? Cuidado! Seu dinheiro pede socorro.

Um vendedor sem dinheiro perde o foco, fica apressado nas negociações e acaba fazendo péssimos negócios, como dar mais desconto do que o necessário. Este desafio, portanto, existe para que você fique livre desse pesadelo, pois saberá que existe uma poupança para suprir os momentos ruins.

Descrição do desafio

Sua missão é organizar suas finanças mensais, de modo que você possa poupar pelo menos 10% de seu salário todos os meses.

Nossas sugestões

Crie uma planilha ou utilize algum gerenciador financeiro para registrar todos os seus gastos — isso inclui desde as grandes despesas fixas até o cafezinho diário. Esse é o primeiro passo para organizar sua vida financeira e ver onde está desperdiçando dinheiro. Outra ação importante, que deverá ser regra todos os meses, é destinar uma quantia do seu salário (pelo menos 10%) para um fundo emergencial.

É importante destacar ainda que você jamais deve mexer em suas reservas para comprar supérfluos. O dinheiro deverá ser utilizado apenas nas ocasiões em que suas comissões não forem suficientes para bancar as contas fixas do mês.

Comprovação

ANTES DO DESAFIO

Data de início: ____ /____ /____

Você utiliza alguma planilha financeira ou tem o hábito de poupar dinheiro? Explique.

____
____
____
____

DEPOIS DO DESAFIO

Data de conclusão: ____ /____ /____

Em quantos meses você conseguirá poupar o equivalente a três meses do que gasta em cada mês? ____________

Escreva aqui o nome do banco, a agência e a conta em que você irá depositar o dinheiro da poupança:

____
____

A que você atribui o sucesso ou o fracasso deste desafio?

____
____
____
____

A GRANDE LIÇÃO

Com base na experiência que você teve com este desafio, registre aqui o que precisa ter em mente para ter uma vida financeira sempre saudável.

____
____
____
____
____
____
____

FERRAMENTAS

Como enriquecer vendendo

Por Redação VendaMais

"Se o seu objetivo é ter algum conforto, é provável que nunca fique rico. Mas, caso a sua meta seja enriquecer, é provável que alcance uma situação ricamente confortável."

Essa e outras afirmações do autor T. Harv Eker transformaram o livro *Os segredos da mente milionária* em um sucesso em todo o mundo.

O autor fala sobre o assunto com conhecimento de causa. Afinal, superou uma fase penosa de altos e baixos em sua vida e se tornou milionário em apenas dois anos e meio. Hoje, ele é presidente da Peak Potentials Training, umas das mais bem-sucedidas empresas de treinamento pessoal nos Estados Unidos e no Canadá, responsável pela organização de seminários e cursos sobre os princípios da mente milionária que atraem participantes do mundo inteiro.

Ele garante que as pessoas podem não só manter seu dinheiro, como também fazê-lo crescer mais e mais. "Seu dinheiro deve trabalhar para você, não você trabalhar para o seu dinheiro. Isso é diferente do que nos ensinaram, que devemos trabalhar duro para ganhar dinheiro. Não que haja algo de errado em trabalhar muito, mas o objetivo é passar do trabalho duro para o trabalho tranquilo. Acredito que se vai ter de trabalhar duro de qualquer jeito, você pode muito bem ficar rico no processo. Quando muda sua mecânica financeira, você automaticamente começa a atrair pessoas e oportunidades que o ajudarão a administrar melhor o seu dinheiro. Isso permite que você faça seu dinheiro crescer mais rápido e gerar prosperidade em longo prazo", declara Eker.

O mais importante de todo esse processo é desenvolver uma mente milionária. Para isso, é necessário examinar as influências das propagadas na infância, trocando crenças negativas ou desencorajadoras por outras positivas e encorajadoras. Segundo Eker, existem modos de pensar e agir que distinguem os ricos das outras pessoas.

Mas, afinal, é possível enriquecer mudando seus conceitos sobre o dinheiro e adotando os hábitos das pessoas bem-sucedidas? Mais que isso, é possível enriquecer vendendo?

Influências na infância — De acordo com Lair Ribeiro, médico e autor do livro *Enriquecer: ambição de muitos, realização de poucos* (Editora Leitura), uma das principais causas da pobreza é o sistema de crenças que as pessoas possuem, cuja maior parte é adquirida na infância. Imagine que você tem seis anos de idade e está à mesa, jantando com sua família. Seu pai diz: "meus filhos, é preferível ser pobre e honesto a rico e desonesto". Nessa idade, você não levantará a mão e dirá: "papai, eu conheço pessoas pobres e desonestas, assim como pessoas ricas e honestas", demonstrando que não há correlação entre riqueza, honestidade e desonestidade.

"Com seis anos de idade você não tem experiência suficiente para argumentar com seu pai. Você acredita nele e ponto final. Trinta anos depois, você começa a ganhar dinheiro. Sabe o que acontece? Lá no fundo, você começa a sentir-se desonesto. Para se livrar desse sentimento incômodo, você começa a se sabotar e a perder aquilo que ganhou. É assim que as influências recebidas na infância interferem no destino financeiro das pessoas e é assim que continuará sendo, a menos que elas façam uma reprogramação das crenças que adquiriram quando pequenas", explica. Ele ressalta que ideias como: "dinheiro é sujo", "é mais fácil um camelo passar pelo buraco da agulha do que um rico entrar no céu" e "quanto mais alto se sobe, maior é o tombo", são altamente prejudiciais no processo de desenvolvimento da mente milionária.

Gustavo Cerbasi, consultor financeiro e autor dos livros *Casais inteligentes enriquecem juntos* e *Filhos inteligentes enriquecem sozinhos,* (Editoras Sextante e Gente, respectivamente), possui a mesma visão e acredita que a influência recebida pelos pais na infância determina o sucesso financeiro das pessoas. "Cada um precisa tomar atitudes em relação às influências negativas ao seu dinheiro. O brasileiro, até perceber isso, é muito displicente com o que ganha. Quando ele se dá conta de que poderia ter feito muita coisa diferente, tende a culpar os pais. Hoje, com a economia estabilizada, é muito importante incluir os filhos em conversas sobre dinheiro, para que eles possam entender como usar e o que significa. Passar os seus conceitos sobre o que é e para que serve o dinheiro", explica.

Mas o que o vendedor precisa fazer para substituir uma ideia pessimista por formas de pensar que tragam benefícios financeiros? Antes de tudo, é preciso saber que otimismo sozinho não ajuda e que pessimismo atrapalha. De acordo com Lair Ribeiro, pensar positivamente é necessário, mas não é o bastante: "o modo positivo de pensar é um dos ingredientes para alguém se dar bem na vida, mas não é o único. Por outro lado, se um vendedor pensar de modo pessimista, negativamente, não terá energia emocional suficiente para fazer o que precisa ser feito. O bom vendedor, como um bom indivíduo de negócios, tem de saber estabelecer metas de curto, médio e longo prazos. Se tiver apenas metas para longo prazo, não terá motivação para o dia a dia. Já se tiver apenas metas para o curto prazo, se alguma coisa der errado, ele corre o risco de estragar totalmente seu destino. Além de ideias positivas, o vendedor também tem de ser proativo, ter a técnica necessária para vendas e, sobretudo, ser persistente".

Controle do dinheiro — Mais importante que ganhar é controlar o dinheiro e não se deixar controlar por ele. Lair Ribeiro define o dinheiro como um excelente empregado, mas um péssimo patrão: "se o dinheiro trabalha para você, parabéns! Mas, se você trabalha para o dinheiro, meus pêsames. Para ter controle sobre o dinheiro, é preciso ter atitude mental, mas, principalmente, é preciso ter um mínimo de educação financeira. Em geral, os pais delegam a educação financeira para a escola, que acaba devolvendo essa delegação para os pais. Nesse empurra-empurra, o que fatalmente acontece é que a maioria das pessoas não recebe educação financeira suficiente para saber controlar o dinheiro".

Mas existem formas simples de controlar o dinheiro. Uma planilha simples, de receita e despesa, já dá ao vendedor uma noção de lucro. Rodrigo Cardoso, palestrante e autor do livro *Faça diferente, faça a diferença!* (Editora Record), ressalta que uma pessoa que administra suas finanças semanalmente ganha um mês no final do ano, pois consegue apurar bem os gastos. "Muitos meses têm mais de quatro semanas e, fazendo dessa forma, a pessoa não perde essas semanas e está com as contas em dia. Fazer uma planilha semanal também previne; caso você tenha mais gastos em uma semana, você pode corrigir na outra com mais facilidade", explica.

Gustavo Cerbasi afirma que é importante levar em conta o comissionamento: "geralmente, os maus hábitos financeiros dos vendedores vêm do entusiasmo gerado nos meses de pico. Entendendo as sazonalidades, o vendedor consegue administrar melhor seu dinheiro e, na maioria das vezes, deixa de comprar a prazo, pois percebe o quão incômodo é começar um mês com parte do orçamento comprometido. Além disso, essas dívidas podem virar grandes problemas nos meses mais apertados".

Luis Carlos Ewald, economista e autor do livro *Sobrou dinheiro! — Lições de economia doméstica,* publicado pela Bertrand Brasil, é taxativo ao afirmar que o vendedor deve administrar bem suas finanças: "o vendedor não pode ser exceção. Como outras pessoas, não deve gastar mais do que ganha e precisa fazer um orçamento cuidadoso. Como seus ganhos são variáveis, é fundamental ter reservas para os dias mais difíceis".

Satisfação em longo prazo — Para enriquecer, muitos vendedores precisam mudar seu modo de pensar. Mentes milionárias pensam no dinheiro não para dar uma satisfação de curto prazo, mas como um veículo para satisfação a longo prazo. Entretanto, muitos vendedores se enchem de dívidas e acabam gastando antes mesmo de ter dinheiro. São vendedores que podem até produzir muito para a empresa, mas não para sua vida pessoal. Por não terem reserva de dinheiro, sempre ficam aquém das expectativas. "O vendedor deve administrar suas finanças, pagando suas contas, diminuindo seus custos e aumentado sua receita. O saldo (o que sobra) ele deve investir, fazer uma poupança. Para uma administração de dinheiro eficiente, é preciso que o vendedor tenha um fundo de reserva que lhe assegure ficar seis meses sem trabalhar. Essa deve ser a primeira grande meta. Só depois ele deve partir em busca da independência financeira", aconselha Rodrigo Cardoso.

Não tenha vergonha de assumir que você, assim como muitas pessoas, tem o desejo de trabalhar menos e, mesmo assim, ganhar mais dinheiro. Até porque o grande segredo no mundo dos negócios é aprender a fazer mais com menos. "Se me pedirem para derrubar uma porta, direi que não, pois não tenho força física para isso. Mas, se me entregarem um pé de cabra, poderei derrubá-la com o dedo mindinho. Com a ferramenta certa, poderei alavancar minha força para derrubar a porta. O mesmo ocorre no mundo de vendas: o vendedor tem de sistematizar seu trabalho para aumentar os resultados com menor esforço", recomenda Lair Ribeiro.

No começo, o vendedor tem de batalhar muito para criar um grupo de clientes, mas depois vai colher os frutos. Outra coisa importante é que o vendedor saiba fazer o que poucos estão dispostos: dormir pouco por vários meses, até anos, ir até um cliente que está longe e voltar depois de uma rejeição, sem se abalar e perder a motivação. Ele tem de saber aonde quer chegar. "Acredito que trabalhar menos e ganhar mais é parte de um processo constante da mentalização da ideia do 'eu posso', das ações contínuas de trabalho, com a crença na abundância. A ideia é: se for prazeroso, você não sentirá. Então, você deve acreditar no produto e gostar de trabalhar", confirma Rodrigo Cardoso.

Conheça, agora, quatro histórias de vendedores que acreditam na satisfação em longo prazo, acreditam no que vendem e, principalmente, gostam de trabalhar. São lições de venda que você poderá levar para o seu dia a dia, independentemente do seu segmento de atuação:

Ele enriqueceu com vendas diretas — Cerca de 150 mil distribuidores independentes fazem da Herbalife uma das maiores empresas de vendas diretas do Brasil e a terceira em operação no mundo, famosa por proporcionar um pomposo ganho financeiro para seus vendedores. Fábio Fugihara é um dos de maior destaque, ele tem sete mil supervisores e 20 mil distribuidores sob sua orientação. Tamanha cadeia deixa seus rendimentos mensais equiparados aos de um presidente de uma multinacional.

"Comecei meu trabalho na Herbalife conciliando com duas outras atividades, mas passei a ter ganhos três vezes maiores. Foi aí que tomei a decisão de trabalhar exclusivamente com a Herbalife, que oferece formas diferenciadas de ganho: além da venda no atacado, existem os *royalties* e bonificações dependentes do movimento da organização", conta Fugihara.

Royalty é o dinheiro que uma pessoa recebe de outra, durante um prazo específico, por lhe ter permitido usar alguma coisa que pertence ao recebedor.

Mas de nada adianta atingir metas de venda e ganhar muito dinheiro se você não souber administrá-lo. Fugihara indica que o primeiro passo para esse controle é cada vendedor montar uma planilha com todas as suas despesas fixas e descobrir quanto gasta a cada mês. "O que acontece muito com os vendedores é que eles não têm uma visão clara e detalhada de quanto precisam para sobreviver. Com a planilha, é possível identificar quanto é preciso para pagar as despesas fixas de casa. E aí, o que sobrar pode ser investido em algo, reinvestido em produtos ou, até mesmo, em presentes", aconselha.

Ele enriqueceu vendendo carros — Aos 70 anos de idade, José Cesaroni Filho se orgulha de ser o melhor vendedor da General Motors do Brasil. A cada mês, são mais de 30 carros vendidos, marca que o tornou um profissional muito bem-sucedido financeiramente. "Há mais de 20 anos, trabalho de domingo a domingo com o maior prazer, fazendo o que gosto. Meus clientes são meus amigos, pessoas que vêm de longe apenas para comprar comigo e não se importam em esperar pelo meu atendimento. Minha maior riqueza é ouvir de meus clientes que comprar comigo é um conforto para eles", conta.

Segundo ele, para enriquecer vendendo, o profissional precisa, inicialmente, escolher uma boa empresa, cujos proprietários tenham uma mente arejada, com vontade de crescer e consciência de que os ganhos do vendedor são também os ganhos da companhia. Mas dá outras dicas: "quando o vendedor perceber que os ganhos são suficientes para pagar suas contas, é o momento de investir. Imóveis são uma ótima opção. Mas também cuidar para não cometer excessos ou ficar esbanjando riqueza, pois dinheiro não aceita desaforos. Existem vendedores que se empolgam e deixam que a ganância altere suas condutas e posturas. Afinal, é muito cômodo se acostumar com coisas boas, fartura, carrões e ambientes luxuosos. Mas, quando isso vira uma ideia fixa, tudo começa a desmoronar. É muito mais difícil se recompor financeiramente do que crescer organizadamente, de maneira sustentável e sólida".

Ele enriqueceu vendendo material esportivo — A Finta é uma marca esportiva genuinamente brasileira, que fornece uniforme e material esportivo a grandes clubes. São mais de 4 mil clientes espalhados pelo Brasil e produtos exportados para a Europa, para América Central, para o Caribe e para o Japão. O presidente, Leuton Bertolini, largou a advocacia para se dedicar às vendas e, hoje, também é referência de vendedores bem-sucedidos financeiramente. "Meu patrimônio foi multiplicado em 500%. Todas as empresas envolvidas com a Finta têm capital próprio e, hoje, a marca vale 100% mais. Temos 439 itens em nossa linha de produtos e empregamos quase três mil pessoas, entre diretas e indiretas", conta.

Para alcançar bons resultados financeiros, as palavras-chave de Bertolini são planejamento e compartilhamento: "É preciso ter objetivos, planejamento de médio, curto e longo prazos muito bem definidos. E também envolver as pessoas naquilo que você acredita. Os colaboradores fazem a diferença, e grande parte da origem do sucesso financeiro está em cada um deles. Mais que gerar empregos, um empresário precisa despertar satisfação em seus colaboradores". Ele afirma que é importante promover uma constante reciclagem no processo evolutivo e, ao recrutar funcionários, buscar profissionais que sejam tão ou até mais competentes que você. "Minha empresa é viva, ela pulsa, pois é feita de pessoas. Equipamentos ficam defasados, mas as pessoas estão em constante evolução", declara.

Para vendedores que desejam enriquecer vendendo, Bertolini faz uma recomendação bastante simples: "conhecer absolutamente tudo aquilo que vende, ser 100% sincero e honesto. Ele deve gostar do que faz, é preciso ser um especialista, ser profissional. O mercado não dá espaço para blefes".

Ela enriqueceu vendendo imóveis — Conhecida como a "rainha da Avenida Paulista", Valentina Caran trabalha das nove horas à meia-noite, controlando todas as operações diárias de sua corretora, a Valentina Caran Imóveis, com faturamento de 1,5 milhão de reais mensais. "Minha trajetória na área de vendas foi determinada pela minha vontade de vencer e criar minha própria linha de trabalho. Sempre procurei criar um estilo próprio de venda, com muita garra e persistência", declara a vendedora, que já vendeu dois prédios inteiros na Avenida Paulista, em São Paulo.

Para se tornar bem-sucedido financeiramente, ela afirma que é importante saber ganhar, mas, principalmente, saber gastar, aplicando na época de boas vendas para ter saldo na época de baixa, e estar atento às oscilações do mercado. O melhor ramo para investimento? Imóveis, claro. Outro ponto importante, segundo ela, é deixar de ser pessimista. "Nenhum pessimista pode ser bem-sucedido. É fundamental começar a mudar o seu interior e sua maneira de ver a vida para depois correr atrás do sucesso", comenta.

Valentina acredita também que as influências recebidas na infância podem moldar o destino financeiro dos vendedores: "a história de todas as pessoas começa na infância. Dificuldades financeiras e vontade de ajudar os pais geram uma ambição positiva, mas todo ser humano pode e deve rever, a todo momento, sua vida e postura profissional para chegar ao sucesso financeiro".

E você, vendedor? O que está fazendo para desenvolver sua mente milionária? Lembre-se de que não basta chegar em frente ao espelho e dizer: "eu vou ficar rico". É preciso comprometer-se com o seu crescimento. Leia livros, participe de cursos ou seminários. O seu conhecimento, a sua confiança e o seu sucesso agradecerão. Não se esqueça também de que o hábito de administrar seu dinheiro é muito mais importante do que a quantidade de dinheiro que você tem. Afinal, como diz T. Harv Eker: "a maioria das pessoas associa dinheiro a prazer imediato. Para mim, ele deve ser acumulado para proporcionar liberdade".

Leis da riqueza

De acordo com Lair Ribeiro, você pode mudar suas atitudes com base nas "leis fundamentais da riqueza" e direcionar seus resultados financeiros. Veja como:

Ganhar — Para pôr em prática essa lei, é preciso saber que toda riqueza é criada pela mente humana e que problemas financeiros não são resolvidos com dinheiro, mas com imaginação.

Gastar — Aqui é crucial saber que o valor do dinheiro é determinado pelo comprador e pelo vendedor em cada transação. Para vender um bem que lhe fosse afetivamente caro, você cobraria mais, não é verdade? Então, o preço de todo bem é relativo e sempre cabe discuti-lo. Se você não controlar suas contas, elas controlarão você e sempre aumentarão.

Economizar — Saiba que ninguém fica rico pela quantidade de dinheiro que ganha, mas pela quantidade que economiza. Todas as pessoas que enriqueceram o fizeram pelo processo de economizar. O ideal é criar o sistema do dízimo pessoal, que funciona assim: 10% de tudo o que você ganhar tem de ser guardado e investido.

Investir — Se, hoje, você pegar 100 reais emprestados no seu banco e não pagar os juros durante dez anos, no final desse período terá uma dívida com o banco correspondente ao valor de um carro popular zero quilômetro. Porém, se você deixar cem reais no banco, em uma conta remunerada ou na poupança, no final de dez anos você terá dinheiro suficiente apenas para comprar um pneu com uma roda. Portanto, investir é mais do que simplesmente deixar o dinheiro na poupança.

Arquivos de riqueza

No livro *Os segredos da mente milionária*, T. Harv Eker enumera 17 arquivos de riqueza. São modos de pensar e agir que distinguem os ricos (ou bem-sucedidos financeiramente) das outras pessoas (aquelas de mentalidade pobre). Confira e analise em qual grupo você se encontra:

PESSOAS RICAS	PESSOAS DE MENTALIDADE POBRE
Acreditam na seguinte ideia: "eu crio a minha própria vida"	Acreditam na seguinte ideia: "na minha vida, as coisas acontecem"
Entram no jogo do dinheiro para ganhar	Entram no jogo do dinheiro para não perder
Assumem o compromisso de serem ricas	Gostariam de ser ricas
Pensam grande	Pensam pequeno
Focalizam oportunidades	Focalizam obstáculos
Admiram outros indivíduos ricos e bem-sucedidos	Guardam ressentimento de quem é rico e bem-sucedido
Buscam a companhia de indivíduos positivos e bem-sucedidos	Buscam a companhia de indivíduos negativos e fracassados
Gostam de se promover	Não apreciam vendas nem autopromoção
São maiores do que os seus problemas	São menores do que os seus problemas
São excelentes recebedoras	São péssimas recebedoras
Preferem ser remuneradas por seus resultados	Preferem ser remuneradas pelo tempo que despendem
Pensam: "posso ter as duas coisas"	Pensam: "posso ter uma coisa ou outra"
Focalizam o seu patrimônio líquido	Focalizam o rendimento mensal
Administram bem o dinheiro	Administram mal o dinheiro
Põem o dinheiro para dar duro para elas	Dão duro pelo dinheiro
Agem apesar do medo	Deixam-se paralisar pelo medo
Aprendem e se aprimoram o tempo todo	Acreditam que já sabem tudo

Onde investir seu dinheiro?

Por Conrado Navarro

Educação financeira é, em essência, equilibrar a atenção de todas as coisas que temos para fazer em nosso dia, com a necessidade de planejar e discutir nossas finanças. Tratar desse tema com responsabilidade significa associá-lo ao seu dia a dia de forma natural.

E existem muitas desculpas que nós mesmos criamos para não prestarmos atenção nos gastos mensais. Infelizmente, a comodidade nos coloca diante da clássica afirmação: "vamos viver o agora, já que não é possível prever o futuro". Isso precisa ser mudado. Então, se você quiser ter uma aposentadoria financeiramente tranquila, responda a estas duas perguntas:

1. **Será que estou fazendo o que não precisa ser feito?**

   Se faltam energia e motivação para lidar com as finanças da casa, é porque está sobrando para algo que talvez nem seja tão relevante. Novela? Futebol? Lembre-se de que não é necessário abrir mão das coisas que gosta, mas é imperativo que haja espaço em sua agenda para os assuntos realmente importantes, e dinheiro merece o topo dessa lista.

2. **Devo começar a investir? Quando? Quanto?**

   É fundamental que os mecanismos de controle financeiro e as possibilidades de investimento não disputem atenção com os prazeres da vida, pois corre-se o risco de ver o assunto "dinheiro" perder sua relevância. Na prática, você precisa, primeiramente, pagar a si mesmo e, depois, aos outros.

   Para esse investimento, a regra de ouro é simples: defina objetivos e respeite a relação entre risco e retorno.

   - **Se você tem R$100,00 por mês para investir** — Pode optar por manter esse dinheiro na caderneta de poupança até que um montante mais significativo seja atingido, mudando então para produtos mais sofisticados, mas que a taxa de administração seja menor que 1,5%.

- **Caso tenha entre R$100,00 e R$500,00 por mês para investir —** Sugiro que destine parte do capital para objetivos de curto prazo e parta para o médio e longo prazos. Lembrando que seu perfil de risco é que definirá a fração ideal de cada tipo. Como sugestão, você pode investir dois meses consecutivos em títulos públicos (Tesouro Direto) e um mês no mercado de ações por meio de fundos com taxa de administração de até 2%. Dessa forma, você garante oito meses do ano para objetivos de curto e médio prazos e quatro para o futuro.

- **Se você possui mais de R$500,00 por mês para investir —** Considere a possibilidade de dividir os investimentos em diferentes produtos, mas sempre os associando aos seus objetivos. Reserve uma parte para um fundo emergencial, outra para aplicações de curto e médio prazos (poupança e renda fixa) e invista também nas metas de longo prazo (fundos mistos e renda variável).

DESAFIO 23

Atualizar informações sobre todos os seus clientes e prospects

Definição

Possuir um banco de dados com informações relevantes sobre cada um de seus clientes e prospects pode fazer a diferença para estreitar o relacionamento com sua rede de contatos e, é claro, aumentar suas vendas.

Sintoma

Você não explora datas festivas e ocasiões especiais para entrar em contato com seus potenciais compradores e promover ações específicas? Ou, pior, você nem sabe quais são os dias relevantes nas vidas de seus clientes? Se a resposta para ao menos uma dessas questões for sim, você está deixando de faturar.

Descrição do desafio

Crie uma planilha e preencha-a com dados relevantes sobre todos os seus clientes e potenciais compradores (há uma sugestão a seguir). Essas informações deverão ser utilizadas para você explorar datas, ocasiões, *hobbies*, interesses e paixões das pessoas para quem deseja vender. O objetivo da ação é criar uma conexão e aumentar a empatia que os clientes e prospects sentem por você.

Nossas sugestões

A ideia é que você aproveite ocasiões especiais para entrar em contato com eles, cumprimentá-los em datas importantes e fazê-los perceber que você está sempre presente para o que precisarem. A planilha deve conter as informações a seguir e tudo mais que você considerar importante para melhorar sua imagem com seus clientes e prospects:

- Nome do cliente/prospect.
- Data de aniversário da empresa (quando for o caso).
- Data de aniversário do decisor.
- Data de aniversário da secretária ou de outro influenciador.
- Principal *hobby* ou assunto preferido do comprador.
- Time ou outra agremiação para o(a) qual o comprador torça.
- ______________________________
- ______________________________
- ______________________________

Comprovação

ANTES DO DESAFIO

Data de início: ____ /____ /____

De quantos clientes você sabe a data de aniversário? ____________

DEPOIS DO DESAFIO

Data de conclusão: ____ /____ /____

Agora que você tem tudo organizado, escreva aqui o que irá fazer na data de aniversário dos seus clientes A, B e C:

A que você atribui o sucesso ou o fracasso deste desafio?

A GRANDE LIÇÃO

Após completar este desafio, registre aqui qual foi a reação dos seus clientes depois de você surpreendê-los com a lembrança da data de aniversário ou outro fato importante sobre eles.

Você conhece seus clientes?

Por João Baptista Vilhena

Quando comecei a trabalhar com vendas — faz mais de 20 anos —, aprendi que um dos segredos dos profissionais de sucesso era conhecer muito bem os produtos que vendiam. Passados alguns anos, foi-me dito que, além de conhecer bem os produtos que compunham o portfólio, eu deveria conhecer os produtos da concorrência. Foram duas preciosas lições que me permitiram ganhar vários prêmios como vendedor.

Mas isso foi há mais de 20 anos. Hoje, o vendedor que apenas conhece os produtos da sua própria empresa e os dos concorrentes não tem condições de competir no mercado. Tão importante quanto esses dois conhecimentos é o terceiro eixo deste tripé: é preciso conhecer o cliente profundamente bem. Essa afirmação pode parecer óbvia para alguns, porém, na prática, poucos são os vendedores que realmente conhecem seus clientes.

Desvio padrão assustador

Em dois trabalhos de *assessment* (avaliação do alinhamento de uma equipe com a sua estratégia) que realizamos entre janeiro e fevereiro de 2005, pudemos comprovar que o grau de desconhecimento do vendedor sobre questões estratégicas relacionadas ao cliente é verdadeiramente assustador.

Para se ter uma ideia, em uma amostra que representava um universo de cerca de 250 profissionais de vendas, menos de 40% conseguiram comprovar um grau mínimo de intimidade com informações sobre o cliente (o mais assustador não é uma nota baixa nesse quesito, mas, sim, o desvio padrão que foi inferior a 15). Você pode estar perguntando: “o que esses vendedores não conheciam sobre o cliente?”, bem:

» Eles não foram capazes de identificar os principais elementos da cadeia de valores do cliente.

» Não foram capazes de listar os principais consumidores dos produtos fabricados pelos clientes.

» Não conseguiram identificar as principais ameaças do setor de atividade do cliente.

» Não conseguiram identificar necessidades dos clientes ainda não atendidas.

» Não souberam dizer que tipo de tecnologia poderia tornar os atuais produtos do cliente obsoletos.

» Não souberam dizer quem poderia ameaçar a posição competitiva ocupada pelo cliente.

» E, finalmente, não foram capazes de fazer um diagnóstico sobre a importância estratégica daquela conta.

Ao ler essa lista, alguns vendedores “à moda antiga” dirão que não lhes cabe responder a essas perguntas. Ledo engano. O vendedor do século 21 é um profissional de vendas, e não um tirador de pedidos, como têm dito todos os articulistas da revista *VendaMais*.

Exercício — Eu sugiro um exercício prático: faça uma lista de seus três principais clientes e veja se você saberia responder a todas as perguntas que listei a pouco. Se conseguir, parabéns. Você está no caminho certo. Caso contrário, não se deixe paralisar pela frustração. Comece a ler bons livros, frequente cursos sérios, assine a revista *VendaMais*, assista a vídeos apresentados por especialistas no assunto. Em outras palavras, invista em você mesmo e... boas vendas.

66 coisas que você tem de saber sobre seus clientes

■ **Por Brasílio Andrade Neto**

Eles pagam o seu salário e permitem que a sua loja, fábrica ou prestadora de serviço vá para frente. Então, por que não prestamos mais atenção neles?

Todos os dias jogamos fora ou deixamos de saber uma série de dados importantes sobre os nossos clientes. Afinal, já dissemos "volte sempre" ou "mês que vem eu estou aí de novo". Para que mais? Agora, é só esperá-lo para a nova compra, não? Você está certo, se considerar o cliente como um robô que faz sempre a mesma coisa. Entretanto o cliente tem necessidades únicas. Quais são essas necessidades? Cabe a você descobrir e usar essas informações para vender mais e melhor.

"— Bom, isso não é comigo. Eu já tenho todos os meus clientes cadastrados." Com 66 perguntas?

"— 'Peralá'. Para ele responder 66 perguntas, eu vou ter de transformar a venda em um interrogatório ou ter de colocar um detetive atrás do cliente. E para que vou querer saber tudo isso? Quero um cliente, não alguém para se casar com a minha filha."

Antes de tudo, quanto mais respostas você tiver, mais possibilidades terá de vender. Você não vai perguntar ao cliente tudo de uma só vez nem precisa que ele responda a todas as perguntas pessoalmente. Para preencher esse questionário, desenvolvido nos Estados Unidos e chamado de Mackay 66, você mesmo pode encontrar as informações. É um trabalho de detetive mais simples do que você pode imaginar.

Quem pode lhe passar informações sobre seu cliente sem ser ele próprio? Esqueça maridos, esposas e aparentados. Vá atrás de fontes mais profissionais, como:

- Jornais — Leia um jornal local para saber o que publicam sobre o seu cliente. Nas colunas sociais, você pode saber que o filho está casando, que o cliente está reformando a casa, planejando uma viagem ou que irá comemorar bodas de prata. Nas primeiras páginas, poderá perceber a situação da empresa de seu cliente, se ele recebeu algum prêmio e quais são suas ligações políticas. Nas páginas policiais, você poderá descobrir que precisa de um novo cliente, urgente.

- Clientes e fornecedores — Seu cliente, em última análise, compra de alguém e vende para alguém, não importa em qual área ele esteja. O que essas pessoas têm a dizer sobre ele que pode ser útil a você?
- Bancos — Quer conseguir informações sobre o cliente no banco? Simples, olhe para o cheque. Se for "cliente super-hiperespecial", já é um bom sinal. Alguns cheques trazem "cliente desde..." impresso. É também um ótimo sinal. E, já que está olhando o cheque, não se esqueça de pegar os números de telefone do cliente.
- Televisão, livros e revistas técnicas — Como no caso dos jornais, esses meios de comunicação dizem muito sobre o cliente. Se você estiver na venda *business to business*, ler revistas técnicas da área profissional de seu cliente não só poderá deixá-lo mais informado sobre o seu cliente como, também, mais instruído sobre a área em que trabalha. Você irá se preparar muito melhor.
- Recepcionistas, secretárias e assistentes — Esse pessoal, então, é um poço de informações sobre seu cliente. Sabem tudo e mais um pouco. Porém, extrair informação delas não é fácil. Não pergunte nada diretamente, você não conseguirá nenhuma resposta. Converse, envolvendo a pessoa e, no meio da conversa, comece a pescar as informações. Foi assim no caso do "Senhor X", da *Folha de S. Paulo,* lembra? Antes de o corrupto confessar, os dois gastaram um boa meia hora falando de família, futebol...
- Você — É, você mesmo. Ao observar o cliente, o jeito como ele fala e o que ele fala, você conseguirá várias respostas para esse questionário. E o melhor é que o cliente nem sentirá que está lhe entregando todas essas informações.

Esse questionário, apesar de ter sido feito para ajudar o pessoal de vendas, não pode ficar restrito aos vendedores. O questionário pode ajudar a empresa a descobrir como atender melhor seus clientes. Então, mãos à obra.

Data:

Atualizado em:

Por:

CLIENTE

1. Nome e apelido.

2. Nome da empresa.

3. Endereço da empresa e residencial.

4. Telefones: comercial e residencial.

5. Data e local de nascimento.

6. Altura, peso e principais características físicas.

ESCOLARIDADE

7. Nível escolar: curso de graduação, data de formatura, diplomas.

8. Títulos recebidos: cursos de pós-graduação.

9. Praticou esporte na época? Qual?

10. Atividades estudantis extracurriculares.

11. Caso o cliente não tenha cursado faculdade, mostra-se sensível a esse respeito ou fez algum curso profissionalizante?

12. Serviço militar: patente alcançada, atitude quanto a ter ou não servido.

FAMÍLIA

13. Estado civil, nome do cônjuge.

14. Nível escolar do cônjuge.

15. Interesses/atividades/afiliações do cônjuge.

16. Aniversário de casamento.

17. Filhos (se tiver), com nomes e idades.

18. Nível escolar dos filhos.

19. Interesses dos filhos (passatempos, problemas etc.).

EXPERIÊNCIA PROFISSIONAL

20. Empregos anteriores (começando pelo mais recente): empresas, endereços, cargos e datas.

21. Cargos anteriores na atual empresa.

22. Quaisquer símbolos de status no escritório.

23. Associações profissionais ou comerciais, cargos nessas associações.

24. Quaisquer mentores.

25. Qual é o relacionamento comercial que ele tem com os outros na nossa empresa?

26. Quem são eles?

27. O relacionamento é bom? Por quê?

28. Quais são as outras pessoas na nossa empresa que conhecem o cliente?

29. Tipo de ligação e natureza do relacionamento.

30. Na sua opinião, qual é o objetivo comercial de longo prazo?

31. Na sua opinião, qual é o objetivo comercial de curto prazo?

32. Qual é a maior preocupação do cliente nesse momento: o bem-estar da empresa ou o próprio bem-estar?

33. O que o cliente pensa do presente e do futuro?

INTERESSES ESPECIAIS

34. Clubes, associações profissionais ou clubes de serviços comunitários (sindicatos, Lions, Rotary etc.).

35. Politicamente ativo? Partido e importância para o cliente.

36. Ativo na comunidade? Como?

37. Religião. É praticante?

38. Itens altamente confidenciais que não devem ser discutidos com o cliente (por exemplo: divórcio, membro dos alcoólicos anônimos).

39. Sobre quais assuntos, além de sua atividade empresarial, o cliente tem sólidas opiniões?

ESTILO DE VIDA

40. Histórico médico (atual condição de saúde).

41. O cliente costuma beber? Em caso positivo, o que e quanto?

42. Em caso negativo, sente-se ofendido quando os outros bebem?

43. O cliente fuma? Em caso negativo, importa-se que os outros fumem?

44. Lugares preferidos para almoçar, jantar.

45. Pratos mais apreciados.

46. O cliente se importa que outra pessoa compre o almoço dele?

47. Passatempos e interesses recreativos. Gosta de ler? O quê?

48. Hábitos durante as férias.

49. Interesses esportivos como espectador: esportes e times.

50. Qual é o tipo de carro dele?

51. Assuntos sobre os quais ele gosta de conversar.

52. Quem o cliente parece ansioso para impressionar?

53. Como ele quer ser visto por essas pessoas?

54. Quais adjetivos você usaria para descrever o cliente?

55. De que realização pessoal ele mais se orgulha?

56. Na sua opinião, qual é o objetivo pessoal de longo prazo do cliente?

57. Na sua opinião, qual é o objetivo pessoal de curto prazo do cliente?

O CLIENTE E VOCÊ

58. Quais considerações morais ou éticas estão envolvidas quando você trabalha com o cliente?

59. O cliente sente alguma obrigação em relação a você, à sua empresa ou aos seus concorrentes? Em caso afirmativo, que obrigação?

60. A proposta que você planeja fazer ao cliente exige que ele mude um hábito ou tome uma providência que seja contrária aos seus costumes?

61. Ele se preocupa primordialmente com a opinião dos outros?

62. É muito voltado para si mesmo?

63. Quais são os principais problemas do cliente, na opinião dele?

64. Quais são as prioridades da administração do cliente?

65. Você pode ajudar a solucionar esses problemas? Como?

66. Seu concorrente tem respostas melhores que você às perguntas acima?

Artigo baseado no livro *Como nadar com os tubarões sem ser comido vivo* (8ª edição), de Harvey Mackay, Editora Best Seller.

DESAFIO 24

Reativar um ex-cliente que deixou de comprar da sua empresa por alguma insatisfação

Etapa da venda

Negociação

Definição

A ideia agora é esquecer a máxima que diz: a primeira impressão é a que fica. Afinal, não é porque o cliente saiu insatisfeito uma vez que assim sempre será.

E, para que isso mude, só depende de você. A dura missão, portanto, é trazer de volta alguém que nem cogita a ideia de voltar a comprar de você ou de sua empresa.

Sintoma

Um cliente insatisfeito é o maior inimigo de uma empresa. Ele geralmente faz questão de expor toda a sua raiva para muita gente. E o efeito cascata disso é terrível.

Precisa mais?

Descrição do desafio

Retome o contato com algum cliente que comprou de sua empresa, mas que ficou insatisfeito, revoltado ou indignado com algo ruim que aconteceu durante o momento da compra ou na pós-compra (qualidade do produto, entrega, erros no faturamento etc.). Evite apenas clientes que são atendidos por outro vendedor da empresa.

Sua missão é reativar pelo menos um, mesmo que seja para vender um produto pequeno e de pouco valor. O importante é fazer o cliente comprar novamente e retomar a confiança em você ou na sua empresa.

Você está preparado para vender para quem não pretende comprar de você? O desafio está lançado.

Nossas sugestões

É uma situação delicada que vai exigir muita energia, dedicação e paciência de sua parte, pois as chances de o cliente não querer conversar com você são grandes. Por isso, é preciso agir com cautela e sabedoria.

Inicie o contato reforçando que lamenta o fato ocorrido e demonstre que tanto você como a empresa estão dispostos a corrigir os erros. Posicione-se a favor dele e mostre que entende as razões da fúria, mas que está ali para remediar a situação.

Lembre-se de monitorar de perto todas as etapas de entrega do produto/serviço para se certificar de que o erro anterior não irá se repetir e, também, para passar mais confiança ao cliente. Faça que ele saiba que você está acompanhando todo o processo como se fosse o advogado dele dentro da empresa.

Esqueça frases de efeito nesse momento, como: "você é muito importante para nós" etc. O cliente não irá acreditar e o desgaste na relação irá continuar. Procure o gerente da área na qual houve a falha com o cliente anteriormente e peça a ele que escreva um e-mail a esse cliente destacando que o problema foi exaustivamente estudado, que há garantias de que a fonte do problema está corrigida e que, desta vez, profissionais de várias áreas estão envolvidos para que tudo se resolva da melhor forma possível — bem como acontece na maioria dos casos.

Comprovação

ANTES DO DESAFIO

Data de início: ____ /____ /____

Como você costuma agir diante de clientes insatisfeitos? ____________

Quais são os nomes dos clientes com os quais você entrará em contato e quais foram as razões que os deixaram insatisfeitos?

DEPOIS DO DESAFIO

Data de conclusão: ____ /____ /____

Quais foram os passos que você seguiu para contornar a insatisfação dos clientes?

Quais são os nomes dos clientes que conseguiu reativar?

Quais foram os fatores decisivos para o sucesso nas negociações?

A que você atribui o sucesso ou o fracasso deste desafio?

A GRANDE LIÇÃO

Com base na experiência que você teve com este desafio, registre aqui o que é necessário saber e fazer para recuperar clientes insatisfeitos.

FERRAMENTAS

Clientes inativos: parte do problema ou da solução?

Por Sandra Camelier

Manter uma base de clientes ativos que garanta o faturamento necessário para que o negócio seja lucrativo e se possa investir no seu crescimento. Parece óbvio que esse seja o maior desafio enfrentado pela quase totalidade das empresas, mas os melhores caminhos para atingir essa meta nem sempre estão claros.

O primeiro caminho percorrido tem sido a constante busca de novos clientes para repor aqueles que deixaram de comprar os produtos ou utilizar os serviços da empresa. A maioria ainda concentra todos os seus esforços de marketing nessa direção.

O segundo caminho, que está sendo adotado por um número crescente de empresas, é a busca da fidelidade dos seus atuais clientes. Afinal, como vem sendo sistematicamente comprovado, o retorno em médio prazo sobre os investimento realizados com a fidelização é mais alto do que aqueles voltados à conquista de novos clientes.

A integração de estratégias nessas duas direções tem se mostrado uma poderosa alavanca de negócios, possibilitando a sustentação e o aumento da participação de mercado em segmentos muito competitivos.

Há, no entanto, uma terceira direção que tem sido focalizada por uma parcela ainda pequena de empresas: a análise aprofundada dos principais fatores que provocam a perda "natural" de clientes e a redefinição de estratégias a partir dessas revelações, visando reverter esse quadro.

A razão da baixa exploração dessa estratégia parece ser uma crença predominante de que o único motivo de se investir em clientes inativos é tentar recuperá-los e de que o retorno sobre os investimentos feitos na recuperação de clientes inativos é baixo.

É possível que, em algumas empresas, o faturamento gerado por campanhas de reativação de clientes tenha sido inferior aos seus custos. No entanto, é provável que, mesmo essas empresas, reconsiderem sua posição se analisarem a questão sob um prisma diferente: em quanto poderemos aumentar nosso faturamento nos próximos anos se soubermos hoje como atacar as causas da perda de clientes?

Essa visão de médio e longo prazos nos mostra que os clientes inativos são a mais rica fonte de informação que uma empresa pode dispor para aperfeiçoar suas estratégias de captação e fidelização de clientes.

Proponho refletirmos juntos sobre dez questões fundamentais — e algumas das possíveis respostas que poderão ser encontradas no seu próprio negócio —, para compreendermos melhor quem são os clientes inativos, como eles foram conquistados e por que não estão mais conosco. O que poderá ser aperfeiçoado em nossas estratégias de captação e retenção de clientes. Quais são os clientes que realmente nos interessam e o que fazer para não perdê-los.

1. Quem são os nossos clientes?

Realmente conhecemos os clientes da nossa empresa? Sabemos o suficiente a respeito de cada um deles para compreender e atender às suas necessidades individuais, buscando, assim, sua fidelidade? Conseguimos avaliar os benefícios mais importantes para cada um?

Se não sabemos as respostas para essas questões essenciais, provavelmente estamos pulverizando a maior parte dos nossos investimentos em marketing, buscando novos clientes em segmentos não rentáveis e tentando transmitir todos os possíveis benefícios de nossos produtos e serviços para todas as pessoas, não conseguindo sensibilizá-las sobre o que realmente interessa a cada uma.

Por meio de estudos e pesquisas, podemos identificar quais são as características que mais influenciam o comportamento de compra de nossos clientes (sexo, ramo de atividade, cargo, classe socioeconômica, estilo de vida, campanha ou ações pelas quais foram captados etc.). A seguir, podemos levantar essas informações sobre cada um deles com pesquisas de respostas diretas, telemarketing ou vendedores.

2. Quem são os nossos clientes mais rentáveis?

Em nossos esforços de marketing, desejamos conquistar clientes que apresentem o maior potencial de rentabilidade para a nossa empresa, aqueles que realizem pedidos de valor mais alto possível, com a maior frequência possível e que se mantenham fiéis à nossa empresa pelo maior tempo possível.

A partir de um banco de dados que tenha o registro das características e do histórico de compras de nossos atuais clientes, podemos detectar quais são as peculiaridades comuns aos nossos melhores clientes, passando a concentrar nossos esforços de marketing em grupos de clientes potenciais que possuam essas mesmas características.

3. Quem são os clientes que estamos perdendo?

A análise das características comuns aos clientes que estamos perdendo poderá revelar que uma parte deles pertence justamente ao grupo que apresenta menor rentabilidade, sinalizando que as ações de marketing que os atraíram para a nossa empresa estavam dirigidas para o alvo errado. Essa revelação nos ajudará a redirecionar nossa estratégia nas próximas ações.

Poderemos também detectar que uma parte deles pertence justamente ao grupo dos clientes mais rentáveis. Um simples exercício de projeção do faturamento que estamos deixando de ter com a contínua perda de clientes rentáveis já irá permitir dimensionarmos o nível ideal de investimento em estratégias de fidelização e recuperação de clientes.

4. Por que estamos perdendo clientes?

Será que devemos continuar acreditando que a economia do país e a agressividade dos nossos concorrentes são as eternas e naturais causas da perda de nossos clientes? Causas contra as quais não há nada que possa ser feito? Os clientes que nos abandonaram estavam errados ao escolher nossa empresa ou nos abandonaram pelos motivos errados? O que deixamos de fazer ou fizemos errado para perdê-los?

Se estamos realmente dispostos a trabalhar no sentido de reverter esse quadro, não podemos ter receio de buscar as respostas com quem realmente pode dá-las: cada um dos clientes inativos.

A forma de fazermos isso dependerá da natureza dos produtos ou serviços de cada empresa, assim como do perfil dos clientes atendidos. Entrevistas pessoais realizadas pelo gerente de vendas ou por um instituto de pesquisa, entrevistas pelo telefone realizadas por operadores de telemarketing bem treinados ou questionários de respostas diretas enviados pelo correio são algumas das alternativas. A melhor será aquela que nos permitir obter informações com o maior número possível de clientes e a maior veracidade nas respostas.

5. Vendemos aquilo que não podemos entregar?

Até que ponto vale a pena conquistarmos clientes que irão se decepcionar com nossos produtos e serviços, tornando-se multiplicadores de opinião negativa sobre a nossa empresa?

Em nossa pesquisa poderemos descobrir que fomos e seríamos incapazes de fidelizar tais clientes pelo simples motivo de terem adquirido os nossos produtos ou serviços na expectativa de benefícios que eles não possuem. Exageramos na promessa ou uma determinada promessa nunca poderia ter sido feita a determinado grupo de clientes potenciais?

Essa é uma situação mais comum do que pensamos. O entusiasmo da equipe de vendas ou a pressão exercida sobre ela para o alcance de metas pode estimular uma agressividade negativa no fechamento de negócios. Podemos estar alimentando em nosso cliente uma expectativa que não poderá ser correspondida. O mesmo ocorre quando uma determinada campanha enfatiza um benefício que é real para um determinado grupo de pessoas, mas atinge um grupo para o qual ele não se aplica.

6. Estamos falhando no atendimento pós-venda?

Se este é o nosso caso, a falha é dupla. Estamos deixando também de monitorar adequadamente o nível de satisfação de nossos clientes, enquanto eles ainda estão conosco, e de adotar a tempo as medidas necessárias para corrigir as falhas no processo de atendimento.

7. O problema é a qualidade dos nossos produtos e serviços?

Uma das principais vantagens de se investir em centrais de atendimento ao cliente é manter aberto um canal para receber reclamações sobre problemas que estão ocorrendo com nossos produtos e serviços. Mas somente ter a central não é o suficiente, se o procedimento padrão se limitar a substituir produtos, encaminhar o cliente a empresas contratadas para assistência técnica, solucionar caso a caso ou repetir as normas e condições de fornecimento com as quais o cliente concordou ao contratar o serviço (nada mais decepcionante, por sinal).

O maior benefício de uma central de atendimento é funcionar como um radar permanente, detectando os problemas que a empresa está enfrentando no mercado, contribuindo para a revisão dos processos de produção, das estratégias de comunicação e de fidelização de clientes.

8. Nossos diferenciais em relação à concorrência estão sendo "esquecidos" pelo cliente?

Desenvolvemos um produto ou serviço fantástico, o qual apresenta inúmeras vantagens em relação aos dos nossos concorrentes. Conseguimos explorar adequadamente esses diferenciais e captamos o cliente. Mais tarde, ao investigarmos os motivos que os levaram a migrar para a concorrência, descobrimos que nossos clientes estão nos trocando por uma alternativa pior. Será que o problema está no cliente e não na nossa empresa?

Se isso está ocorrendo, a culpa é nossa por não sermos capazes de manter nossos diferenciais nas mentes dos clientes o tempo todo. Se estamos em um negócio que possibilita vendas repetidas para o mesmo cliente e, por isso, desejamos fidelizá-lo, temos de encarar a realidade: cada venda é uma nova venda. Temos ao nosso favor o fato de que o cliente já experimentou nosso produto ou serviço, mas não podemos dar como garantida a próxima venda.

9. Estamos enfrentando uma concorrência mais agressiva?

Em muitos segmentos, a melhor (e algumas vezes a única) forma de acompanharmos de perto os passos de nossos concorrentes é por meio dos nossos próprios clientes e dos clientes que perdemos para eles.

Nossos concorrentes estão oferecendo serviços adicionais que não temos? Estão conseguindo operar com preços ou condições de pagamento mais vantajosas? Compreendendo no que nossos concorrentes estão sendo melhores do que nós, poderemos desenvolver estratégias para equiparar ou superar seus diferenciais. Além disso, evitamos a contínua perda de clientes para eles.

10. Esses clientes ainda podem ser recuperados?

As vantagens da análise em profundidade dos motivos que estão provocando a perda de clientes, como vimos, são inúmeras. Mas não devemos deixar de explorar todas as oportunidades que tivermos para tentar recuperá-los se chegarmos à conclusão de que eles são rentáveis e de que temos como corresponder às suas expectativas. Devemos, entretanto, ter em mente que, ao recuperar um cliente, estamos nos relacionando com alguém muito crítico e exigente, que está nos dando uma segunda oportunidade de mostrarmos nossa competência. Alguém com quem aprendemos, e certamente continuaremos a aprender, a elevar nosso padrão de qualidade e que, por isso, merece todo o nosso respeito.

Vamos reativar clientes!

Por Paulo Ferreira e Antônio Carlos Cavalcanti

Durante o tempo de vida da empresa, ela adquire uma grande quantidade de clientes, mas nem todos continuam comprando para sempre dela. Muitos se afastam por diversos motivos: o produto ou serviço não atendeu às expectativas, problemas no atendimento, entrega, dificuldades da companhia em resolver as questões apresentadas pelo consumidor ou pela ação da concorrência e, até mesmo, porque o cliente não conseguiu cumprir os pagamentos estabelecidos. Ainda assim, ele foi cliente por algum tempo, ou seja, teve algum tipo de relacionamento com sua organização e a conhece.

A probabilidade de reativar consumidores perdidos é bem maior que a de obter novos — apesar disso, muitos vendedores não se sentem à vontade para buscá-los. Alguns acreditam até que é melhor trabalhar com quem não conhecem do que ter de enfrentar os problemas que esses clientes poderão apresentar quando forem visitados. Por isso, a empresa precisa estimular a visita a consumidores inativos.

Em todo o universo de clientes perdidos, muitos ainda continuam sem poder comprar de sua empresa porque não recebem visitas. O gerente, que quer aumentar suas vendas, precisa estabelecer metas para fazer que seus vendedores busquem reconquistar esses consumidores. Então, para trazê-los de volta, ele precisa garantir que sua equipe faça estas seis atividades:

1. Relacionar todos os clientes perdidos nos últimos anos, olhando, principalmente, àqueles que estão órfãos, ou seja, que não estão na carteira de vendedor algum. Não desanime com os obstáculos que poderá encontrar, como: não obter informações, alguém dizer que esse tipo de trabalho já foi realizado, mas não deu resultado algum etc.

2. Descobrir os motivos pelos quais eles não são mais seus clientes. Para isso, faça uma relação do que pode ter dado errado no atendimento. O importante é encontrar as causas, e não as justificativas. Questione-se: "algum departamento da empresa falhou? O que podemos fazer para minimizar o problema?". Coloque-se à frente e assuma, imediatamente, a responsabilidade pela solução. Para isso, busque todos os recursos disponíveis.

3. Realizar uma pesquisa sobre a atual situação do cliente no mercado. Para sentir-se motivado a fazer isso, lembre-se de que as situações, o mercado, as necessidades e as pessoas mudam. Além disso, graças a um bom trabalho, os clientes também mudam de opinião. Aquele seu consumidor que deixou de comprar por não poder pagar, hoje, poderá

estar em situação bem melhor ou o que se aborreceu por um atendimento que considerou inadequado, agora, deverá ter amadurecido e já não se preocupa com o que ocorreu.

4. Montar um plano de ação de reconquista para cada cliente individualmente, atuando principalmente sobre a causa do afastamento. Classifique-os pela rentabilidade, ou seja, quanto podem comprar de sua empresa e quanto trabalho será necessário para resgatá-los. Trabalhe primeiro com os que podem dar maior retorno. Organize-os em categorias comuns e busque saber se existe um conjunto de clientes parecidos ou se são muito distintos uns dos outros. Planeje qual é a melhor maneira de abordá-los. Pesquise quais são as expectativas dos clientes, caso voltem a comprar de você, e o que é, para eles, mais importante em um fornecedor.

5. Fazer um cronograma de visitas, com metas específicas, e avaliar os resultados semanalmente. Marque uma entrevista com o cliente. Seja franco, deixe claro que reconhece ter existido alguma falha sua ou da empresa — isso é normal. O que não é aceitável é o vendedor não reconhecer que o cliente, errado ou não, sentiu-se lesado ou mal atendido. Lembre-se de que não é sempre que o consumidor tem razão em suas reivindicações. Porém, se você não encontrar uma maneira de minimizá-las ou atendê-las, terá de considerá-lo como perdido. Então, invista e use sua criatividade para reconquistar esse cliente.

6. Para garantir a permanência do consumidor, comprometa-se a visitá-lo periodicamente, a fim de mantê-lo informado sobre novos produtos e o que está acontecendo de positivo no mercado. Coloque-se à disposição para ajudá-lo em qualquer situação. Deixe explícito que ele é muito importante para você, enquanto profissional de vendas. Mencione que, no futuro, espera poder contar com a preferência dele.

   Grande parte da resistência dos vendedores contra fazer esse trabalho é por não estarem preparados. Por isso, treine-os para dar-lhes segurança, pois vender novamente para clientes perdidos é bem mais fácil que obter novos.

   Sucesso e boas vendas!

Lidando com consumidores furiosos

Por Redação VendaMais

Tentar ser racional com uma pessoa que esteja sendo irracional pode parecer difícil, mas existem algumas diretrizes que devem ser rigorosamente seguidas por todas as pessoas que tem contato com clientes ou com o público:

1. **Nunca faça comentários insultuosos.** "Você está errado!", "como você pode dizer isso?" ou, ainda, "mas isso é uma burrice!". Ponha-se no lugar do cliente. O contato está sendo feito porque existe alguma coisa de errada. O cliente quer ajuda para corrigir o erro, e não insultos.

2. **Não importa quanto o cliente queira brigar.** É trabalho do vendedor ou da pessoa responsável tomar o controle da conversa e garantir que ela se encaminhe para um final satisfatório. Acalme o cliente, faça-o se tranquilizar. Simplesmente controlando o seu tom de voz você pode conseguir isso. Mantenha um tom neutro, mas amigável e reconfortante. Mostre-se como uma pessoa disposta a ouvir e dialogar. Alguém que quer ajudar (de verdade!). E, principalmente, mantenha as suas emoções sobre controle, ou seja, "fique frio".

3. **Escute com interesse e atenção.** Ponha-se no lugar do cliente. Se ele estiver furioso, a argumentação dele pode não ser tão coerente e lógica como seria se ele estivesse calmo. Reconheça que realmente existe um problema, isso geralmente cria um "espaço", uma quebra no ataque de fúria do cliente que permite que você tome a iniciativa de resolver o problema.

4. **Mantenha seu tom de voz e emoções sob controle permanente.** O cliente não está furioso com você, mas com o produto, serviço ou performance daquilo que adquiriu.

5. **Use simpatia, atenção, razão e esteja preparado para responder imediatamente.** Isso deve começar a realmente acalmá-lo. Use frases como:

"é verdade, o senhor realmente tem razão". Mostre a sua preocupação: "nós nos importamos com os nossos clientes e realmente queremos que o senhor fique satisfeito".

6. **Não comece a falar se o cliente ainda quiser dizer mais.** Diga o que você tem a dizer somente quando o cliente parar de falar e começar a escutá-lo.

7. **Deixe claro que alguma coisa será feita para corrigir o erro.** "Vamos ver o que pode ser feito...". Afinal, quais são as nossas possibilidades? Consertar, repor ou devolver o dinheiro? Às vezes, a razão da insatisfação é simplesmente um mal-entendido ou uma expectativa irreal. Depois que a ajuda é dada ou que o problema é resolvido, indique de maneira clara o seu interesse e disposição para continuar o relacionamento. Essa ação posterior de interesse é muito importante, pois o cliente sempre se impressiona quando existe uma preocupação real com a sua satisfação.

A preocupação estendida para depois da venda ou depois da solução de um problema é o passo extra que uma empresa deve dar para garantir que seus clientes continuem voltando sempre.

Manejar solicitações, reclamações e dúvidas de maneira cortês, rápida e acurada dará à sua empresa uma vantagem clara sobre a concorrência.

A ÚLTIMA RESPOSTA: NÃO

Depois de lidar com clientes irritados, a missão mais difícil que um vendedor pode ter é a de dizer "NÃO" e ainda manter o cliente. É uma linha muito fina a que divide a satisfação do consumidor e as normas de procedimento da empresa.

Uma resposta negativa muito abrupta para qualquer tipo de comunicação sem uma explicação convincente — não importa se totalmente ridícula ou fora de prazo — irá conseguir conquistar para sua empresa mais um ex-cliente insatisfeito e de má vontade. As palavras-chave aqui são: "sem uma explicação convincente".

O maior desafio na comunicação com clientes — seja por telefone, seja por e-mail — é o de apresentar a sua argumentação contrária de maneira tão convincente que o cliente acabe concordando com você, ou que pelo menos concorde com a lógica do seu raciocínio.

Aqui estão algumas dicas para você usar quando receber e-mails com reclamações e tiver de dar uma resposta negativa:

a. Assegure ao cliente que ele está recebendo a atenção dos responsáveis pela área na sua empresa.

b. Explique de maneira objetiva e lógica as razões para a sua resposta negativa.

c. Coloque a explicação em termos que o cliente compreenda. Não use termos excessivamente técnicos e, sobretudo, não tente rebaixá-lo nem assuma um ar de superioridade.

d. Ofereça uma alternativa ou uma solução diferente para o problema original e faça-a parecer tão boa quanto a anterior. Se for necessário, use uma argumentação externa à empresa (estatísticas, pesquisas, preços, leis, padrões industriais etc.) para reforçar a sua posição. Assegure-se de que o consumidor entenda que você também não está satisfeito com o rumo que as coisas tomaram, mas que essa é a melhor solução disponível. Por exemplo: imagine que uma peça em uma das máquinas que você produz tem uma garantia de 18 meses. Um consumidor liga para você dois anos depois reclamando que a peça quebrou. Tente evitar o óbvio: mostrar que a garantia já venceu — isso qualquer balconista medíocre é capaz de responder.

Use a empatia. Deixe claro que a maioria das peças que você utiliza, como essa que quebrou, é de tão boa qualidade que dura bem mais do que o tempo da garantia. Explique que a garantia para essa peça já é tradicional na sua empresa. Ofereça um outro produto com uma garantia superior. Diga que você sente muito pelo inconveniente e que você quer que ele continue satisfeito com a sua empresa. Principalmente, que você espera que ele entenda que você está tentando ser o mais justo possível sem ferir as normas da empresa.

Uma coisa que nunca deve ser esquecida é a de mostrar preocupação com a satisfação do consumidor enquanto se diz “NÃO”.

Aqui estão algumas frases bastante práticas:

- "Eu realmente entendo como o senhor se sente".
- "Nós apreciamos a sua preocupação com o assunto" ou "nós também estamos preocupados com este assunto".
- "Eu sinto muito que todos esses problemas tenham acontecido com o senhor".
- "Nós esperamos que você encontre estas informações úteis e ache nosso serviço satisfatório".
- "Se existe algo mais que nós possamos fazer pelo senhor, por favor, sinta-se livre para nos contatar novamente".

Em longo prazo (e, às vezes, não tão longo assim), são as empresas que realmente se importam com os clientes e que demonstram isso claramente as que têm maiores chances de sucesso. Por isso, essas regras básicas de comportamento devem estar gravadas na mente de qualquer vendedor ou funcionário que lide diretamente com o público.

Carta de um cliente insatisfeito

Por Redação VendaMais

Caro empresário,

Inicialmente, eu gostaria de me identificar como um cliente seu, porém sou um ex-cliente. Eu sou aquele que, quando ligou para a sua empresa, encontrou a linha ocupada. Eu sou aquele que, quando não encontrou a linha ocupada, esperou muito tempo até que a telefonista estivesse disposta a me atender. Eu sou aquele que, apesar de estar com "uns quilinhos a mais", não gosta de ser chamado de "fofinho" por quem não o conhece. Eu sou aquele que, pacientemente, explicou várias vezes o que queria, para pessoas que não sabiam nada do assunto. Eu sou aquele que, após muito sacrifício, conseguiu localizar a pessoa que o atenderia e que ficou esperando "só um minutinho", o que no telefone é uma eternidade. Eu sou aquele que tentou várias vezes e que, após ser colocado de lado, maltratado, menosprezado, foi obrigado a desistir. E, principalmente, eu sou aquele que agora se diverte, vendo-o gastar muito dinheiro com propagandas em rádio, televisão, jornal e tudo mais, pedindo para ligarem para sua empresa. Veja bem, eu só queria fechar um bom negócio por telefone.

Atenciosamente, um ex-cliente.

DESAFIO 25

Pesquisar o que leva seus clientes a comprarem de você

Etapa da venda

Levantamento de necessidades

Definição

Se alguém lhe perguntasse, você saberia responder quais são as razões que levam seus clientes a comprar de você?

Foi a curiosidade em conhecer a resposta para essa pergunta que nos motivou a criar este desafio. O objetivo é revolucionar sua visão sobre o que é, de fato, vender com o foco no cliente.

Sintoma

Não saber quais são os grandes motivadores de compra de seus clientes anula a possibilidade de você criar ações direcionadas a cada um deles, fazer vendas consultivas, antecipar objeções e, principalmente, superar as expectativas deles e encantá-los.

Descrição do desafio

Faça uma lista com dez clientes que compraram de você há mais de um mês, mas que não repetiram a compra. Entre em contato com eles (via e-mail ou pelo telefone) e faça as seguintes perguntas:

- Por que você escolheu a nossa empresa?
- Por que isso (a resposta) é importante para você?

Explique a ele que a razão do contato é para que você possa prestar um atendimento mais qualificado e conectado com os interesses dele.

DESAFIO

01 02 03 04 05 06 07 08 09 10 11 12 13 14 15 16 17 18 19 20 21 22 23 24 25 26 27 28 29 30

Nossas sugestões

Caso o cliente tenha dificuldades para explicar as razões ou dê respostas evasivas, sugira alguns motivos comuns à maioria das pessoas e peça para ele apontar um ou alguns deles. Por exemplo: preço, prazo, atendimento, qualidade do produto/serviço, localização etc.

Comprovação

ANTES DO DESAFIO

Data de início: ____ /____ /____

Já realizou algum tipo de ação para compreender os motivadores de compra de seus clientes? Qual?

____

____

DEPOIS DO DESAFIO

Data de conclusão: ____ /____ /____

A que você atribui o sucesso ou o fracasso deste desafio?

____

____

Preencha a tabela a seguir:

N.	Cliente/ Empresa	Decisor entrevistado	Porque escolheu nossa empresa?	Porque isso (a resposta) é importante para ele?
1				
2				
3				
4				
5				
6				
7				
8				
9				
10				

A GRANDE LIÇÃO

Com base na experiência que você teve com este desafio, registre aqui o que aprendeu sobre motivadores de compra e como isso é importante para vender com foco no cliente.

____

____

____

As 4 chaves de decisão de compra do cliente

Por João Alberto Costenaro

O objeto de desejo mais cobiçado pelos profissionais de vendas, se existisse, seria o "motivômetro". Trata-se de um equipamento imaginário que faria eletronicamente a medição, em cada cliente entrevistado, dos motivos que o fariam comprar o produto ou o serviço ao qual estão sendo apresentados. As razões que levam à realização da compra às vezes parecem insondáveis.

É unânime entre especialistas a afirmação de que as pessoas compram quando têm ou pensam ter necessidades. Mas como saber quais são elas?

Esse era um dos problemas do Machadinho. Contam os colegas cariocas que, no final dos anos 1970, havia no Rio de Janeiro um vendedor conhecido por suas atitudes folclóricas. O Machadinho era muito insistente, ousado e destemido.

Nos anos anteriores, tinha tido um relativo sucesso na venda de seus produtos. Vendia ventiladores, daqueles grandões, com pedestal, que eram destinados a grandes ambientes. Agora estava vendo lentamente minguar seu mercado, com o crescente número de ambientes com ar-condicionado. Em vez de limitar suas tentativas de vendas a locais sem refrigeração, ele resolveu que deveria vender para substituir o inimigo.

Visitava as grandes empresas, com suas centrais de ar-condicionado no edifício, tentando substituí-las pelos ma-ra-vi-lho-sos ventiladores (lembra aquele barulho de helicóptero?).

Seus argumentos? Sempre os mesmos.

Uma ameaça terrível rondava cada vivente dentro daqueles ambientes. Sempre com muita agressividade e insistência repetia: “o ar-condicionado faz mal à saúde, resseca as vias respiratórias, causando rinites. Também resseca os olhos, causando conjuntivite, provoca gripe e infecções na garganta com o choque do ar frio/quente quando se tem de sair para a rua. Há ainda o ar viciado que troca contaminações entre as pessoas”. A melhor coisa que as pessoas podiam fazer era desligar aquele monstro danoso e ligar seus ventiladores.

A despeito dessa iminente ameaça, seus clientes permaneciam impassíveis a seus argumentos e frequentemente riam de sua proposta de solução. Não consta que tenha tido sucesso. Desistiu do produto.

Ele não estava mentindo. Estava até um pouco à frente de seu tempo. Aqueles problemas eram verdadeiros para algumas pessoas, em algumas circunstâncias especiais, mas não para todas. Parece-me que eram poucas ameaças perto do desconforto de trabalhar ao calor de 45 graus, mesmo que bem ventilados.

Para evitarmos sentir a infelicidade do Machadinho, enquanto o “motivômetro” eletrônico não vem, temos de usar o equipamento analógico de série que vem no ser humano: o cérebro, e uma de suas mais úteis ferramentas: a percepção.

Faltava ao Machadinho, nesse caso, a percepção de qual era a real necessidade das pessoas no que se refere a resolver o problema de calor. Quais eram os motivos que levavam as pessoas a optarem por um ou outro sistema. Ele usava a argumentação de ameaça, que naquela época era muito menos comentada que hoje.

Para ajudar a percebê-los melhor, fizemos aqui um desmembramento que ajudará seu desempenho ao localizar os motivos que farão seu cliente decidir por comprar o que você está vendendo.

Como se encontram os motivos de compras?

Obviamente, por meio de perguntas. O nosso instrumento número um em vendas. Com perguntas, medimos qual é a necessidade que o cliente tem do produto ou serviço que vendemos, e se são necessidades explícitas ou implícitas.

Necessidades explícitas — São aquelas que são evidentes, estão claras para o cliente. É um problema, uma ameaça, um desejo ou uma oportunidade que precisa ser aproveitado. Ex.: um carro para o vendedor que acabou de ter o seu roubado.

Necessidades implícitas — Não estão completamente claras para o cliente. São pequenos descontentamentos ou desejos a serem atendidos. Ex.: um equipamento recém-lançado para um dentista que gosta de novidades, mas ainda não conhece todos os detalhes do produto. Aquelas necessidades que estão implícitas só terão força quando forem, por meio do trabalho do vendedor, traduzidas em explícitas e admitidas como tal pelo próprio cliente.

Chaves de decisão de compra

As necessidades podem ainda ser percebidas no que chamamos de Chaves de decisão. Cada uma delas tem uma graduação diferente de importância na decisão de compra, dependendo da situação do comprador e do tipo de produto/serviço. Ao localizá-la, o vendedor deverá usar seus mais sólidos argumentos nessa chave de decisão.

Necessidades

Necessidades propriamente ditas são aquelas coisas que pensamos precisar. Quando uma pessoa não consegue atender a uma necessidade própria, fica com a sensação de que tem um problema para resolver. Ex.: minha geladeira não funciona mais e não vale a pena consertá-la. Estou com um problema para resolver. Terei de comprar outra.

Desejos

São coisas que seriam “desejáveis” ter. Não chega a ser um problema a ausência do objeto de desejo, mas seria muito interessante tê-lo. Está mais no âmbito da satisfação pessoal, do prazer. Ex.: aquela viagem para o Caribe seria fantástica para as suas férias.

Ameaças

São aquelas coisas que poderão se tornar prejuízos. Não é certo que isso aconteça, mas tem uma alta probabilidade. Ex.: se o senhor não trocar o pneu do seu carro, que está careca, poderá se acidentar a qualquer momento.

Oportunidades

São as coisas que, se comprarmos, teremos um ganho quase certo. A decisão de compra não está centrada em nenhum dos itens anteriores, apenas na compra. Ex.: o senhor já tem esta filmadora, mas, se comprá-la pela metade do preço que vale, poderá revendê-la e ganhar alguns bons trocados.

Em cada situação, haverá um desses motivos que será predominante como chave de decisão do cliente e deve ser onde você reforçará sua argumentação. Eles se inter-relacionam e todos devem ser usados sempre quando forem encontrados, conforme o seu grau de importância para o cliente.

Alguns produtos ou serviços, por sua natureza, estão mais voltados para um ou outro motivador de compra:

- Alimentos básicos, matéria-prima, consumíveis para serviços: **necessidades.**
- Perfumes sofisticados, roupa da moda, carros de luxo, turismo: **desejos.**
- Seguros, software antivírus, alarmes, produto em falta: **ameaças.**
- Mercado de ações, leilões, produto em liquidação: **oportunidades.**

No entanto, nem sempre esses são os motivos-chave de decisão para um cliente específico. Assim, caberá ao profissional de vendas localizar o motivo correto para efetuar a venda.

Quanto ao "motivômetro", fica aí a sugestão para os neurologistas, psiquiatras e psicólogos se juntarem aos engenheiros e inventores de plantão para desenvolver esse produto que teria uma altíssima demanda. Pensando bem, melhor que nunca o inventem. Com ele, não seriam necessários os bons profissionais de vendas.

Temos de usar o equipamento analógico de série que vem no ser humano: o cérebro, e uma de suas mais úteis ferramentas: a percepção.

Motivadores de compra

Por Raúl Candeloro

Lembra quando tínhamos na TV apenas quatro ou cinco canais? Hoje, quem tem acesso a TV a cabo, com muitas opções, lembra-se daquela época como se fosse da pré-história, quando tinha de levantar do sofá para trocar o canal. Pois é, ainda existem muitos vendedores na pré-história — chamo isso de "venda monocanal".

Vender é psicologia. Existe uma linha da psicologia de consumo muito interessante que analisa compradores de produtos e serviços, pelo que se convencionou chamar de "motivadores de compra". A maioria dos estudiosos tradicionais defende que existem cinco, embora tenha visto alguns "avanços" que consideram seis.

Eduardo Ferraz, da Pactive, um dos principais especialistas da área no Brasil, usa o conceito em seus treinamentos de negociação e tem um sexto motivador de compra "autorrealização/prazer pessoal", fazendo um paralelo com Maslow. O Marcantonio Montesano também usa o sexto. No entanto, para este editorial, iremos considerar apenas os cinco tradicionais. Cada um deles é a explicação psicológica de algo que o comprador busca ao adquirir um produto ou serviço.

E qual é a importância de saber o motivador de um cliente? Simplesmente para não ser um vendedor de canal único. Saber os motivadores de um cliente ajuda muito na hora de argumentar com ele. Se você erra o canal do motivador de compra, além de desagradar o cliente e não conseguir aprofundar seu relacionamento, também começa a alimentar objeções contrárias. Logo, é importante entender o conceito e aplicá-lo corretamente. Quanto mais canais você domina/compreende, mais recursos tem para atender e negociar melhor. Basicamente, os cinco motivadores tradicionais de compra são (os termos podem variar de acordo com o autor):

1. Busca do lucro, da vantagem ou de benefício.
2. Medo de perda, desvantagem ou prejuízo.
3. Evitar o desconforto, dor ou incômodo.

4. Proporcionar prazer.
5. Busca por status, reconhecimento e destaque.

Nos workshops que realizo, peço aos vendedores que pensem em um cliente com um motivador específico e imaginem que tipo de pergunta ele faria, por exemplo: o que um cliente que está tentando evitar o desconforto ou incômodo questiona?

Se reconhecer o motivador de compras do cliente é fácil, difícil é fazer que os vendedores não “troquem de canal”. A maioria responde facilmente as perguntas de clientes buscando vantagens, começa a patinar com medo de perda/desconforto e viaja na maionese com prazer e reconhecimento.

Limitado na argumentação e no descobrimento dos motivadores de compras, é claro que um vendedor não será eficiente na negociação, o que geralmente desemboca em questões relacionadas ao preço. Quem vende valor precisa entender o motivador de compra de um cliente ou nunca conseguirá agregar valor a nada. Então, fica aquele vendedor triste, monocanal, que oferece desconto antes de o cliente pedir, que só começa uma apresentação falando do preço e tem imensas dificuldades de vender qualquer coisa que não seja o mais barato, em promoção ou parcelado.

Pior ainda, temos uma legião de vendedores monocanais que recebe instruções do tipo: “você pode trabalhar com até 8% de desconto, entendeu?”. O vendedor diz que entendeu... aí, na próxima venda, dá os 8% de desconto direto (sem negociar) e ainda vai pedir para o gerente mais 2% ou 3% para não perder a venda.

Aliás, para falar a verdade, esse vendedor nem sabe vender, porque apresentar o produto ou serviço mais barato até um bom chimpanzé amestrado consegue. Talvez ele erre o troco, mas isso algumas pessoas também fazem. Muita gente se irrita com a comparação, e acho ótimo. Geralmente, são os mesmos que dizem que “cliente só quer preço” e fazem uma cara de “lá vamos nós...” quando se fala em agregar ou oferecer valor, como se fosse uma discussão filosófica tediosa e sem sentido. O vendedor monocanal é como aquele mecânico de beira de estrada que só tem um martelo e uma chave de fenda e tenta arrumar qualquer coisa com uma boa pancada e depois cola com fita isolante. Pode até funcionar de vez em quando e quebrar um galho, mas de maneira muito limitada.

Se você quer utilizar todas as ferramentas disponíveis para atender melhor, vender mais e melhorar sua lucratividade, precisará se aprofundar em conceitos sobre como conhecer melhor o cliente para oferecer algo a mais. Sim, alguns clientes querem preço. Mas qualquer bom profissional de vendas sabe que existe muito mais entre o céu e a terra que supõe a vã filosofia de preço baixo dos vendedores monocanais. Abra seus horizontes e use todos os canais disponíveis — com certeza, seus resultados melhorarão muito.

O diário de um cliente que queria comprar e o de um vendedor que fez de tudo para não vender

Por Redação VendaMais

Você já assistiu ao filme *Como perder um homem em dez dias*? Na trama, a jornalista Andie Anderson, vivida pela atriz Kate Hudson, aceita o desafio de conquistar um homem e fazer tudo errado para que ele desista dela em dez dias. Durante esse período, ela dá apelidos no diminutivo para o cara, chora e faz drama muitas vezes, leva várias coisas (cor-de-rosa!) para a casa dele, interrompe um jogo de pôquer com os amigos, impede-o de assistir ao jogo de basquete do time que ele adora, entre outras cenas para lá de divertidas. A ideia é escrever um artigo, posteriormente, sobre as clássicas mancadas que as mulheres cometem em um relacionamento.

Em vendas, não é diferente. Por mais que muitos profissionais demonstrem vontade de aprender e de tornar o processo cada vez mais profissional, ainda há muitos vendedores no mercado que, na prática, fazem o caminho oposto. Na ânsia de vender a qualquer preço, eles acabam por afastar o cliente e não realizar a venda — e, muitas vezes, não sabem nem como isso aconteceu.

Pensando nisso, a revista *VendaMais* ouviu alguns dos maiores consultores do Brasil para criar o dossiê *Como perder um cliente em dez dias*. Embarque nesta viagem criada pela mente de Alberto Centurião, Claudio Diogo, Dalmir Sant'Anna, Eloi Zanetti, Prof. Heinz e Rudson Borges. Garanto que será divertido e muito instrutivo. No fim, veja se você, em algum momento da sua vida profissional, já cometeu — ou ainda comete — alguns desses clássicos deslizes.

O cliente

Emerson era gerente de vendas de uma concessionária de veículos, casado e pai de quatro filhos: dois adolescentes e dois rapazes já casados. Há algum tempo, vinha sem sucesso procurando apartamentos em São Paulo. Além dele, seu filho recém-casado e uma tia possuíam o sonho de adquirir um imóvel. Emerson era, portanto, não apenas um cliente em potencial, mas o influenciador de outras duas possíveis aquisições — um excelente cliente. Mas José, o vendedor, não percebeu isso. Acompanhe, dia a dia, esse catastrófico atendimento na visão da pessoa que mais importa: o cliente!

Nota do editor

Fizemos um sorteio, entre as principais categorias de profissionais de vendas, para escolher quem seria o personagem desta matéria e saiu o "corretor de imóveis". Se essa é a sua profissão, você irá se divertir com algumas cenas que já deve ter visto (e que, provavelmente, tenta evitar). Se não for corretor, também aprenderá bastante, pois todos os erros podem — e devem — ser evitados para qualquer outro tipo de venda.

O que queremos é mostrar de maneira mais lúdica como uma simples venda pode se transformar em um calvário para o cliente e, consequentemente, para o vendedor — seja qual for o produto ou serviço vendido. Toda a história aqui retratada foi criada por meio dos conhecimentos e experiências da revista *VendaMais* e dos consultores, sendo que nenhum personagem realmente existe, mas você verá o quão próxima a história está da realidade.

PRIMEIRO DIA

Um dia desses, recebemos o convite de um casal de amigos que estava comemorando três meses de casa nova. Minha esposa, Ana, e eu fomos almoçar lá para conhecer o apartamento. Ao estacionar o carro, reparei nos muitos *folders* de imóveis que tínhamos, afinal, também estávamos procurando nossa "casa nova".

Logo ao chegarmos, fizemos o tradicional *tour* pelo apartamento novo, e André, meu amigo, abriu uma champanhe para brindarmos.

— Esta champanhe, que abrimos agora, foi enviada hoje pelo corretor que nos vendeu o apartamento — disse ele.

Imediatamente, respondi:

— O quê? O corretor, depois de três meses da venda, enviou-lhe uma champanhe?

— Sim, Oscar sempre se manteve atencioso com a gente, desde o momento em que nos mostramos interessados por um imóvel até agora. Ele é um ótimo profissional!

Sentei no sofá com um sentimento misto de tristeza e desassossego. Comecei a lembrar que, naqueles últimos meses, tinha visitado uns dez plantões de vendas e, em nenhum deles, havia encontrado um corretor de verdade.

Gostaria de que todos os vendedores se interessassem por meus problemas, fizessem perguntas sobre meus gostos, costumes e conseguissem montar um quadro de benefícios para mim e minha família.

Ao contrário, foram imediatamente me entregando folders e desabando a falar intensamente sobre as características dos empreendimentos, mesmo sem saber quais eram minhas necessidades e meus desejos. Descobri que o foco desses profissionais é o produto, e não o que ele pode proporcionar aos seus clientes.

Nas demonstrações nos subestimaram a ponto de nos tratarem como deficientes visuais. Um deles nos conduziu por um apartamento e a cada peça em que entrávamos nos dizia o nome dela. Na cozinha, ele nos informou: “Esta é a cozinha!”. Quando chegamos à sacada, ele, em um tom espetacular, apontou-nos: “Esta é a sacada!”. Às vezes, penso que estão fazendo tudo para que eu não compre um imóvel.

Mas agora seria diferente. Eu já tinha o corretor certo a procurar. Ele iria me ajudar a tomar a melhor decisão para mim e minha família e, depois de três meses, ainda iria me enviar uma champanhe para comemorar. Peguei o telefone da imobiliária com meu amigo e liguei na mesma hora:

— Alô? É o Oscar?

— Não, o Oscar está em viagem para o exterior, mas meu nome é José. Posso ajudá-lo?

"Hum, colega do Oscar? Deve ser bom!" — pensei.

— Pode. Estou querendo adquirir um apartamento e gostaria muito de concluir a negociação em até dez dias. Acha que será possível?

— Claro, doutor, sem problemas!

— Ótimo, quando posso encontrá-lo?

— Pode ser amanhã, você vem até a imobiliária, ok? Estou com outro cliente na segunda linha. Nos falamos melhor amanhã. Um abraço, tchau.

E desligou. Estranho! Nem perguntou se eu sabia onde era a imobiliária. Pode ter sido só um deslize. Amanhã farei a visita. Mal posso esperar!

Erros

- Não dar a devida atenção ao cliente.
- Não pedir o contato do prospect.
- Não oferecer nenhum tipo de conveniência para facilitar a vida, como ir até onde o cliente está, dizer que liga mais tarde para conversar com calma, estar disponível para ajudá-lo.

SEGUNDO DIA

Hoje é sábado e, como de costume, dia de usar meu traje favorito: tênis, calça de moletom, camiseta e um boné. Já que o veículo importado estava impecável, acabei indo até a imobiliária com meu carro básico para o dia a dia. Como minha esposa e meus filhos estavam na casa da minha sogra, fui sozinho.

Parei o velho carro e fui em direção à porta de entrada. Passei por dois vendedores que fizeram de conta que não me viram chegar. Ao entrar, vi vários vendedores sentados às suas mesas de trabalho. Alguns me olharam rapidamente, voltando logo sua atenção para seus computadores.

Fiquei bastante deslocado diante da total indiferença e desprezo que todos me transmitiam. Por um momento, tive vontade de dar meia-volta e sair do local para nunca mais voltar. Quando finalmente fui atendido, pedi para falar com José, o corretor com quem tinha conversado por telefone. E fiquei surpreso ao saber que José era justamente um dos que estavam na porta de entrada quando cheguei.

Ao ser chamado, o vendedor esboçou clara insatisfação ao ter de interromper a conversa com um colega. Senti que estava sendo analisado e avaliado dos pés à cabeça. José logo começou a falar das ofertas que tinha e dos prazos que deixariam a prestação "cabendo no meu bolso". Em nenhum momento, ele se interessou realmente pelo o que eu queria.

Diante de tal tratamento, resolvi não levar adiante a visita naquele momento. A humilhação foi tamanha que decidi dar uma lição no insensato vendedor. Mais tarde, retornei ao plantão de vendas, agora acompanhado de minha família e com meu carro importado. Todos estávamos vestidos com roupas de grife da última viagem ao exterior.

José demorou um pouco para me reconhecer. Passadas as apresentações de praxe, o vendedor se apressou em mudar totalmente o perfil dos imóveis já apresentados. Agora, oferecia os mais caros e que lhe rendessem mais comissão, seu grande objetivo. Achou que eu não percebi, decerto. Apesar de me tratar muito melhor, o vendedor continuou sem prestar atenção no que eu realmente queria: um apartamento no mesmo prédio do meu amigo André (eu sabia que tinha outro para vender lá) ou em condições parecidas. Mas tal imóvel nem me foi oferecido, talvez estivesse em oferta e pagasse baixa comissão. Fomos todos embora e fiquei de voltar com calma no outro dia.

Quem sabe eu teria mais sorte e seria melhor atendido? Talvez a correria fosse menor. A verdade é que eu queria muito me mudar e sabia o quanto isso era importante para a minha família. E, embora José estivesse demonstrando um pouco de despreparo, havia me prometido concluir tudo em até dez dias. E isso vai coincidir com o meu aniversário de casamento com a Ana! Ela vai ficar superfeliz, tenho certeza. Consigo imaginar os olhos dela, cheios de lágrima. É, vou insistir mais um pouco.

Erros

- Julgar pela aparência.
- Observar o cliente de forma que o constranja.
- Deduzir o que o cliente deseja.
- Oferecer o produto/serviço que gere mais retorno financeiro para o vendedor.

TERCEIRO DIA

Estou aqui pensando que qualquer ato de vender precisa envolver confiança, tanto para quem compra quanto para quem vende. E é sempre complicado, para não dizer impossível, vender aquilo que nós mesmos não compraríamos por uma razão simples: vendemos também nossas crenças. Mas não podemos nunca nos esquecer de ficar atentos às razões dos clientes.

Infelizmente, isso não aconteceu com José, quando fui novamente à imobiliária hoje. Cada vez que eu mencionava o apartamento de André, José rebatia me mostrando outras opções, geralmente mais caras.

Então, perguntei:

— José, me diga a verdade: há algum problema com o apartamento no mesmo prédio do meu amigo?

— De maneira alguma, seu Emerson. Apenas quero que o senhor conheça esses três imóveis, que eu tenho certeza de que serão a sua cara!

Ao contrário do que ele pensava, em vez de me ajudar, estava só me deixando ainda mais confuso. Cada apartamento tinha algo especial, uma coisa com a qual eu sonhava. O ideal seria que eu pudesse misturar tudo em um só.

Foi então que me lembrei de um conselho dado pelo primeiro gerente de vendas que tive na vida, seu Afonso: "não ofereça opções demais ao cliente! Vender não é atirar em qualquer pardal, é essencialmente a arte de descobrir a real necessidade do cliente e oferecer a ele algo específico, solucionando seus problemas e dando-lhe total satisfação".

Enquanto José insistia de lá, eu insistia daqui e, já um pouco cansado, pedi que ele me mostrasse o apartamento no prédio de André. Ele fez isso, mas com má vontade nítida. Gostei muito da descrição e das fotos que estavam na imobiliária, porém ainda tenho muito chão pela frente antes de tomar qualquer decisão.

Então, saí de lá com nada menos do que oito *flyers* de imóveis, cada um com um ponto forte diferente. Esse é um sonho grande da minha família, não posso arriscar ter arrependimentos.

Erros

- Não fazer perguntas ao cliente.
- Não anotar informações nem elaborar um *briefing*.
- Aceitar vender algo em que não acredita ou no que não concorda.
- Oferecer opções demais ao cliente.
- Descuidar da linguagem corporal, passando imagem de descompromisso com a venda.

QUARTO DIA

Hoje eu acordei decidido. Conversei com a minha esposa ontem à noite e ambos resolvemos ir até a imobiliária. Ana também havia gostado muito do apartamento de André, mas estava disposta a olhar outras opções com mais calma.

Chegamos à imobiliária e José me cumprimentou, todo animado. Disse que havia encontrado outra opção que eu não poderia recusar: um apartamento de $400m^2$, com sala em "L", ideal para colocar um bar e uma mesa de pôquer, para aproveitar com os amigos! Mal reparou em minha mulher.

— E aí, vamos dar uma olhada nessa opção? — disse ele, olhando apenas para mim.

Muito curioso (para não dizer sem noção!) ver José aparecer todo animado com espaço para bares e mesas de pôquer, sabendo que eu queria um espaço para minha família. Talvez esse seja o sonho dele, mas certamente não é o meu. Nada como alguém que realmente presta atenção no que a gente diz!

— Sabe, José, a Ana e eu estamos pensando em algo mais clássico, mais família.

— Mas você vai perder essa oportunidade? Deve haver momentos em que sua mulher vai para a casa da sogra e deixa você curtir o "apê" com os amigos, não?

Eu juro que achei que ele estivesse brincando. Não havia como alguém ser tão desatento! Achei melhor fingir que não ouvi e comecei a dar uma olhada nas outras opções.

Ana sinalizava os apartamentos que gostaria de ver e até dava dicas do que estava achando legal nos imóveis, mas o vendedor só prestava realmente atenção nela quando eu concordava com algo — uma situação para lá de constrangedora!

Ora, eu vou pagar o apartamento, mas a opinião de minha esposa é crucial para o negócio dar certo! Queria que ele a cercasse de cuidados e de informações. Será que ele ao menos se recorda de que temos dois filhos adolescentes? Lembro-me bem de que chegou a mostrar um apartamento ressaltando o imenso *playground*.

No fim, com muito custo, separamos três opções: duas selecionadas pela Ana e adivinhe qual era a terceira? O apartamento disponível no prédio de André!

Saímos satisfeitos, mas Ana odiou o vendedor. Disse que ficou feliz com as opções que **nós selecionamos** (mulheres adoram frisar as frases quando estão nervosas) e que dava graças a Deus por se livrar do corretor.

— É bom que ele escolha uma excelente champanhe para nos enviar depois de concluída a venda! Será o mínimo que poderá fazer para se redimir... — reclamou Ana.

No mesmo tom desanimado, ela me informou de que não poderia visitar os apartamentos comigo no dia seguinte, mas que confiava nas três escolhas que fizemos. Desejou-me boa sorte e muita paciência com José.

Erros

- Descuidar dos influenciadores da compra (no caso, a esposa).
- Esquecer informações importantes dadas anteriormente (novamente aqui caberia tê-las anotado!).

QUINTO DIA

Dia de visita aos apartamentos. Finalmente vou conseguir me sentir dentro do imóvel. Primeira opção: apartamento no prédio do André!

Achei o espaço muito bacana, mas pensei em uma modificação:

— Posso mudar a posição dessa parede?

— Claro que pode! — respondeu José.

— Também gostaria de colocar piso cerâmico...

— Posso ver com a minha imobiliária para fazer isso para o senhor, sem nenhum custo, se decidir pela compra esta semana!

— Hum, a proposta é tentadora. Você faria realmente isso por mim?

— Claro!

Nesse momento, meu celular tocou. Era André, meu colega que mora no mesmo prédio. Aproveitei para contar, entusiasmado, que poderemos ser vizinhos. Entre um detalhe e outro, contei que estava pretendendo derrubar a parede da cozinha. Ele, então, me jogou um balde de água fria:

— Emerson, isso não dá. A minha esposa tinha a mesma vontade, mas conversei com a síndica e essa alteração não está permitida, pois ali está uma das colunas de sustentação do edifício.

Após um pouco mais de conversa, despedi-me de meu amigo, furioso.

— José, acabo de saber que não dá para mudar a parede. Por que você não se informa das coisas?

Vermelho, José não disse mais nada. Acho que ele é como a maioria dos vendedores que tem como hábito prometer muito para fechar a venda.

Continuei vendo o apartamento e, depois, disse a ele que eu precisava pensar e que amanhã conversaríamos de novo.

Quinto dia e nada. Ainda bem que o apartamento parece bom! Espero que amanhã as coisas fluam melhor. Iremos visitar os outros dois.

Erros

- Fazer promessas apenas para fechar a venda.
- Dar respostas ao cliente sem verificar as informações.
- Descuidar de características do produto ou serviço que podem ser interessantes para o cliente (e que ele poderia ter verificado se tivesse feito cuidadosamente o levantamento de necessidades!).

SEXTO DIA

Cheguei à imobiliária no horário combinado, mas José ainda não estava na empresa. Meia hora depois, chegou esbaforido.

— Seu Emerson, aconteceu um imprevisto e não poderemos ver os dois imóveis que eu havia prometido ao senhor. Pedi à minha colega Sônia que agendasse as visitas, mas ela não fez.

Sônia, que estava ao lado, entrou na conversa:

— Não fiz porque você não foi claro sobre os horários em que eu deveria marcar e, depois, no fim da tarde, quando me deu a confirmação, os apartamentos já não estavam disponíveis! — respondeu ela, de forma ríspida.

O que aconteceu depois foi uma sucessão de mancadas. Os dois começaram a discutir na minha frente e, após cinco minutos (que, para mim, pareceram uma eternidade!), Sônia saiu da sala, deixando José com a cara fechada.

— Seu Emerson, desculpe-me por essa cena que acabou de presenciar. Essa Sônia não é nada profissional! — disse-me o corretor.

Informação extremamente útil para mim saber que havia uma profissional incompetente na empresa, não é mesmo? A minha vontade era dizer que eu estava começando a suspeitar da competência de mais de uma pessoa naquela imobiliária. Foi aí que José soltou mais uma pérola:

— Seu Emerson, o senhor me pareceu empolgado ontem com o imóvel que visitamos. Não quer estudar as propostas para ele?

O imóvel, que há poucos dias não motivava o vendedor nem um pouco para vender, de uma hora para a outra se tornou o lugar ideal! Como sabia que minha mulher havia gostado do apartamento também, mesmo contrariado, aceitei ouvir a proposta. Mas aproveitei a deixa para dar um cutucão:

— Onde está o Oscar, o corretor que na época atendeu tão bem o meu amigo?

— Ele não trabalha mais com a gente, saiu esta semana.

— Mas você me disse que ele estava em viagem!

— Disse? Não lembro.

— Você anda se confundindo com certa frequência ultimamente. Bem, vou estudar a proposta e lhe dou um parecer amanhã, o.k.? Por favor, vá adiantando o processo no que der e fazendo uma lista das documentações de que preciso, pois, se eu decidir comprar, já resolvemos isso amanhã mesmo.

Saí contrariado. Não era assim que eu imaginava o processo de compra ideal.

Erros

- Efetuar mudanças sem avisar o cliente.
- Dar desculpas, colocando a culpa nas costas de outro vendedor ou colega.
- Não se responsabilizar pelo processo de vendas como um todo. O cliente não quer saber se você delegou a outro uma função que era sua, ele quer que cumpra o que prometeu.

- Discutir com funcionários na frente do cliente ou criticar concorrentes.
- Agir de maneira confusa, falando muito bem de um produto ou serviço que anteriormente tinha sido criticado, só por falta de opção do vendedor.

SÉTIMO DIA

Eu já estava tranquilo, pois achava que tudo havia se encaminhado e queria muito dar aquele presente à minha família em poucos dias. Já imaginava a expressão emocionada de Ana.

Mas aí alguns detalhes começaram a aparecer. O que era "perfeitamente possível" no início da negociação, agora já tinha virado uma indefinição. Eu precisava de alguns papéis que não possuía e que demorariam alguns dias úteis para serem liberados. Tudo bem, essa não era função do vendedor, mas por que, então, já não me avisou da necessidade de tais papéis no primeiro dia? Considero isso uma visão tubular. Trabalho com vendedores também e sei que muitas vezes eles omitem, indevidamente, alguns fatos por acreditarem que fecharão a venda de maneira imediata. Que injusto eu cair nessa armadilha!

Mas tudo bem, respirei fundo e tentei contornar a situação. E José tentou se redimir:

— Já que não conseguirei cumprir o prazo, posso estudar um desconto a mais com o meu gerente. Algo para fazer você virar nosso cliente. Que tal?

Que corretor infeliz! "Quem disse que, para mim, preço é importante e que um desconto iria resolver quaisquer erros cometidos pela empresa? Além de acabar com a minha esperança de ter o imóvel no dia prometido, ainda diz na minha cara que o que eu vou comprar vale menos do que, até então, eu estava pagando? E esse papinho de 'vou ver com o meu gerente'? Mas, o.k., se ele abriu uma brecha para eu pagar menos, por que não?", pensei.

— Quero um desconto de 20% só por esse incômodo!

— Nossa, isso não posso fazer! Posso no máximo conseguir 5%. Veja bem, senhor Emerson, esse é um apartamento que já está em promoção. Há muita gente procurando esse imóvel.

— Sim, e todas essas pessoas estão com a mesma urgência que eu, querendo comprar em três dias! — respondi, com tom de ironia.

— Vamos fazer o seguinte, eu não consigo dar esse desconto, mas consigo melhorar as condições de pagamento. Que tal se, em vez de fazermos o financiamento imobiliário em 10 anos, fizermos em 12? Assim qualquer um consegue realizar, até o senhor!

Ele estava obviamente me sacaneando, só pode! Quem disse que eu quero um imóvel que "qualquer um" possa pagar o financiamento? Sequer sabe qual é a melhor opção de compra e financiamento para mim:

— Não sei, preciso pensar. Veja com seu gerente o que pode fazer e amanhã conversamos. Mas, olha, vê se não sai me prometendo coisas que não pode cumprir! Só quero que me dê as opções que realmente for cumprir, entendeu?

— Sim, pode deixar. Amanhã mesmo ligarei para o senhor!

Erros

- Omitir fatos, atrasando o processo.
- Oferecer desconto (ou qualquer outro "consolo") para redimir uma promessa não cumprida.
- Não descobrir o que de fato tem importância para o cliente na negociação.
- Não criar empatia com o cliente, utilizar frases como: "se não quer, tem quem queira!" e achar que isso é técnica de fechamento!

OITAVO DIA

Nada. O "amanhã mesmo" não chegou e José não me ligou. Já são 22 horas. Deve ter tomado uma bronca do gerente. Bem feito! Quem sabe assim ele aprende alguma coisa?

Em nada do que ele fala dá para acreditar. Ele, obviamente, não tem a menor consideração por mim! Faz pouco caso sobre o assunto, não possui interesse, é irresponsável e péssimo profissional.

Ele podia ter usado qualquer forma para se comunicar: telefone, chamar-me para ir até lá, ir até meu escritório ou me mandar um e-mail, qualquer coisa que mostrasse que ele se importou um pouquinho com o meu apartamento e com as promessas que me fez. Não custava nada!

Mas tudo bem... vendedores que se esquecem de repassar informações aos seus clientes também serão esquecidos por eles.

Pronto, decidido. Agora a coisa mudou! Quando ele precisar com urgência de algo meu, direi que não posso e vou enrolar assim como ele está fazendo comigo! Ele vai aprender como é bom ficar esperando!

Erros

- Ignorar o cliente.
- Prometer e não cumprir.
- Não informar ao cliente o andamento da venda.
- Sumir, sabendo o quão importante aquela compra é para o cliente.

NONO DIA

Diário, vou pedir licença para contar a história na visão do vendedor, pois acho que isso dará uma impressão mais correta do que aconteceu nestes dois últimos dias de negociação.

José acordou cedo, depois de uma noite mal dormida. Precisava fechar uma venda com a máxima urgência, pois as contas se avolumavam assustadoramente. IPVA e seguro do carro, pensão da ex-mulher, escola dos filhos, TV a cabo... tantas dívidas que ele até perdeu a conta. Até o celular, seu companheiro inseparável, instrumento de trabalho cotidiano, agora virou “pai de santo”, só “recebe”.

Embora ainda fosse novo na profissão, sabia que vida de corretor é igual vida de centroavante, às vezes acontecem períodos de “seca”, um ou dois meses sem gol. Mas essa fase ruim estava demorando a passar. Os clientes andavam muito exigentes, ou talvez os imóveis fossem mal localizados, ou talvez fosse apenas falta de sorte.

— Maldita crise! — dizia José, ignorando o fato de o mercado de imóveis estar muito aquecido.

Sua última esperança era o Emerson, aquele cliente enrolado que não se resolvia nunca. Com o serviço do celular suspenso, o jeito era ligar para ele antes de sair de casa. Foi o que fez, sem pensar que o cliente poderia estar dormindo.

— Quem?! — Emerson não entendeu direito, ainda meio zonzo de sono.

— José, o corretor.

— Corretor de quê?

— Do apartamento, seu Emerson. A que horas eu posso passar aí para a gente fechar o negócio?

— Aqui em casa não, é melhor marcar no escritório.

— Tudo bem. Às nove horas, pode ser?

— Nem sei como está minha agenda para hoje. Pode ligar lá pelas dez horas.

José percebeu certo desagrado na voz do cliente. Maldita ansiedade! A reunião acabou acontecendo no fim da tarde e, para piorar a situação de José, o cliente ainda não estava pronto para fechar o negócio. Tinha dúvidas, pediu mais alguns esclarecimentos e adiou a decisão para o dia seguinte, sentindo-se incomodado com o assédio do vendedor desesperado.

Erros

- Achar que a falta de resultados é má sorte ou problema com o mercado.
- Achar que o problema da indecisão é do cliente e que nada que ele fez — ou poderá fazer — vai influenciar.
- Demonstrar desespero ao cliente.
- Deixar os compromissos da vida pessoal (dívidas, nesse caso) influenciarem a venda.
- Colocar todas as fichas em uma venda.

DÉCIMO DIA

"Parece mentira, mas já se vão dez dias negociando com esse cliente enrolado. Hoje ele não me escapa. É comprar ou comprar", foi assim que José começou o seu dia.

Ele nem deu ouvidos ao colega, que o aconselhou a ter muita calma na hora do fechamento. Sua paciência havia esgotado. Ia pressionar o cliente, dizendo que havia outro interessado no apartamento.

José chegou perguntando se Emerson estava pronto para assinar o contrato, pois havia outro interessado no apartamento, decidido a fechar negócio no ato, até mesmo pagando mais caro. Disse ainda que estava "segurando" o imóvel em consideração a Emerson, mas não poderia esperar mais. Era pegar ou largar.

O cliente lembrou que havia outros apartamentos disponíveis no mesmo prédio, mas José argumentou que aquela era a última unidade com face norte, que os outros eram de fundos, em andares mais baixos, com menor insolação e sem a vista privilegiada.

— Podemos assinar o contrato? — perguntou José, naquele tom incisivo que havia ensaiado diante do espelho.

— Acho que não — Emerson parecia desencantado, mas foi com certo alívio que concluiu:

— Vamos deixar para outra ocasião.

— Mas é uma excelente oportunidade. O senhor vai perder um ótimo negócio! — José parecia novamente desesperado.

— Como dizia meu avô, bom negócio e baile *funk* têm todo dia. E não quero prejudicá-lo. Você já tem outro interessado na mão, pode vender por um preço melhor. Vamos ficar assim, você pode aproveitar a oportunidade de vender esse apartamento que assim eu ganho tempo para escolher com calma.

Perplexo com o tiro que saíra pela culatra, José teve de aceitar a decisão do cliente.

— Tudo bem, se prefere assim... — disse José, mal disfarçando a contrariedade — Mas o senhor comentou que seu filho e sua tia também estão procurando apartamento. Talvez possa fazer uma indicação.

— Nisso você prestou atenção? É, realmente esse era o meu plano, trazê-los para morar perto de mim — respondeu Emerson — Mas você me convenceu de que os outros apartamentos disponíveis são bem piores do que este.

José saiu dali pensando como alguém poderia ser tão enrolado quanto aquele cliente, transferindo para ele toda a responsabilidade pelo negócio fracassado. Sem pensar que poderia ter vendido três apartamentos, e não somente um, caso soubesse conduzir acertadamente o processo de negociação.

Emerson lamentou a perda do apartamento, que lhe agradava, mas realmente ser atendido por esse vendedor sem noção não tinha dado em nada. Voltando para o escritório, pegou o cartão de outro corretor para tentar, mais uma vez, encontrar alguém que realmente lhe desse a atenção devida. Uma hora ele encontraria, afinal, esperança de cliente é a última que morre!

Erros

- Afobar-se na hora do fechamento.
- Mentir para fechar a venda.
- Pressionar o cliente.
- Transferir a culpa, perdendo a grande oportunidade de aprender com seus erros.

Esperamos que nem você nem vendedor algum da sua equipe cometam a quantidade de erros que José cometeu. Mas ficam aqui muitas lições para que essa ficção esteja cada vez mais longe da sua realidade!

Colaboraram nesta matéria:

Alberto Centurião — *Coach* e consultor em ouvidoria, vendas e comunicação. Autor e encenador especializado em "teatro-treinamento". Sócio-gerente da Centurione Teatro & Treinamento.

Claudio Diogo — Vendedor, palestrante e professor. Especialista em consumo, realiza consultoria na criação e desenvolvimento de métodos de vendas para empresas brasileiras, da América Latina, África e Europa.

Dalmir Sant'Anna — Palestrante comportamental, mestrando em administração de empresas, pós-graduado em gestão de pessoas, bacharel em comunicação social e mágico profissional.

Eloi Zanetti — Palestrante de marketing, vendas, comunicação corporativa, gestão de marcas, criatividade e comportamento.

Rudson Borges — Gestor de negócios, *master practitioner* e *trainer* em programação neurolinguística, *coach* pessoal e executivo. Vice-presidente da Associação Brasileira de Consultores e Treinadores de Vendas (Abraconsult).

Prof. Heinz — Empresário, consultor da área de planejamento estratégico e qualidade total, instrutor e palestrante de atuação nacional. Diretor da Dinamikós Consultoria e Treinamentos S/C Ltda.

DESAFIO 26

Aumentar o tíquete médio de todos os clientes atendidos na semana

Definição

Você já reparou em como os atletas de alta performance estão sempre buscando novos recordes? Mesmo quando o desempenho deles já é considerado acima da média, eles são incansáveis em busca de números históricos.

É esse espírito que queremos despertar em você. Por isso, não basta apenas fechar uma venda, tem de vender mais. Então, durante uma semana, você terá a árdua e inspiradora missão de aumentar o tíquete médio de **todos** os clientes que fecharem negócios com você — isso mesmo, todos os clientes!

Antes de seguirmos com o desafio, é importante alinharmos que o tíquete médio representa o valor médio de compra dos clientes. Por exemplo: o cliente A comprou R$100,00, o cliente B comprou R$50,00 e o cliente C comprou R$200,00. Somamos o valor de todos os pedidos — R$350,00 — e o dividimos pelo número de clientes que compraram — 3 —, resultando em um tíquete médio de R$116,66. Esse seria o valor a ser aumentado.

Sintoma

Você ficaria chocado se pudesse saber o quanto já deixou de ganhar com clientes que estavam dispostos a comprar mais de você. Em algumas negociações, o vendedor fica tão focado em fechar a venda que esquece que poderia agregar valor à compra do cliente. O resultado disso é ruim para todos: empresa e vendedor lucram menos e o cliente vai embora mais ou menos satisfeito e pensando que: "se o vendedor estivesse mais inspirado, eu compraria mais". Você não quer ver isso acontecendo, não é?

Descrição do desafio

A partir desta semana, você está proibido de deixar um cliente que fechou negócio com você ir embora sem levar algo a mais do que inicialmente ele havia planejado. Simples assim! A intenção deste desafio é fazer você perceber que sempre é possível obter "aquele" algo a mais. Lembre-se dos atletas que, incessantemente, buscam a superação. Sendo assim, sua missão é entrar na restrita lista dos vendedores de alta performance.

Nossas sugestões

Este desafio exige planejamento, dedicação e preparação prévia. Analise seu histórico de vendas e faça um balanço das vezes em que conseguiu fechar vendas que foram além do que o cliente inicialmente planejou comprar. Como ocorreram essas situações? Quais produtos foram negociados? Em paralelo a isso faça um levantamento de sua carteira de produtos/serviços e avalie o que pode "casar" com o quê. Qual é o perfil dos clientes que podem ser mais suscetíveis a fazer esse tipo de compra e por quê?

Somente após detalhar essas informações e disponibilizá-las em um documento que você possa facilmente consultar, é que partirá para a execução do desafio. Não desanime caso não consiga cumpri-lo num primeiro momento. Ou você acha que atletas de alta performance são formados em uma semana? Persistência, dedicação, inspiração e transpiração são atitudes que você vai precisar — e muito — para cumprir este desafio.

Comprovação

ANTES DO DESAFIO

Data de início: ____ /____ /____

Quantos pedidos você fez nos últimos três meses? ______________________

Qual é o valor total (R$) desses pedidos? ______________________

Agora, divida a quantidade total de pedidos pelo valor total (o resultado será o seu tíquete médio): ______________________

DEPOIS DO DESAFIO

Data de conclusão: ____ /____ /____

Qual foi o tíquete médio das suas vendas na semana do desafio?

____

A que credita o sucesso ou o fracasso deste desafio?

____

____

____

____

Quais foram as maiores dificuldades encontradas?

____

____

____

____

A GRANDE LIÇÃO

Com base na experiência que teve com este desafio, registre aqui o que será necessário lembrar para que você continue sendo um vendedor de alta performance?

____

____

____

____

____

____

____

FERRAMENTAS

4 formas de aumentar o valor médio de compra

Por Raúl Candeloro

Quem já foi a qualquer McDonald's sabe mais ou menos o que acontece lá. Essa previsibilidade é justamente um dos pontos fortes da empresa, e não é apenas nos produtos, preços ou *layout* da loja que isso ocorre. Existe uma padronização em uma série de coisas, por exemplo: o tempo que a batata frita ficará no óleo ou até mesmo a frequência que os banheiros serão limpos.

Como tudo foi estudado minuciosamente pelo McDonald's, tenha certeza de que o que ele faz funciona.

Falando especificamente sobre vendas, existe uma rotina quando você fala com um dos atendentes dessa lanchonete. É um *script* para aumentar o valor médio das compras que merece ser estudado.

Você acha que o fato de aquele atendente ter oferecido a todos os clientes, de maneira automática, um produto a mais e de maior tamanho faz a diferença no fim do dia, em termos de faturamento? Obviamente que sim. E, se juntar todas os atendentes fazendo isso, todos os dias, garanto que a diferença de faturamento no fim do mês será brutal.

Agora, imagine que um dos atendentes chegue ao seu gerente e diga: "não vou mais oferecer batata frita, porque me sinto empurrando produto para os clientes e tenho vergonha. Além disso, muitos deles não aceitam minha oferta, o que me desmotiva, pois fico muito triste quando não aceitam meu produto, então não vou mais oferecer".

O que acha que aconteceria? Demissão, certo? No mínimo, uma bela chamada de atenção e mais algumas horas de treinamento. Afinal, é o tipo de coisa que não é para se pensar ou questionar, e sim fazer e ponto final.

A venda casada, que deveria ser a coisa mais comum do mundo, raramente é aproveitada pela maioria dos profissionais de vendas. Os vendedores simplesmente desistem no meio do caminho, pois acham que fazer uma venda já é o suficiente. O que não é verdade. Quem desperdiça essas oportunidades joga dinheiro fora e não pode ser verdadeiramente chamado de profissional.

Existem basicamente quatro formas de aumentar o valor médio de uma compra. Vamos ver quais são.

1. Venda adicional — O cliente pede A e, depois de garantir a venda de A, o vendedor oferece B (e C, D etc.). Venda casada é aquela feita logo após a compra inicial ter sido realizada. No caso do McDonald's seriam as ofertas de novos produtos, acompanhando o pedido, por exemplo: peço um sanduíche e me oferecem refrigerante. Em uma loja de roupas, compro um terno e, uma vez fechada a compra, o vendedor pergunta se quero uma gravata, cinto, meia, camisa, sapato etc.

   Compro um carro básico e o vendedor me oferece seguro, extensão da garantia, vidros elétricos, tocador de CD etc. A mesma lógica se aplica a qualquer tipo de serviço. O cliente compra A, e ofereço imediatamente B.

2. *Up-sell* — O cliente pede A, ofereço A+. *Up-sell,* como o nome em inglês já diz, é vender "para cima". Por exemplo: eu peço um carro com motor 1.0 e o vendedor me oferece 1.6. Peço um quarto simples e o balconista do hotel pergunta se não quero uma suíte. Assino banda larga de um mega e a vendedora me oferece dois megas. Peço uma passagem na classe econômica e o vendedor me oferece um *upgrade* para executiva, e assim por diante.

3. *Cross-sell* ou venda cruzada — O cliente comprou A, entro em contato mais tarde para oferecer B. A venda cruzada é exatamente a mesma coisa que a venda adicional, mas com uma diferença: enquanto a venda adi-

cional é feita imediatamente, ali mesmo, na hora, a cruzada é feita mais tarde — às vezes, semanas ou meses depois da compra inicial.

4. Diminuir drasticamente os descontos — Essa é fácil de responder. Vamos dizer que eu chegue para um grupo de vendedores e diga: "gente, nesta linha podemos trabalhar com até 10% de desconto, ok?".

   Agora pergunto: qual é a média de desconto dada pelos vendedores? 10%!

Veja que não teve 1,2%, 1,5%, 2,4%, ou seja, os vendedores não negociaram nada — simplesmente deram o desconto permitido pela gerência. Para piorar, muitos ainda têm a cara de pau de pedir ainda mais desconto para o gerente. Já deram o máximo e ainda querem mais!

Se somar a quantidade de dinheiro perdida e desperdiçada em erros básicos de negociação relacionados ao preço, você levará um susto. Basta somar tudo que é dado de desconto, todos os meses e por todos os vendedores. O número é assustador. Felizmente, isso pode ser melhorado. Basta se conscientizar e começar a prestar atenção toda vez que der um desconto para fechar uma venda.

Numa empresa em que estamos trabalhando, por exemplo, um grupo de vendedores colocou como meta diminuir em 1% a média de descontos dados no mês. Calculamos que se todos fizessem isso, teríamos mais de R$100 mil de faturamento extra por mês.

Adicionar valor, e não preço

Por João Alberto Costenaro

Sempre que se tenta adicionar produtos de mais qualidade e preço maior no "carrinho de compras" de um cliente, a barreira do "não" parece uma montanha. Por que tantos vendedores continuam tentando e não conseguindo? Porque usam a abordagem errada. Oferecem o produto até algum dia o cliente perceber o que ganha e querer comprar. Às vezes acontece.

Mas, em geral, não haverá negócio só pelos "belos olhos" do vendedor ou pelas maravilhas do produto. Às vezes, os vendedores esquecem que no mundo dos negócios a palavra de ordem é lucro. Os profissionais bem-sucedidos têm usado algo mais sábio que a teimosia: a venda consultiva. Como resultado do trabalho consultivo, eles fazem recomendações direcionadas, para mostrar o que o cliente ganha e quanto lucra.

Na venda consultiva, a sugestão da mudança proposta é encarada pelo cliente como uma recomendação, e não como uma oferta de venda. É uma percepção interna do cliente, motivada pela aura que a venda consultiva consegue ao demonstrar com detalhes em que o cliente se beneficia.

Isso acontece, em especial, quando o profissional de vendas consegue fazer uma avaliação séria da situação, em conjunto com o cliente. Vender a ideia de fazer uma análise séria da aplicação do novo produto ou serviço é o início da venda. Muitas vezes, é o mais difícil de ser feito. No entanto, uma vez permitido, fica sob responsabilidade do profissional localizar e medir quanto isso gera de ganho. Veja alguns exemplos:

» Menos gastos com assistência pós-venda.

» Recuperação da imagem de qualidade da empresa ou de um produto.

» Ocupar pouco espaço físico, mas que gere alto faturamento e margem.

» Atingir novos preços com a remodelagem de um produto.

» Atingir outras classes econômicas com margens maiores.

» Evitar os custos dos *recalls*.

» Fabricar um produto que seja referência de qualidade para outros mais baratos.

» Diferencial único para produto atual comum no mercado (*commodity*).

» Gerar alto faturamento, ocupando pouca capacidade produtiva com um produto de valor elevado.

» Produzir volume pequeno, mas de alto valor, ocupando pouca disponibilidade de logística.

» Usar mão de obra disponível de alta especialização, para produzir valor elevado.

Estabelecido o ganho, a comparação vai dizer se a mudança proposta é viável ou não. Na venda consultiva, o vendedor sai do discurso e vai para a ação, suas propostas de negócio são estudos bem montados, com base em dados de mercado oferecidos por sua empresa, complementados com informações levantadas junto ao cliente. As seis regras abaixo são um guia para conseguir que o cliente perceba o profissional de vendas como alguém que, em vez de aumentar preços e custos, adiciona valor:

1. Municione-se de informações de sua empresa sobre seu produto ou serviço.
2. Busque dados sobre seus clientes e o mercado em que atuam.
3. Descubra os processos de produzir ou de fazer negócios de seus clientes.
4. Tenha múltiplos contatos de clientes. Faça contatos com o decisor, com o influenciador técnico e com o influenciador usuário.
5. Faça propostas escritas bem fundamentadas na forma de projeto.
6. Oriente o cliente no preparo de seus vendedores. Vender o novo produto ou serviço de maior valor exige preparo para tal.

7 maneiras de vender valor para seus clientes

Por André Silva

1. Descubra por que o cliente compra e, depois, dê a solução.
2. Conheça os principais concorrentes e ofereça benefícios que eles não possuem.

3. Apresente testemunhos de clientes satisfeitos, estatísticas e histórias de sucesso.
4. Mostre o que o consumidor ganhará em médio e longo prazos com seu produto ou serviço (relação custo-benefício).
5. Ofereça algo extra no fechamento do negócio, como: brinde, frete gratuito, manual de aplicação do seu produto etc.
6. Faça perguntas inteligentes para identificar as necessidades dos clientes, isso passa profissionalismo e você ganha informação.
7. Venda conveniência, fazendo o consumidor poupar seu tempo, por exemplo: deixe seu celular à disposição em período integral.

DESAFIO 27

Praticar um *up-selling* com um cliente que já comprou de você

Etapa da venda

Proposta de valor e negociação

Definição

Este desafio tem dois objetivos distintos: conscientizá-lo sobre a importância de manter informações precisas sobre o histórico de compras de seus clientes e fazê-lo perceber que esses dados são fundamentais para que uma venda mais lucrativa para esses mesmos clientes possa acontecer no futuro. Sua missão é praticar o *up-selling*, ou seja, vender um produto com características semelhantes ao interesse do cliente, mas que custe mais.

Sintoma

Quem domina a técnica do *up-selling* está tranquilo quanto à lucratividade. Já os que não a dominam... ponto-final.

Descrição do desafio

Com base em uma análise sobre a última compra feita pelo cliente, sua missão é vender a ele um produto/serviço similar, só que mais caro. Desde, é claro, que isso seja vantajoso para o cliente, e não apenas para você.

Nossas sugestões

O *up-selling* existe, acima de tudo, para agregar valor para o cliente e ampliar os benefícios que ele terá ao adquirir algo mais incrementado. Eis alguns exemplos para você entender melhor a técnica e se inspirar: você pede batata frita e a atendente pergunta: “média ou grande?”. Veja que a possibilidade da pequena já nem existe mais — a atendente está fazendo o *upsell*. Se for comprar um carro 1.0 e o vendedor convencê-lo a levar um 1.6, é, também, um *upsell*. Se for fazer uma assinatura de revista por um ano e o vendedor convencê-lo a fazer por dois anos, é *upsell*. Ou seja, *upsell* é quando existem versões similares de um produto, com faixas de preços e características diferentes. Produto/serviço simples = preço menor. Produto/serviço mais sofisticado = preço maior. Sempre que tiver um produto ou serviço em que pode ser feito um *upgrade* haverá *upsell*.

Comprovação

ANTES DO DESAFIO

Data de início: ____ /____ /____

Você pratica o *up-selling*? Como?

____

____

____

____

DEPOIS DO DESAFIO

Data de conclusão: ____ /____ /____

Preencha a seguinte tabela:

Nome do cliente com quem você aplicou o *upsell*?	Produto/ serviço que ele iria comprar?	Qual é o valor do produto que ele iria comprar?	Produto similar que você ofereceu?	Qual é o valor do produto que você ofereceu?

A que você atribui o sucesso ou o fracasso deste desafio?

____

____

____

A GRANDE LIÇÃO

Com base na experiência que teve com este desafio, registre aqui o que você aprendeu a respeito do *up-selling* e como planeja pôr em prática novas ações nesse sentido?

____

____

____

____

____

____

____

____

____

Aumente sua presença no bolso de seu cliente

Por Redação VendaMais

Melhorar a eficiência e a qualidade do relacionamento com os clientes já existentes pode garantir maior rentabilidade do que investir na captação de novos. O *share of pocket*, como é chamada a prática de abocanhar mais fatias no bolso do comprador, aproveita de maneira mais assertiva todas as possibilidades de venda para os consumidores. Isso pode ocorrer por meio da venda adicional (a tentativa de mostrar ao cliente que ele pode comprar mais do que pretendia), do *up-selling* (a venda de um produto de categoria e preço superiores ao solicitado) ou, ainda, com o *cross selling* (quando a empresa, individualmente ou em parceria com outra, vende produtos complementares ao principal).

Oferecendo mais e melhores opções de produtos ou vendendo soluções em vez de itens separados, a empresa passa a ser importante para o cliente, tendo maior influência sobre suas decisões de compra e conquistando a fidelidade dele. Mas, concentrando os esforços no *share of pocket*, a responsabilidade sobre o consumidor aumenta, pois ele tende a ter maiores expectativas. Marcelo Pontes, doutor em marketing pela USP e diretor da Brand Leader, destaca a importância de tomar o cuidado de não decepcionar o cliente. “Se isso acontecer o prejuízo será grande, visto que o consumidor deixará de comprar não apenas um, mas todos os produtos da empresa”, alerta. Para não correr o risco de desagradar e conseguir estar presente no maior número possível de experiências de compra dos clientes, são necessárias várias medidas por parte dos profissionais de venda.

Don Peppers, autor do *best-seller Marketing um a um*, afirmou recentemente que as vendas incrementais estão ganhando mais impulso, citando o caso da empresa americana de comércio on-line Office Depot. “O vice-presidente de atendimento ao cliente explicou como os atendentes do *contact center* devem gerar 34 milhões de dólares em receitas adicionais, que são resultados dos investimentos em treinamento e tecnologia que lhes permitem vender de maneira mais efetiva", comenta. Nos últimos quatro anos, a empresa investiu na integração da tecnologia do *call center* com seu sistema comercial, facilitando aos atendentes a realização de ofertas personalizadas.

Relacionamento garante vendas

O primeiro passo para vender mais aos seus clientes é identificar o perfil e conhecer suas necessidades. De acordo com Abaetê de Azevedo, autor do livro *Marketing de resultados* e presidente do Grupo Rapp Collins Worldwide/Brasil, o marketing de relacionamento tem se mostrado muito eficiente: "enquanto a comunicação de massa se encarrega de construir o *share of mind,* que é a imagem da marca na cabeça do consumidor, o marketing de relacionamento trata de concretizar a venda por meio de um relacionamento pontual com os grupos de consumidores mais valiosos para a marca". Ou seja, a empresa deve elaborar um eficiente banco de dados, selecionar os clientes por potencial e passar a ofertar produtos ou soluções que sejam desejadas ou necessárias a esses consumidores.

Para estabelecer diálogos que resultem em compra, também é importante criar canais de comunicação para interagir com os consumidores. Pode ser pela internet, por telefone ou fax, por exemplo, mas o fundamental é que os contatos dos clientes sejam processados, solucionados e retornados. Conhecendo os consumidores, também será mais fácil para a empresa adequar o mix de produtos e oferecer atrativos para que o cliente aumente suas experiências de compra.

Treinar para vender mais

Depois de preparar a estrutura da empresa para estar mais presente no bolso do cliente, é fundamental tomar muito cuidado com a preparação das pessoas responsáveis pelo contato direto com o consumidor. De acordo com Marcelo Pontes, a falta de treinamento dos vendedores é o principal empecilho para uma maior participação nos gastos do comprador. "É importante treinar, atualizar e instrumentalizar os vendedores com novas ferramentas, técnicas e atitudes de venda. A empresa deve disponibilizar, para a força de vendas, o histórico de compras dos clientes, mostrando as sinergias entre novos produtos", sugere.

Os vendedores também devem estar aptos para identificar o perfil do cliente no ato da venda, por meio de perguntas abertas. "São as perguntas inteligentes que estimulam o cliente a falar de suas necessidades. A partir dessas informações, o vendedor formula a oferta", explica João Baptista Vilhena, vice-presidente do Instituto MVC. Ele ressalta que a tradição brasileira forma vendedores "bons de papo", quando, na verdade, deveriam ser bons de ouvido. "Ouvindo o cliente, o vendedor é capaz de vender além do que o comprador originalmente achava que precisa adquirir", comenta.

Entender e procurar saber tudo sobre o cliente é a maneira que a empresa de viagens CVC encontrou para vender mais. Guilherme Paulus, presidente da companhia, afirma que a política da diretoria de vendas oferece treinamento permanente, transferindo cada vez mais para a equipe que é preciso pesquisar o poder aquisitivo e desvendar o sonho dos clientes. "Oferecemos aos funcionários informações sobre técnicas de venda e, principalmente, o conhecimento e a vivência de cada um de nossos serviços, além de um plano motivacional para toda a equipe", conta. Os resultados vêm se refletindo no desempenho dos vendedores, que estão prontos para oferecer ao consumidor o roteiro completo de uma viagem, por exemplo. "A venda sugestiva tem levado ao aumento do tíquete médio e conquista 100% de satisfação, pois o cliente sai com toda a viagem resolvida", ressalta Paulus.

"Ih, isso não vende! Nem adianta oferecer..."

Essa frase é muito comum no lançamento de produtos ou quando os gerentes tentam investigar o motivo da pouca saída de alguns itens. Para João Carlos Rego, conferencista e idealizador do Dia do Cliente, a falta de treinamento e o pouco comprometimento fazem que alguns vendedores não ofereçam determinados produtos: "muitas vezes, o vendedor tem implicância mesmo, mas isso é errado, porque ele não pode escolher, deve vender o que for melhor para o cliente". O consultor nas áreas de vendas e marketing Francisco Alvarez explica que, para evitar esse "bloqueio mental", é necessário vender o produto ou serviço em primeiro lugar para a equipe de vendas, mostrando todos os seus reais benefícios. "Mas, uma vez detectado que o problema não está nos vendedores, a empresa deve investir em metas específicas e ações motivacionais para a venda dos produtos", comenta.

Quebrar o "bloqueio mental" e oferecer uma solução mais completa ao cliente é muito mais vantajoso para a empresa e para a equipe de vendas. Na Editora Quantum, por exemplo, o vendedor que mais faz vendas adicionais fatura, por mês, o triplo do profissional que menos realiza esse tipo de ação. Dá para imaginar a diferença entre os salários e o quanto empresas e vendedores deixam de ganhar por não colocarem em prática o conceito do *share of pocket*. Não perca tempo e dinheiro, estimule seu cliente a perceber que ele pode comprar mais do que pretendia. Segundo uma pesquisa realizada em 2002, nos Estados Unidos, por J. Jeffrey Inman e Russell S. Winner, 59,1%, em média, das compras não são planejadas e apenas 29,9% foram previamente listadas.

Checklist

Confira abaixo se você e sua empresa estão tomando algumas medidas para vender mais aos seus clientes:

Checklist do vendedor

- Eu conheço o perfil dos clientes que compram comigo?
- Tenho conhecimento das características, das vantagens e dos benefícios de todo o mix de produtos da empresa?
- Quando inicio o contato com o cliente, faço perguntas que auxiliam na elaboração da proposta?
- Ao negociar a venda, ofereço ao cliente opções de outros produtos melhores ou mais adequados às necessidades dele?
- Ao concluir a venda, abro possibilidades para novos contatos?
- Desde o último contato que tive com o cliente, ele desenvolveu uma necessidade ou problema novo?

Checklist do gerente de vendas

- A empresa conhece o perfil de seus clientes?
- O mix de produtos está adequado às características e necessidades dos clientes?
- Existem canais de comunicação que interagem com o cliente para saber o que ele deseja (internet, fale conosco, 0800 ou a tradicional caixinha de sugestões)?

- A empresa tem o controle das interações, das compras ou dos contatos mais recentes dos consumidores?
- O pessoal responsável pelo contato direto com o cliente — vendedores, atendentes ou operadores de telemarketing — recebem treinamento para fazer vendas adicionais, cruzadas ou o *up-selling*?
- Esse mesmo pessoal conhece as características, as vantagens e os benefícios de todo o mix de produtos da empresa?
- Agora, preste atenção nas definições e saiba como aplicar cada um dos conceitos no seu dia a dia:

SHARE OF POCKET

O que é: o aumento da participação da empresa no bolso do cliente. Esse conceito é normalmente utilizado por organizações que possuem vários produtos para oferecer ao consumidor.

Como fazer: foi-se a época em que o supermercado oferecia apenas produtos essenciais para o dia a dia de qualquer família. Hoje, o conceito de hipermercado traz ao cliente, além dos tradicionais produtos de limpeza e alimentação, itens como eletrodomésticos e roupas. É uma forma de vender mais para quem já é cliente.

VENDAS ADICIONAIS

O que é: a tentativa de fazer que o cliente perceba que aquilo que ele está comprando é menos do que ele poderia comprar. O vendedor o estimula a comprar mais, convencendo-o a adquirir produtos que ele antes não pretendia consumir.

Como fazer: em uma loja de material esportivo, não custa nada oferecer um tênis para quem foi atrás do short e da camiseta. Acrescentando novos produtos, o vendedor estará oferecendo uma solução completa para o cliente.

VENDAS CASADAS

O que é: quando a venda de um produto é condicionada à compra de outro item, que normalmente não despertou o interesse do comprador. Foi muito usada no passado, quando a oferta era menor que a procura. Hoje, além de antiética, é ilegal. Algumas pessoas confundem vendas casadas com vendas adicionais, mas, como explicamos, elas são completamente diferentes.

Como fazer: a venda casada pode ser feita de forma criativa e não impositiva, demonstrando ao cliente os benefícios adicionais que a aquisição de todos os itens trará para ele. Mas tome cuidado! A decisão do que comprar é do cliente. Não há nada, dentro dos limites legais e éticos, que possa obrigá-lo a adquirir o que não deseja.

CROSS-SELLING

O que é: vender para o mesmo cliente produtos complementares àquele que ele pretende comprar, com base na combinação de informações do comprador durante ou após o processo de venda.

Como fazer: para quem irá comprar um carro novo, uma boa alternativa é oferecer um CD player, rodas e outros acessórios para incrementar o veículo.

UP-SELLING

O que é: venda de um produto de categoria e preço superiores. É oferecer ao cliente algo de uma categoria acima do que aquilo que ele estava disposto a adquirir.

Como fazer: um hóspede chega a um hotel solicitando um apartamento *standard*. Ele pode muito bem ser convencido a ficar com uma suíte, pelo conforto e pelas vantagens que o cômodo poderá lhe oferecer.

Qual é a melhor hora para falar o preço?

Por João Baptista Vilhena

Responda sem vacilar: qual é a hora certa de dar o primeiro beijo em uma pessoa que você quer namorar? Se você disse que não existe hora certa para esse tipo de atitude, acertou em cheio.

Na verdade, como a maioria de nós sabe, o importante para iniciar um namoro é estar atento aos sinais emitidos pela outra pessoa. Isso exige total concentração no que está sendo dito e, principalmente, atenção aos mínimos detalhes no que diz respeito a gestos e expressões que compõem a chamada comunicação não verbal.

É pensando nisso que, toda vez que alguém me pergunta a hora certa de falar sobre preços durante a venda, brinco devolvendo a interpelação com a pergunta sobre a hora certa de dar o beijo. Essa é a forma descontraída que encontrei para explicar às pessoas que não existe uma receita de bolo para cada coisa que o bom profissional precisa fazer durante a venda.

Alguns autores costumam dizer que devemos evitar falar de preço logo no início da abordagem. Em linhas gerais, eu tendo a concordar com essa ideia, pois acho que, na maioria das vezes, discutir o preço interessa mais ao vendedor que ao cliente. Para ser sincero, nunca vi uma só pesquisa sobre critérios de decisão de compra na qual o quesito preço aparecesse em primeiro lugar. Mas não posso deixar de lembrar que eu mesmo já lidei com pessoas que eram muito focadas em preço. Com esse tipo de cliente, eu sempre encarava o assunto de frente, mas procurava uma pista sobre o valor que ele atribuía à minha oferta, perguntando: "quanto o senhor acha que vale?". Nem sempre os clientes entravam na minha e sinalizavam o seu ideal de preço. Nesses casos, não tinha jeito, eu dizia o valor e partia para negociar o que fosse possível. Mas, na maioria das vezes, eu conseguia, sim, ter uma pista de se o cliente tinha pelo menos uma noção aproximada do valor que ouviria a seguir.

O que evito até hoje é, quando estou perante os poucos clientes que são muito ansiosos no que diz respeito a preço, deixar de responder à pergunta feita, fazendo "ouvidos de mercador". Ignorar a ansiedade do cliente só servirá para uma coisa: torná-lo ainda mais ansioso.

Pragmaticamente, eu diria o seguinte:

- Para cliente ansioso, procure descobrir o seu objetivo de preço por meio de perguntas exploratórias ou que se espelhem em algo que ele próprio já disse e que valoriza a sua oferta.

- Para cliente controlado, procure enfatizar o valor, e não o preço da sua oferta. Lembre-se de que o valor não está nas coisas, mas, sim, nas necessidades ou nos desejos que a oferta é capaz de atender. Por isso, foque os benefícios.

- Para cliente apático, procure interessá-lo na discussão, fazendo um grande estardalhaço sobre o quanto o produto é barato e, ao mesmo tempo, importante para ele.

- Para clientes agressivos, evite polemizar demais sobre o aspecto preço. Faça comparações com outros produtos, estabeleça correlações interessantes e bem-humoradas: "este sapato custa o equivalente ao valor de 30 maços de cigarros. Como o senhor não fuma, neste mês dê a si mesmo esse presente".

Entretanto, a mais preciosa de todas as dicas que posso dar a você é a seguinte: durante a venda, não perca de vista os mais sutis sinais do cliente. Preste atenção em tudo o que ele fala e, principalmente, naquilo que ele não fala, mas deixa transparecer nos gestos e nas expressões. Se você tiver pelo cliente o mesmo interesse que as pessoas têm por novos namorados, falar de preço será sempre uma coisa fácil.

4 motivos pelos quais os clientes dizem "está caro"; e o que fazer

Por Raúl Candeloro

"Seu preço está muito caro!" é uma frase que todo vendedor deve escutar pelo menos uma vez por dia. Exatamente por ser tão comum, é fundamental que todo vendedor saiba como responder adequadamente a essa objeção (também seria lógico imaginar que todo vendedor inteligente pesquisasse incessantemente como responder a essa pergunta, já que a ouve todos os dias).

Antes de vermos como responder, é importante entender primeiro por que você ouve essa frase. Segundo o especialista Eric Slife, existem quatro razões principais para que um cliente ou prospect diga que está caro.

» O cliente não percebe o valor do produto ou serviço.

» Não existe diferencial algum em relação à concorrência.

» O cliente está usando a tática mais velha do mundo para negociar.

» O vendedor qualificou de maneira errada o prospect.

1. **O cliente não percebe o valor do produto ou serviço.** Se o valor percebido pelo cliente é menor do que o preço que você está pedindo, é lógico que ele achará caro. Felizmente, existem várias maneiras de aumentar o valor percebido. Por exemplo, a marca e a empresa na qual você trabalha podem ser importantes. Garantias também aumentam esse valor. Rapidez no atendimento é ainda outra opção. Sua experiência de mercado, as características únicas do seu produto ou serviço, testemunhais de clientes satisfeitos... enfim, existem dezenas de opções para aumentar o valor percebido do seu produto/serviço.

   Lição de casa: *escreva, em um pedaço de papel, dez motivos pelos quais o cliente deve fazer negócios com a sua empresa e não com a concorrência. (Se você não conseguir responder a essa pergunta, como espera que o cliente entenda o valor da sua proposta?)*

2. **Não existe diferencial algum em relação à concorrência.** Se você está em um mercado concorrido e tudo está muito semelhante, fica claro que seu cliente irá escolher sempre a opção mais barata. Se você for tipicamente a solução mais barata, então não terá problemas. Caso contrário, terá de montar uma boa estratégia para se diferenciar da concorrência.

   Lição de casa: *escreva, em um pedaço de papel, dez coisas que seus clientes levam em conta na hora de definir uma compra — além do preço. Em quais deles vocês estão iguais ou inferiores à concorrência? O que pode ser feito para mudar isso?*

3. **O cliente está usando a tática mais velha do mundo para negociar.** Muitas vezes o cliente irá lhe dizer que está caro só para ver se você baixa o preço. Alguns nem falam — só fazem uma cara de espanto. Outros ficam em silêncio. Aí o vendedor entra em pânico com aquele silêncio constrangedor e desanda a falar sem parar, dando desconto sem nem mesmo o cliente ter pedido.

   Como lidar com essa situação? Antes de tudo, o vendedor deve ficar quieto e contar até dez antes de abrir a boca. Aí quem pode ficar incomodado é o cliente, que começará a falar e a se justificar (se isso ocorrer, ótimo!).

   Se por acaso o cliente insistir no assunto, sua resposta deveria ser: "pela sua reação, parece que você esperava um valor diferente. Você poderia me dizer qual era sua expectativa e como chegou a esse valor?". Com essa pergunta, você descobrirá algumas coisas interessantes, como sua linha de raciocínio, seu orçamento, o conhecimento que ele tem das ofertas da concorrência.

   Com essas informações, você pode responder melhor à objeção, de preferência utilizando os diferenciais competitivos do seu produto, do seu serviço ou da sua empresa. Ou seja, sempre que o cliente pedir um desconto, responda agregando valor. E, se mesmo assim tiver de dar um desconto, peça algo em troca: um pedido maior, pagamento à vista etc.

   Lição de casa: *o que é que você vai dizer exatamente — palavra por palavra — da próxima vez que ouvir a objeção "está caro"?*

4. **O vendedor qualificou de maneira errada o prospect.** Um prospect pode simplesmente não ter dinheiro para fazer essa compra ou pode não querer gastar esse dinheiro com algo que não acredita ser prioridade no momento. Nos dois casos, o que aconteceu foi que o vendedor não fez as perguntas certas no início do processo de venda. Quando isso ocorre, o vendedor acaba gastando tempo, energia e dinheiro com pessoas sem condições de comprar. Além da desmotivação causada por não vender, o vendedor ainda perde a oportunidade de falar com prospects interessados. Ou seja, é um duplo tiro no pé.

Se um cliente não quer abrir seu orçamento, você precisará ter certeza de que vale a pena investir nesse relacionamento. Uma opção simpática é dar algumas opções. Por exemplo: "temos soluções mais simples, que custam mil reais, e até as mais completas, que custam dez mil reais. Gostaria de lhe oferecer a solução mais adequada para seu orçamento — qual dessas opções você acha que se encaixa melhor?".

Veja que, mesmo que o prospect diga "quero ver a de mil reais", você não irá apenas oferecer essa solução e pronto. Pelo contrário. A função do vendedor é maximizar a satisfação do cliente e o lucro da empresa. Portanto, precisa continuar perguntando e oferecendo até achar a opção mais conveniente.

Lição de casa: *faça uma lista de perguntas que permita a você qualificar rapidamente o cliente, sem achismos nem preconceitos (tem vendedor que só de olhar para a pessoa já acha que sabe com qual tipo de cliente está lidando!).*

De acordo com Slife, depois de entender as razões pelas quais escutamos a objeção "seu preço está muito caro", podemos ver claramente que existe muito a ser feito antes de a venda começar se quisermos realmente lidar proativamente com a situação. Entretanto, mesmo que façamos o possível, com certeza ainda vamos ouvir o "está caro" de vez em quando. Nesses casos, pergunte de maneira simples: "Entendo. Poderia me dizer por que acha que está caro?".

Essa simples pergunta permite que o prospect tenha a oportunidade de compartilhar com você o verdadeiro motivo da objeção. Não é uma pergunta agressiva, que deixa os clientes na defensiva, mas, sim, que os estimula a falar. Isso é exatamente o que você quer, pois o coloca no controle e permite que você descubra exatamente como responder às dúvidas do cliente. Isso também impede que você evite o pior erro (e o mais comum) cometido por vendedores nessa hora — começar a falar sem parar, tentando justificar seu preço.

DESAFIOS DE VENDAS

DESAFIO 28

Crie uma lista de coisas para PARAR de fazer

Etapa da venda

Preparação e planejamento

Definição

A inspiração para este desafio vem daquelas tradicionais metas de final de ano: “No ano que vem vou fazer isso, aquilo etc.” A ideia aqui, porém, é o oposto disso. Queremos que você crie uma lista com coisas que devem deixar de ser feitas, porque atrapalham suas vendas. O objetivo é foco e produtividade.

Sintoma

É comum acumularmos inúmeras tarefas sem relevância, objetos sem valor, ações que são feitas de uma mesma forma há anos, sem nem sabermos o porquê, e relacionamentos que não nos agregam em nada. Enfim, há uma série de correntes que arrastamos pela vida, porque já estamos acostumados a elas e não porque são realmente essenciais. São todas aquelas coisas que, se pudéssemos optar, diríamos que não iríamos mais fazer, mas, por algum motivo, ainda as fazemos.

É provável que você já tenha pensado em algo para mandá-las pelos ares, não?

Descrição do desafio

Faça uma avaliação sobre tudo o que envolve seu cotidiano profissional e pense no que mais o incomoda, atrapalha ou impede de evoluir e aumentar suas vendas, e corte isso de sua vida. É provável que você pense: “eu odeio isso, mas não tenho como simplesmente deixar de fazer”. Nessas horas você deve ser forte e determinado. A palavra-chave aqui é LIBERTAÇÃO.

Nossas sugestões

Uma forma simples de cumprir o desafio é aprender a dizer "não". Isso pode valer quando você vende algo que não acredita, quando tem clientes problemáticos, fornecedores que o atormentam e, por que não, um chefe que você não admira? Dizer "não" pode ser altamente libertador. Muitas vezes, parar de fazer algo que você considera errado é a única forma de começar a fazer o certo. Então, diga "basta", "chega" e corte o que for negativo e improdutivo da sua vida profissional. Coloque "o que não fazer" na sua lista de "parar de fazer" e viva mais feliz.

As seguintes tarefas/atividades são grandes vilãs de muitos vendedores. Quem sabe não são os seus também:

- Acessar o e-mail pessoal durante o trabalho.
- Manter contato com clientes e pessoas do seu círculo pessoal pelo Skype, WhatsApp e outros aplicativos de mensagem.
- Fazer propostas inteiras em vez de adotar um modelo específico.
- Ficar se batendo com os sistemas da empresa em vez de assumir que sabe pouco e pedir para o gerente um bom treinamento etc.

Comprovação

ANTES DO DESAFIO

Data de início: ____ /____ /____

Com que frequência você avalia se as coisas que faz em sua vida profissional estão sendo ou não produtivas?

____

____

____

DEPOIS DO DESAFIO

Data de conclusão: ____ /____ /____

O que você eliminou da sua vida e por quê?

____

____

____

____

A que você atribui o sucesso ou o fracasso deste desafio?

____

____

____

____

____

A GRANDE LIÇÃO

Com base na experiência que você teve com este desafio, registre aqui o que precisa fazer para que sua vida não seja marcada por um acúmulo de coisas desagradáveis a fazer.

____

____

____

____

____

____

____

____

FERRAMENTAS

O que você vai parar de fazer este ano?

Por Raúl Candeloro

Em todo começo de ano, milhares de pessoas fazem listas de "coisas a fazer". Algumas pessoas são mais organizadas e separam as metas em áreas (dinheiro, família, trabalho, saúde etc.). Outras são mais focadas e escolhem apenas três grandes metas ou uma única meta enorme — no resultado, na sua carga emocional ou, simplesmente, na enorme vontade de alcançar aquilo.

Na minha lista particular, coloco sempre duas coisas que considero diferentes do restante das pessoas que conheço: fazer algo que nunca fiz na vida e escolher uma nova área do conhecimento para me aprofundar (ou seja, passo o ano inteiro estudando um assunto que eu não conhecia). Tenho certeza de que essas duas coisas têm sido fundamentais para o meu sucesso, para tornar a minha vida mais interessante e, talvez, mais importante, para moldar e aprimorar de maneira contínua o meu caráter, minha personalidade e meus relacionamentos.

Afinal de contas, já faço isso há 24 anos (comecei aos 18) e, nesses anos, fiz 24 coisas diferentes, que nunca tinha feito, e estudei 24 assuntos diferentes, que nunca tinha estudado. Este ano vou implementar uma novidade na minha lista, por influência do Jim Collins: vou colocar nela uma ou duas coisas que preciso parar de fazer. Isso mesmo, em vez de colocar mais coisas para fazer, vou parar de fazer determinadas coisas.

A verdade é que acumulamos coisas sem valor, tarefas desnecessárias, atividades ultrapassadas, relacionamentos improdutivos... enfim, uma série de correntes que arrastamos pela vida mais por força do hábito do que por qualquer outro motivo. São todas aquelas coisas que, se você pudesse escolher, provavelmente tiraria da sua vida, mas que, por uma razão ou outra, elas estão lá.

Collins se viu defrontado com isso quando uma professora lhe deu o desafio do 20/10.

Funciona assim: em um certo dia pela manhã, você recebe dois telefonemas. No primeiro, avisam que ganhou 20 milhões de reais. No segundo, que você tem dez anos de vida. O que faria de diferente? Pouca gente pensa profundamente sobre isso e vai deixando a vida passar. As correntes vão se acumulando e, um dia, a pessoa acorda e se descobre sufocada, vivendo uma vida que não queria. Aliás, existe gente que acorda e descobre que não é mais a mesma — está vivendo uma vida falsa, vazia, uma vida vivida pelos outros e para os outros.

Uma forma simples de resolver isso é parando de fazer coisas. Simplesmente aprender a dizer "não". As próprias empresas precisam aprender a fazer isso — dizer "não" a alguns produtos ou serviços, a alguns clientes, fornecedores, parcerias e a alguns funcionários.

Dizer "não" pode ser altamente libertador... muitas vezes, parar de fazer algo errado é a única forma de começar a fazer o certo. Então, diga: "basta!", "chega!". E corte, assim, algo negativo e improdutivo da sua vida.

Como você quer gerenciar o seu trabalho — e levar a sua vida

Por Raúl Candeloro

Sabe quando tudo à sua volta dá a impressão de caminhar em uma velocidade que você parece não acompanhar? E você tenta de todas as formas dar conta de tudo, sem grande sucesso em todas as coisas? Qual foi a última vez em que chegou em casa e, de verdade, relaxou, não pensou nos muitos telefonemas de vendas que não conseguiu dar, enquanto seu colega o fez em dobro da meta diária?

Por que será que o campeão de vendas consegue finalizar todas as suas atividades, fazer *networking* com seus clientes, lembrar-se de mandar aquele bilhete de agradecimento/aniversário aos parceiros de negócios, organizar sua rota de visitas e, ainda por cima, chegar em casa e curtir a família, brincar com o filho e colocá-lo para dormir, sem se preocupar com o que deixou para trás no trabalho? Primeiro, é por isso que ele é o campeão de vendas; segundo, ele consegue ser eficaz porque equilibra sua vida pessoal e profissional, sendo produtivo enquanto está no trabalho.

E aí está a chave da questão: ser produtivo dentro das suas 24 horas diárias, conseguir êxito em tudo o que faz, sabendo gerenciar o tempo de que dispõe — porque você não consegue "esticar o dia" ou enganar as horas, elas passam na mesma velocidade de sempre, o que faz a diferença é como você as gerencia.

E, para tal produtividade acontecer, é preciso compreender muito bem duas nuances em relação ao tempo. Uma é que "tempo é dinheiro". Sim, o jargão criado pelo historiador Diógenes Laerte e difundido no mundo por Benjamin Franklin não é popular à toa. Quer ver como?

Pegue, por exemplo, o tempo perdido de muitos vendedores com conversas improdutivas, navegação na internet, falta de planejamento de visitas, mais o tempo gasto no trânsito e multiplique pelo número de vendedores que há na sua empresa. Você irá se assustar ao ver como o resultado pode impactar no faturamento, porque todo o tempo perdido poderia ser revertido em muito mais vendas.

O segundo fator a se ter em mente é que "tempo é vida". Ganhar tempo na vida é importante, mas melhor mesmo é ganhar mais vida no tempo. Ih, complicou? Vamos desatar o nó. Estamos falando aqui de qualidade de vida, afinal, você não quer infartar aos 38 anos por levar uma vida sedentária, em ultravelocidade e sempre apagando incêndios, não é mesmo? Além disso, pesquisas revelam que pessoas que têm melhor qualidade de vida são mais produtivas e obtêm resultados melhores — lembra-se da tão sonhada produtividade? — para ela e para a empresa. A publicação *As 150 melhores empresas para trabalhar* comprova isso quando ressalta que nessas pessoas a produtividade é, em média, 90% superior.

Então, o segredo é saber distribuir bem o tempo entre a família, o lazer e o trabalho, assim ganhará mais tempo, produtividade e qualidade de vida. E como fazer isso? Bem, ferramentas não faltam, basta procurar — se tiver tempo. Mas, para facilitar a sua vida, iremos lhe mostrar alguns conceitos *made in Brazil*, desenvolvidos por Marcelo de Almeida no livro *Organize seu tempo* (Editora DCL), que lhe serão muito úteis.

Missão, valores e objetivos

Esses três itens compõem a pirâmide do sucesso pessoal e profissional, uma técnica de planejamento baseada no autoconhecimento para a construção de um norte, do saber para aonde se está indo e por quê. Assim, poderá gerenciar o tempo com elevada produtividade, já que, se possui o seu norte bem definido, suas atitudes e ações em relação ao tempo são mais sólidas e firmes, não se permitindo ser interrompido com frequência ou gastá-lo com aquilo que não o levará ao seu norte.

A missão é o seu propósito de vida, a razão das suas atitudes e emoções. Ela é a sua maior motivação. Marcelo chega a dizer que ela “não é definida, ela é encontrada, pois está dentro de nós, da nossa alma, porém, na correria do dia a dia, não paramos para ouvir nossa voz interior”. Resumindo, a missão é o motivo maior da sua existência e o que gera motivação espiritual para suas realizações.

Os valores são os pilares que sustentam suas realizações, pois respaldam suas ações, atitudes e palavras. Eles são essenciais para que uma pessoa alcance o sucesso sustentável. Desde a nossa infância, eles são desenvolvidos em nós, quer conscientemente ou não, e vão sendo construídos ao longo da vida. Para facilitar sua definição de valores, você pode dividi-los em áreas específicas e limitar a quantidade que achar necessária para a sua vida. Veja um exemplo que Marcelo dá:

Áreas da vida	Valores orientados
Família	1. Sou o melhor amigo dos meus filhos e do meu cônjuge. 2. Ofereço-lhes amor, atenção e todo o suporte necessário para garantir a felicidade e a paz. 3. Sou um bom exemplo para minha família em termos de caráter e atitude.
Trabalho	
Amigos	
Saúde	
Educação	
Finanças	

Que tal você preencher o restante dos itens com os seus valores? Esse é um modelo, adapte-o com as áreas que considera mais importantes na sua vida pessoal e profissional!

Por fim, os objetivos são a materialização dos nossos desejos. Eles são importantes para que a vida material tenha sentido, principalmente quando estão relacionados à missão e aos valores. Quem não tem objetivos fica sem força e direção, pode ser levado para qualquer lugar a qualquer momento. Eles podem ser de curto (dentro do período máximo de concretização de um ano), médio (entre um e cinco anos) e longo (superior a cinco anos) prazos.

Priorização

No mundo globalizado e, por vezes, poluído de informações, é fácil se perder no que é mais útil ou importante a fazer. E o maior segredo na administração correta do tempo está em manter o foco nas prioridades, não em controlar o tempo, mas em trabalhar com atenção no que realmente agrega valor. É o famoso viver "apagando incêndios" nas empresas e, quando alguém pergunta o que é prioridade, a resposta é: "tudo". É a falsa ideia de que tudo é tão importante que não possa esperar o tempo necessário para se fazer uma análise e um planejamento do que é prioridade.

Nesse sentido, diversos autores da administração citam uma ferramenta muito interessante: a matriz do tempo (o nome varia de autor para autor), que divide em quadrantes as tarefas de acordo com seu grau de importância: urgentes, não urgentes, importantes, não importantes.

Tarefas	Urgente	Não urgente
Importante	1 Recomendação: GERENCIAR	2 Recomendação: FOCAR
Não importante	3 Recomendação: MINIMIZAR	4 Recomendação: EVITAR

Quadrante 1: urgente e importante — São tarefas de valor que devem ser realizadas imediatamente, pois têm prazos apertados. É essencial gerenciar esse quadrante, como também é se policiar para não ser escravo dele para todo o sempre.

Quadrante 2: não urgente e importante — Você deve manter o foco nesse quadrante, pois é o que serve de base para o planejamento e a reciclagem ideais para a construção de projetos relevantes. A qualidade e a produtividade nascem nesse quadrante, pois é nele que são construídas as visões e estratégias para vencer e onde também renovam-se as energias e mantém-se a saúde para chegar lá.

Quadrante 3: urgente e não importante — É preciso minimizá-las ao máximo, pois são tarefas que não agregam valor nem a você nem à empresa. Geralmente são favores, interrupções, relatórios desnecessários etc. É preciso aprender a dizer não a elas.

Quadrante 4: não urgente e não importante — Aqui, é preciso cuidado. Esse é o quadrante do excesso de conversas fiadas, navegação na internet, lazer, relaxamento, sono... quase beirando à preguiça. São tarefas que não agregam valor e ainda desperdiçam tempo.

Então, agora é a sua vez de colocar a mão na massa. Que tal começar agora a usar essa ferramenta, a matriz, nas tarefas do seu dia a dia para evitar desperdiçar seu tempo e suas energias com coisas que não agregam valor para sua empresa, nem para sua missão, nem para seus objetivos? Pode não ser a solução para todos os seus problemas de "falta de tempo", mas já é um começo para a reeducação da sua postura diante do trabalho x sua vida pessoal, garantindo-lhe mais eficácia e melhor qualidade de vida. Comece agora!

O poder do foco

Por Raúl Candeloro

Se existe uma reclamação comum hoje em dia, com certeza é a falta de tempo. Temos tantas opções e obrigações que 24 horas no dia e sete dias na semana não são suficientes. Cada pessoa tem um jeito de lidar com isso. Algumas dormem menos, outras vão deixando de fazer certas coisas, outras ficam estressadas, outras desistem.

Obviamente chega um ponto no qual temos de fazer escolhas e, dependendo do que for escolhido, podemos ser muito mais felizes e produtivos ou o contrário. Aliás, como não podemos administrar o tempo, mas apenas nossos atos, escolher e priorizar são realmente a única forma de ser mais eficaz (e não enlouquecer).

Canfield, Hansen e Hewitt, autores de *O poder do foco* (Editora Best Seller), propõem um exercício muito simples, mas extremamente prático, de sete passos para colocar em ordem suas prioridades. É o que eles chamam de "Workshop de focalização prioritária".

1. Faça uma lista de todas as atividades que consomem seu tempo no trabalho. Por exemplo: telefonemas, reuniões, relatórios, vendas etc. Inclua tudo, mesmo atividades que só parecem consumir cinco minutos. Seja específico, claro e conciso.
2. Descreva três atividades em que você é brilhante no trabalho.

3. Cite as três atividades mais importantes que geram renda para sua empresa.
4. Cite as três atividades mais importantes que você não gosta de realizar ou nas quais seu desempenho é medíocre.
5. Faça uma lista de pessoas que poderiam realizar essas tarefas por você.
6. Quais são as atividades consumidoras de tempo que você irá delegar imediatamente ou dizer “não”?
7. Quais são os benefícios imediatos que resultarão dessa decisão? O que você irá fazer com o tempo disponível?

Particularmente, há anos uso um sistema mais simples ainda — anotar em uma folha de papel as cinco coisas mais importantes para fazer no dia seguinte. Só isso: uma lista com cinco coisas para fazer. Mas faça a conta: são 25 coisas importantes na semana, 100 por mês e 1.200 no ano.

Algumas pessoas fazem listas com 37 itens e no final do dia descobrem que só fizeram três deles. Prefiro ter menos coisas, mas garantir que sejam importantes e alcançadas ao final do dia, pois isso mantém a lista pequena, sem acúmulos.

Assuntos inacabados são outro problema sério, por isso os autores do livro recomendam um outro sistema, também simples e prático:

- Faça uma lista dos assuntos inacabados que você quer resolver.
- Faça uma lista dos benefícios que terá ao resolver esses assuntos. Como irá se sentir?
- Crie um plano de ação para resolvê-los. O que irá fazer exatamente?
- Coloque uma data limite. Até quando poderá resolvê-los?

Seja qual for o método utilizado, alguém que busca a realização pessoal e profissional, um estilo de vida saudável, relacionamentos interessantes e equilíbrio entre trabalho e vida familiar, com certeza precisa ter bem claros quais são suas prioridades e seu foco. Menos estresse e mais produtividade — não é o que todos queremos?

DESAFIO 29

Ajudar um colega a bater a meta dele

Definição

Histórias de vendedores que roubam as vendas de colegas, trapaceiam e não conhecem limites, quando o assunto é bater metas, são comuns nesse meio de trabalho. No entanto, isso nunca foi e nunca será saudável. É por isso que fizemos questão de desafiá-lo a ser solidário com um colega. A missão? Ajudar outro vendedor a bater a meta.

Sintoma

Seus colegas de trabalho não podem ser vistos como seus adversários. Todos fazem parte de um mesmo time. Cada qual tem seu objetivo particular, mas, para o bem da empresa e, consequentemente, para o sucesso de cada um, é preciso que exista um clima de harmonia. Portanto, se o seu o ambiente de trabalho é marcado pela animosidade, é seu papel reverter esse quadro.

Descrição do desafio

Procure um colega que está com dificuldades para bater as metas e ofereça ajuda no que estiver ao seu alcance e que possa ser útil para que ele atinja esses objetivos. A ideia aqui é gerar um fluxo de energia positiva, contribuir para um ambiente de trabalho mais saudável e, por que não, ganhar pontos com os colegas. Até porque não tenha dúvidas de que um dia você ainda precisará de gentilezas.

Nossas sugestões

Para ajudá-lo, você pode passar bons contatos de prospects, dar dicas sobre técnicas e estratégias que você usa e geralmente obtém sucesso ou, até mesmo, ouvir um desabafo e oferecer um ombro amigo. Você também pode pedir para que ele acompanhe uma de suas atuações em vendas. Muitas vezes um vendedor com rendimento ruim precisa apenas de uma referência positiva para reaprender o que é necessário e decisivo no momento da venda. O importante aqui é mostrar que você não é apenas um colega de trabalho, mas, também, um profissional preocupado com o bem-estar e o sucesso de todos da equipe.

Comprovação

ANTES DO DESAFIO

Data de início: ____ /____ /____

Alguma vez você já contribuiu para o sucesso de um colega de trabalho? Explique.

DEPOIS DO DESAFIO

Data de conclusão: ____ /____ /____

O que você fez para ajudar seu colega?

Qual era a média de vendas desse vendedor nos últimos três meses?

Qual foi o total vendido por esse vendedor no mês em que você o ajudou? (Só considere o desafio cumprido se você conseguiu fazer seu colega aumentar as vendas.)

A que você atribui o sucesso ou o fracasso deste desafio?

A GRANDE LIÇÃO

Com base na experiência que você teve com este desafio, registre aqui o que precisa fazer para sempre ser um colega de trabalho solidário e preocupado com o sucesso de todos na equipe.

FERRAMENTAS

Ajudar outros vendedores: vale a pena?

Por Redação VendaMais

Você já teve em sua equipe algum colega gentil, sempre disposto a ajudar vendedores com dificuldade? Ou já se comportou dessa maneira alguma vez? Um de nossos leitores viveu a grande decepção de auxiliar colegas de trabalho e ter como "recompensa" vários de seus clientes tomados. Aos poucos, ele foi percebendo que suas comissões estavam ficando cada vez menores e o número de clientes que atendia estava diminuindo, assim como a qualidade deles.

O leitor foi tão a fundo na tentativa de ajudar outras pessoas que acabou passando parte do seu trabalho para outros funcionários. Foi aí que ouviu um conselho difícil, porém bastante sincero de um amigo: "deixe de ensinar, senão você acabará perdendo o emprego". Surpresa com essa dura lição de realidade, a revista *VendaMais* foi a campo perguntar aos vendedores: vale a pena ajudar colegas de profissão? Ou, no mercado competitivo, ganha mais quem retém o conhecimento? Veja o que descobrimos.

"Já vivi a experiência de ajudar os outros. Gastei tempo e conversa inúmeras vezes na busca do resultado coletivo. Algumas pessoas na equipe viam com bons olhos, outras comentavam que eu 'me achava' por fazer isso. Bobagem, tudo era desejo honesto e sincero de contribuir. Até que meu diretor disse: 'cuidado! Supervisor quebra-galho nunca chega a gerente'. O comentário foi sendo lentamente digerido, quando percebi que inúmeras vezes consertei erros do gerente e ele ficou vendo o circo pegar fogo. Resultado: mudei. Fechei-me para alguns e logo a verdade apareceu. O meu chefe era fraco e eu impedia meu próprio crescimento segurando ele. Pouco tempo depois, quem subiu fui eu. Ajudar é bom, mas tem limites.”

Rodrigo Ramos

“Na minha opinião, ajudar é sempre importante, mas isso não significa fazer o trabalho da pessoa. Você pode ensinar, dar as melhores orientações, porém a tarefa tem de ser feita pela própria pessoa. E você segue o seu trabalho, porque, antes de ser o vendedor camarada, tem de ser um bom profissional, saber dividir a hora para cada coisa e estar atento em verificar quando aquela atitude está o prejudicando.”

Elisângela Santos

“Já me dediquei e, de tanto ajudar os outros, me dei mal. Hoje, com alguma bagagem, decidi seguir um conselho do meu pai: ‘nunca ensine tudo o que sabe, pois isso pode se virar contra você’. Agora, passo o estritamente necessário e deixo que a pessoa opte por estagnar ou aprimorar seu conhecimento. Afinal, o que eu sei tive de buscar para aprender. Por que não deixar que os outros também o façam? Isso ajuda na formação de um bom profissional e, principalmente, no desenvolvimento do caráter e da ética. É do ser humano não valorizar o que vem fácil demais. Raramente vale a pena ajudar outros vendedores! Muitos querem crescer usando as nossas cabeças como escadas. Adotar uma postura mais reservada e ‘pouco camarada’ impõe respeito e não significa falta de espírito de equipe, mas profissionalismo.”

Daniela Ubatuba

“Passar nossa experiência para outras pessoas é muito importante e satisfatório. Ver o sucesso de alguém é muito bom e saber que teve parte nisso é ainda melhor, não para encher nosso ego, mas porque proporcionar o desenvolvimento não só profissional, mas também do caráter de alguém, é a melhor recompensa. ‘Nem sempre subimos a escada, mas às vezes temos de ser a própria escada para que outras pessoas possam conhecer o que nos deu sucesso’.”

Aparecido Massarani

“Eu tive um caso de um vendedor que gostava de ajudar e ensinar os colegas, era sempre empenhado, focado e vestia realmente a camisa da empresa.

Ele buscava sempre conhecimento, crescimento e se reciclava para poder ajudar. Era um ótimo vendedor, mas, depois de alguns anos, as vendas dele começaram a cair. Foi aí que rapidamente percebi a situação, chamei-o para uma conversa e ele foi promovido a supervisor de vendas. Claro que nesse caso o colaborador tinha perfil de liderança, pois, além de ajudar a equipe, também tinha o carisma, a confiança e o respeito de todos. Mas o ponto é: será que esse vendedor que gosta de ajudar não precisa de uma oportunidade? Como gestores, devemos estar atentos e dispostos a alimentar o crescimento de nossos colaboradores."

Luciano Moraes

"Estamos passando por uma experiência positiva nesse sentido. Temos um programa intenso de treinamento sobre técnicas de vendas e atendimento, mas nosso desejo era que os novos vendedores aprendessem, além das técnicas, os macetes que apenas os mais experientes possuem e podem transmitir.

Com isso em mente, desenvolvemos o programa 'Vendedor Elite', que visa reconhecer os melhores vendedores e remunerá-los pelo desempenho apresentado. O programa estabelece algumas regras que devem ser cumpridas pelos profissionais de vendas. Após cumpri-las, aqueles de alta performance recebem o status de Vendedores Elite e são remunerados financeiramente, com prêmios extras de acordo com o desempenho. Com o objetivo de desenvolvermos os novos, os Vendedores Elite são motivados a adotarem novos profissionais de vendas, a ensinarem o que sabem e como utilizam isso no momento da venda e a transformarem esses profissionais também em Vendedores Elite. Quando o vendedor treinado alcança o status de elite, o Vendedor Elite que ajudou esse profissional de vendas a chegar lá é remunerado com um prêmio extra. Todo mundo ganha.

Desde que foi implementado, o programa vem apresentando resultados muito positivos e todos ficam animados pelas conquistas. Até o momento não presenciamos perda alguma, somente muitos ganhos! A equipe é mais unida, o desenvolvimento dos profissionais de vendas é visível e o faturamento continua subindo. Portanto, ajudar outros vendedores vale a pena, sim, e muito!"

André Pinheiro de Freitas

Comentário do especialista

"Vale a pena ajudar, mas há uma diferença entre ajudar e ser usado. Não perceber que está sendo usado é uma deficiência e, muitas vezes, a pessoa que está sendo usada não percebe isso, porque o ego entra no processo. Não se pode ajudar para parecer um indivíduo bom nem para beneficiar a si próprio. Se a pessoa está muito envaidecida com aquela ação dela, ou seja, se está ajudando alguém e começa a ficar muito orgulhosa disso, ela tem grande chance de ser usada. E essa é uma questão de autoconhecimento.

A melhor maneira de passar o conhecimento é com exemplos. O discurso vale muito pouco quando comparado com uma ação completa. A vantagem de ajudar outras pessoas é adquirir uma energia positiva, gerar uma química, que fará que tudo fique mais fácil mais para frente. Há um processo químico, elétrico em nossas células, que, diante de uma sensação de ajuda que damos a alguém, gera horas de bem-estar e elimina uma série de dificuldades.

A gerência até pode interferir nesse processo, tornando o ambiente mais colaborativo, mas não há uma obrigatoriedade. Quando o clima organizacional é propício para a confiança, a colaboração entre as pessoas acontece naturalmente. E esse clima é determinado pela cultura e pelas atitudes das lideranças da empresa e pela forma como os erros são tratados. O erro pode ser uma grande fonte de aprendizado para qualquer organização, como também pode ser uma grande fonte de estresse."

Osório Roberto dos Santos, psicanalista e consultor de empresas

6 motivos mais comuns pelos quais vendedores perdem negócios e deixam de atingir suas metas!

Por Raúl Candeloro

Todos nós trabalhamos muito e fazemos o melhor possível para fechar vendas e satisfazer nossos clientes, mas, ocasionalmente, falhamos. Aí, quando paramos para refletir sobre uma venda perdida, normalmente surgem algumas dúvidas, como: “eu achei que tinha feito tudo certo. O que será que deu errado?”.

Isso acontece porque o que é insignificante para o vendedor pode ser muito importante para o cliente — e um pequeno detalhe é capaz de matar o negócio. Pense nos atletas olímpicos: muitas vezes, a diferença entre a medalha de ouro e o quinto colocado é menos de um décimo de segundo.

Confira alguns “inimigos” comuns que atacam até mesmo os melhores profissionais de vendas, organizados pela especialista norte-americana Andrea Nierenberg, presidente do The Nierenberg Group, e também algumas dicas para reconhecê-los antes que ataquem:

1. **Ego —** O ego é a parte fundamental da personalidade do vendedor, com reflexos imensos sobre sua autoestima. Por isso, ele deve ser controlado, especialmente quando o cliente não tem um ego tão forte quanto o seu. Nesses casos, é importante usar eficazmente suas técnicas de persuasão, porém de forma sutil, para que o consumidor não o veja como alguém excessivamente agressivo, ou seja, tem de parecer que é ele quem está no controle, embora não seja. Mas como se faz isso? Basta concordar com o cliente sempre que puder, mesmo que ele esteja enganado, por exemplo: o cliente pode usar um produto do concorrente que não esteja atendendo às suas necessidades. Se criticar seu concorrente, estará indiretamente insultando o cliente. Afinal, se ele comprou aquilo, é porque acredita que realmente fez uma boa escolha. O seu objetivo é ajudá-lo a tomar uma decisão melhor, ou seja, comprar o que você vende.

Ao concordar, você indica que está disposto a ouvir. Seja paciente e, com certeza, aparecerá um bom momento para fazer um questionamento e se posicionar melhor. Nessas situações, as perguntas mais adequadas são aquelas que abrem as portas para você, como: “que características ou benefícios extras gostaria que esse produto/serviço oferecesse?”. Lembre-se de que a tendência natural é seu ego se meter e querer negociar imediatamente — e, muitas vezes, as mesmas coisas de sempre: preço, prazo, qualidade etc. Entretanto, talvez não seja isso o que realmente importe para o cliente. Você já deve estar cansado de ouvir que o cliente está sempre certo. Se quiser vender, coloque seu ego de lado e deixe que o consumidor tenha razão.

2. **Impaciência** — Todos nós temos clientes que não retornam nossas ligações. E isso pode ser muito frustrante, especialmente quando você realmente acredita no que está vendendo e na necessidade de o cliente comprar algo para melhorar sua vida/negócios. Mas será que se impacientar é a melhor estratégia nessas situações? É claro que não. O que está acontecendo é que você oferece seu produto/serviço sem um "fusível". Caso seus clientes achem que podem "enrolar" para sempre até você decidir alguma coisa, com certeza o farão. Portanto, é sua obrigação dar a eles uma razão bem clara para retornarem suas ligações dentro de um limite de tempo — antes que o "fusível queime".

   Veja alguns exemplos de "frases fusíveis":

   - Desconto por um certo período de tempo.
   - Treinamento especial ou garantia por 90 dias.
   - Bônus, ofertas e-speciais, entre outros.

Seja o que for que você faça, seus fusíveis têm de ser 100% reais. Do contrário, os clientes saberão que aquilo é só um truque para pegá-los. A honestidade é outra forma de lidar com as chamadas não retornadas. Diga sempre aos seus consumidores que fará um *follow-up* depois de algum tempo e lembre-se também de perguntar: "qual é a melhor forma de contatá-lo?".

Você ficará espantado com as coisas que descobrirá usando essa simples pergunta, pois alguns clientes mostrarão claramente que não querem comprar, já outros irão explicar como funciona o processo da venda, dando dicas preciosas que podem ajudá-lo ainda mais a fechar o negócio, como: "precisamos decidir isso até semana que vem. Quando poderá me enviar o orçamento?". Se não tivesse perguntado, talvez o enviasse tarde demais.

3. **Preconceitos em relação à forma de pensar do cliente** — Imaginar significa perder. É sempre melhor clarificar o que o cliente realmente quer e como deseja que seja entregue. Quando você está preparando uma proposta, depois de uma reunião, por exemplo, talvez surja a necessidade de fazer mais perguntas. Ao fazer isso, comece a ligação explicando ao cliente que está preparando a proposta e gostaria de ter certeza sobre suas necessidades específicas.

Assim, você poderá também descobrir algumas coisas que o consumidor não falou antes. Se o telefone não puder ser utilizado por algum motivo, envie um fax com os questionamentos e peça a ele para respondê-los.

4. **Níveis de formalidade** — Muitas vezes, surge esta dúvida: como se dirigir a alguém com quem queremos fazer negócios? Nesses casos, minha regra de ouro é usar senhor ou senhora nos primeiros contatos — deixe que o próprio cliente indique como quer ser tratado. Às vezes, pelo próprio jeito da pessoa, você sentirá que é estranho tratar alguém informalmente. Além disso, vários estudos comprovam que, na dúvida, é melhor errar para o lado formal.

5. **Falar sobre coisas que não interessam ao cliente** — Evite sair pela tangente. Não assuma que o consumidor vai se interessar pelas mesmas coisas que são importantes para você, por exemplo: vamos supor que venda serviços gráficos. Talvez, ache muito interessante que 78% do papel usado seja reciclado ou que a tinta seja produzida usando uma planta da Indonésia. Mas será que isso realmente interessa para o cliente? Provavelmente, tudo o que ele quer é um bom trabalho, entregue na data combinada e por um preço justo. Outro erro comum é começar a bater papo com uma pessoa apressada, que quer resolver tudo na hora, ou o contrário: começar a vender imediatamente para alguém que precisa se "soltar" um pouco antes. Aqui, não existem regras fixas, cada caso é um caso, já que seus clientes são diferentes uns dos outros. Use o bom-senso!

6. **Não entender o ponto de vista do cliente** — Falhar em enxergar as coisas pelo lado do consumidor vai provocar estragos frequentes nos resultados de qualquer vendedor. Seu objetivo é ouvi-lo, é estar sempre pronto para atendê-lo. Fazer perguntas do tipo: "o que é importante para você neste produto ou serviço?", pode encurtar a conversa e redirecionar as coisas para um lado mais produtivo. Descobrir o mais rápido possível o ponto de vista do cliente pode ajudá-lo muito. Quando você está escutando, está aprendendo. Mas, quando está falando, está ouvindo coisas que já sabe. Por isso, ouvimos tantas vezes em vendas que temos dois ouvidos, mas apenas uma boca.

Resumindo: segundo Andrea Nierenberg, o pior inimigo de um vendedor é ele mesmo. Todo profissional de vendas que manter seu ego sob controle, ouvir pacientemente seus clientes e der a atenção que eles merecem certamente vencerá um número muito maior de batalhas.

1/Meta/PCX

Por Raúl Candeloro

De vez em quando, topamos com alguma frase ou ideia e ficamos com uma certa frustração por não termos pensado nela. Sinto isso toda vez que me lembro da expressão "curva do desespero", criada pelo meu amigo Marcelo Caetano para descrever o processo pelo qual muitos vendedores passam no fim do mês, faltando quatro ou cinco dias para bater a meta.

Sempre defendi que em vendas temos de trabalhar com rédea curta. Não existe um mês ruim em vendas — existem quatro semanas dentro do mês e, para que ele seja ruim, elas também têm de ser. Não há semana ruim — uma semana tem pelo menos cinco dias úteis e todos têm de ser ruins, na média, para que ela não seja boa. Assim como não existe um dia ruim, pois ele tem pelo menos oito horas úteis e todas têm de ser ruins, na média, para que o dia seja negativo, e assim por diante.

A verdade é que, a partir do momento em que o vendedor acorda, o taxímetro começa a rodar. Outro grande amigo meu, Eduardo Botelho (já falecido), dizia que todo vendedor acorda desempregado e, no decorrer do dia, irá mostrar se merece ou não continuar empregado. Não é à toa que nem todo mundo aguenta a pressão de trabalhar com vendas.

Cada dia representa 5% da nossa meta. Esse é o grande resumo da história. Se em todos os dias conseguir 5% da meta, você será um grande campeão de vendas. Claro que em vendas de ciclo mais longo existe uma diferença maior, mas não muita. Não se engane. Muita gente que trabalha com ciclo mais longo de vendas geralmente o utiliza como desculpa (normalmente, são os que têm resultados medíocres e erráticos, cheios de altos e baixos). A diferença é que, no ciclo de venda mais longo, provavelmente, vamos nos concentrar mais nas atividades que nos resultados. No entanto, um dia continua sendo 5% da meta e, se ele passar, passou.

Por tudo isso, criei o que chamei de 1/Meta/PCX. Cansei de chegar a workshops, pedir para que a equipe de vendas explicasse como faria para melhorar seus resultados e ouvir todo mundo responder coisas do tipo: “vou atender melhor os clientes” ou “vou visitar mais”. E o pior, com o gerente do lado, geralmente sorrindo orgulhoso, como quem diz: “olha aí, que beleza de time tenho... vai atender melhor e visitar mais”.

Quando pergunto o básico: “quer dizer que hoje não estão atendendo bem nem visitando tudo que deviam?”, começa uma lenga-lenga interminável e triste de se ver. Afinal, o que é atender melhor? Você pede para que 15 vendedores coloquem no papel o que isso significa e todos respondem coisas diferentes. E a parte de visitar mais? Quem e por que vai ser visitado? Sobre o que falará? Quando e como vai acontecer a visita? Quantos novos clientes visitará? Qual será a venda média por visita? Silêncio total na sala, gerente com sorriso amarelo, constrangimento geral com o amadorismo evidente, que minutos antes não só era aceito como aplaudido. O que me leva novamente ao 1/Meta/PCX.

Antes de ir dormir, logo depois de acordar ou antes de sair de casa, o vendedor deve simplesmente anotar em um papel três coisas:

1. Qual é a coisa mais importante a fazer hoje?
2. Meta: qual é a minha meta de vendas para hoje?
3. PCX: quantos e quais prospects (P), clientes (C) e ex-clientes (X) devo contatar hoje?

Essa fórmula simples resolve vários problemas de planejamento e faz que o dia do vendedor seja no mínimo muito mais produtivo. Fazer uma única coisa importante por dia pode parecer pouco, mas são 22 no mês e mais de 250 no ano. Tenha certeza de que isso fará diferença em sua vida.

Da mesma forma, ter clara sua meta para o dia faz que se fuja da “curva do desespero” no fim do mês. Se eu não conseguir a meta por dois dias seguidos, com certeza começarei a correr atrás, mesmo que seja no começo do mês — rédea curta.

Para terminar, se me organizo em termos de prospects, clientes e ex-clientes, sempre trabalho meu funil de vendas, garantindo prospecções constantes, atendimento e pós-venda a clientes e, também, recuperação de ex-clientes. São três coisas fundamentais para qualquer um que queira ter sucesso consistente em vendas. Lembre-se de que, para fugir da "curva do desespero", o melhor é ter 1/Meta/PCX.

A Roda das Vendas

Por Raúl Candeloro

Elaborei uma ferramenta que pode lhe ser muito útil em todo começo de ano para desenvolver as habilidades de vendas da equipe comercial da sua empresa. Chama-se Roda das Vendas e é composta de habilidades essenciais para ser um bom vendedor.

A ideia é que essa ferramenta ajude você e sua equipe a mapearem suas competências, buscando pontos de melhoria e aperfeiçoando práticas entre a equipe.

Em uma escala de 0 a 10, cada vendedor deve se autoavaliar, justificando sua nota. Depois de completada a roda, escolhe-se um ou dois pontos prioritários para desenvolver como "tarefa de casa" para cada um dos envolvidos.

E quais são os pontos a analisar? Os nossos, já conhecidos, oito passos da venda:

1. Preparação e planejamento.
2. Prospecção de clientes.
3. Abordagem/contato.
4. Levantamento de necessidades/sondagem.
5. Proposta de valor.
6. Negociação.
7. Fechamento.
8. Pós-venda.

Ao responder essas perguntas simples, porém bastante objetivas, você terá um excelente mapa de situações a serem melhoradas. Cada vendedor saberá exatamente onde está e o que precisa aprimorar para alcançar uma graduação melhor.

E, como a Roda das Vendas é autoavaliativa e autoexplicativa, fica fácil estabelecer planos de melhoria, pois o próprio avaliado define o que precisa aperfeiçoar e como fazer isso.

Você pode aplicá-la a qualquer momento e, caso precise de ajuda, é só me avisar — é um workshop de quatro a seis horas que tenho pronto para lhe apresentar sempre que for necessário.

O início do ano é sempre uma excelente época do ano para planejar. E por que não aproveitar para planejar o que precisa melhorar nas suas atividades de venda?

DESAFIO 30

Criar um planejamento para fazer a maior venda de sua história na empresa

Etapa da venda

Preparação e planejamento

Definição

Superação, determinação, foco e ousadia. Esses são os quatro pontos que nos motivaram a criar um dos mais duros desafios deste livro.

Você está preparado para fazer a maior venda da sua carreira na empresa?

Sintoma

Um vendedor sem grandes metas, ambições e sonhos (para muitos inatingíveis) jamais sairá da zona de conforto. Vez ou outra poderá ser o campeão de vendas do mês, mas jamais será o mais respeitado, aquele que é bem-visto e admirado por todos. É por isso que fazemos questão de destacar: os desafios que você encara são do tamanho dos seus sonhos.

Descrição do desafio

Com base em sua maior venda até este momento (seja em volume, seja em valor financeiro), seu objetivo agora é bater seu próprio recorde, tendo como parâmetro um ganho de, pelo menos, 5% maior que seu recorde atual.

Nossas sugestões

Resgate as maiores vendas que fez ao longo de sua carreira na empresa (independentemente do tempo em que está em seu atual emprego) e procure encontrar semelhanças entre elas. A tabela a seguir irá ajudá-lo a, talvez, encontrar a fórmula das grandes vendas:

AS 5 MAIORES VENDAS DE SUA CARREIRA

Venda	O que foi vendido?	Qual foi o valor da venda?	Quem comprou?	A que você credita o sucesso da venda?	O que o cliente disse após assinar o contrato?	Qual é a lição que ficou e que você pode utilizar neste desafio?
1ª maior venda						
2ª maior venda						
3ª maior venda						
4ª maior venda						
5ª maior venda						

Comprovação

ANTES DO DESAFIO

Data de início: ____ /____ /____

Quanto tempo faz que realizou sua maior venda?

____

DEPOIS DO DESAFIO

Data de conclusão: ____ /____ /____

Quais foram as estratégias que adotou para superar seu recorde?

____

____

____

De que forma as lições trazidas das vendas anteriores o ajudaram a superar este desafio?

____

____

Caso tenha cumprido o desafio, registre aqui o nome do cliente e o seu valor recorde:

____

A que você atribui o sucesso ou o fracasso deste desafio?

____

____

A GRANDE LIÇÃO

Com base na experiência que você teve com este desafio, registre aqui quais foram as grandes lições das suas maiores vendas e de que forma pode utilizá-las para superar seu recorde novamente.

____

____

____

____

____

____

FERRAMENTAS

As 10 melhores estratégias para fechar grandes vendas

Por Raúl Candeloro

Para aqueles que já chegaram ao seleto grupo do topo e para todos aqueles que querem chegar lá em breve, com suas polpudas comissões, convidamos Lisa e Hilton Johnson, fundadores da Sales Academy, para dar suas dicas na área das grandes vendas:

1. Faça que o processo da compra avance: pouquíssimos grandes negócios são fechados com apenas uma visita ou um telefonema. Decida com antecedência quais ações quer que o prospect tome, para ter certeza de que o processo da venda está avançando.

2. Técnicas de venda tradicionais não funcionam: é um erro, por exemplo, usar a técnica das alternativas (vai levar azul ou amarelo?), pois existe uma boa probabilidade de que você seja "esmagado". Aliás, se o cliente estiver em um mau dia, é capaz que você seja jogado para fora do seu escritório.

3. Não apresente; entreviste: grandes vendas giram em torno dos problemas do comprador. Você precisa de um arsenal de questões já determinadas com antecedência, pois, somente quando os problemas vêm à superfície, é que você pode analisá-los. Se não pode resolver os problemas dele, por que ele lhe daria atenção?

4. Procure as feridas mais profundas: oferecer-se rápido demais para resolver os problemas do cliente pode funcionar contra você. Aprofunde-se o máximo possível, descobrindo as consequências, se os problemas dele não forem resolvidos. Você faz isso com perguntas como: "quanto

tempo/produção/dinheiro está sendo perdido(a) por causa do jeito que as coisas funcionam hoje?".

5. Deixe o prospect vender, e não você: faça "perguntas de solução", aquelas que permitem ao prospect explicar como o seu produto/serviço irá ajudar a resolver os problemas dele. Por exemplo: "quais seriam todos os benefícios para sua empresa se pudéssemos reduzir os custos desta operação em 10%?".

6. Ofereça benefícios, e não características: apresente as características quando o cliente expressar claramente que existem certas normas a serem seguidas. Lembre-se de deixar o prospect fazer a venda.

7. Faça que as pessoas com quem você fala transformem-se em seus representantes: a maioria das grandes vendas envolve muitas pessoas. E as decisões importantes são tomadas quando você não está presente. Ao fazer perguntas para aprofundar-se naquela realidade específica, você faz que os "influenciadores" descubram seus próprios problemas. Aí eles se transformam em "experts" e apresentam seus produtos ou serviços como a solução ideal para os problemas que eles acabaram de descobrir. Não é maravilhoso?

8. Nunca feche a venda: em vez disso, diga ou sugira ao cliente o que você espera que ele faça. Use estes três passos:

   - Assegure-se de ter cobertas as principais preocupações do cliente.
   - Faça um resumo das soluções do seu produto/serviço.
   - Sugira os passos apropriados a serem dados: marcar uma reunião com os principais decisores; fazer que números importantes, mas confidenciais, sejam repassados; ou simplesmente fechar a venda (diretamente, sem enrolar).

9. A maneira correta de fazer a demonstração: faça que o cliente lhe conte suas frustrações e depois decida resolver de maneira determinada aquela situação. Se conseguir fazer isso, basta simplesmente demonstrar como seu produto ou serviço resolve o problema, e o fechamento é quase automático.

10. Pratique com as vendas pequenas: pratique novas técnicas ou diferentes comportamentos em vendas pequenas. Não pratique com grandes

prospects, eles estão justamente procurando o seu ponto fraco, e a última coisa que você vai querer numa hora dessas é parecer um iniciante ou amador.

Alcançando grandes clientes

Por Raúl Candeloro

Ao longo destes mais de 18 anos, recebemos aqui na revista *VendaMais* muitas histórias e *cases* de vendas. Alguns relatando o sucesso, as conquistas, o reconhecimento por parte dos clientes etc., e outros falando das dificuldades, da solidão, do fracasso (e, às vezes, da volta por cima — ou não!).

Dos *cases* bem-sucedidos, retiramos lições e passamos aos nossos leitores. Já dos insucessos, tentamos entender seus porquês e os usamos como exemplos, também ensinando dicas e técnicas de como não passar por tais situações ou, quando passar, saber como resolvê-las.

Em meio a tantas histórias, situações de vendas, dificuldades e *cases*, sempre percebemos que aqueles que se autodenominam VENDEDORES de fato, que respiram a profissão e sentem orgulho de atuar nela, têm uma coisa em comum: a vontade de prosperar, de ir além, de alcançar excelência e conquistar grandes carteiras/clientes.

E, em homenagem a esses vendedores, decidimos trazer aqui algumas técnicas, retiradas do livro publicado pela M. Books *Alcançando excelência em vendas para grandes clientes*, de Neil Rackham, para você obter grandes vendas e manter fidelizados grandes clientes. Aproveite e presenteie a si mesmo usando-as no seu dia a dia e modificando sua atuação!

Desenvolva-se

Grandes vendas exigem estratégias especiais. Lembre-se, quanto maior o nível de complexidade da venda, maior também deve ser a sua preparação para tal e o conhecimento das fases da venda para passar por todas elas com êxito.

Então, se você quer mais sucesso, dinheiro no bolso e grandes clientes, mas não tem disposição para se autodesenvolver, esqueça! Continue no nível de clientes medianos, porque, se tentar passar para o próximo, fará parte do rol dos vendedores fracassados. Conhecer quais são as etapas pelas quais as pessoas envolvidas na venda — sejam elas decisoras, sejam influenciadoras, sejam agentes de compra, sejam comitês de avaliação — passam, o que desejam os clientes e como você pode ajudá-los é fundamental!

As etapas

Em vez de se focar nos passos da venda, sugerimos aqui uma estratégia diferente: você deve entender (e dominar!) quais são as fases pelas quais as pessoas envolvidas na compra passam durante o processo. Todo comprador passa por diferentes fases psicológicas que afetam como você deve formular sua estratégia para influenciá-lo na tomada de decisão. Três dessas fases, segundo Neil Rackham, acontecem antes da decisão e uma quarta ocorre depois que ela já foi tomada. Essas fases são visíveis até mesmo em vendas menores, mais simples, só que geralmente acabam quando concluída a compra.

1. **Reconhecimento de necessidades** — A primeira fase de uma decisão de compra começa quando a pessoa passa a reconhecer uma necessidade de mudança. Geralmente se inicia com uma insatisfação com os métodos, sistemas, produtos ou fornecedores existentes. Essa insatisfação vai crescendo até se tornar um ponto crítico e, quando a pessoa atinge um nível suficiente de necessidade ou urgência, decide finalmente mudar.

   Melhor estratégia: vendedores bem-sucedidos, nessa fase, descobrem qual é a insatisfação do cliente e desenvolvem essa insatisfação até que ela atinja o ponto crítico. Eles também fazem muito mais perguntas durante suas visitas de vendas, em vez de promoverem um monólogo durante a apresentação do produto, fazendo parecer que o cliente nem está ali (deve ser pelas técnicas retrógradas de oratória: "fixe um ponto na altura dos olhos na parede na sua frente e desatine a falar", e não por incompetência do vendedor, claro!).

2. **Avaliação de opções** — Depois que a insatisfação do cliente se intensificou ao ponto de ele tomar uma decisão de agir, ou seja, comprar um produto que elimine sua insatisfação, ele passa a avaliar opções e sua atenção se volta para fazer escolhas.

Melhor estratégia: nessa fase, a estratégia de venda mais eficaz é conhecer, influenciar e responder aos critérios de decisão do cliente. Logo, é muito importante que sua estratégia consiga diferenciar claramente seu produto ou serviço dos que a concorrência oferece.

Um erro muito comum nessa fase é os vendedores não perceberem que o cliente já mudou de estágio na venda, por exemplo, quando já reconheceu sua necessidade e o vendedor fica tentando fazer que ele a perceba, batendo na tecla de influenciar a insatisfação, em vez de mostrar no que o produto ou o serviço é melhor que o da concorrência e como pode solucionar o problema do cliente.

3. **Resolução de preocupações —** Após o cliente avaliar as alternativas concorrentes, a venda passa para a fase final. Aqui, surgem medos e preocupações de última hora que podem bloquear a decisão ou levar os clientes a reabrirem discussões com os concorrentes. É aqui que eles podem se sentir inseguros se estão tomando a decisão certa. E, se um cliente acha que está correndo risco, a estratégia de vendas deve levar isso em conta.

   Melhor estratégia: uma estratégia eficaz deve descobrir e ajudar a solucionar os riscos percebidos, e não pensar erroneamente que eles se resolvem sozinhos. Vendedores bem-sucedidos trabalham para descobrir e resolver os problemas que estão incomodando o cliente, mesmo que essas questões sejam desconfortáveis ou difíceis de discutir. Muitas vezes, aqui, a negociação se torna importante, pois o cliente pode querer negociar termos especiais para fechar o negócio. Mas cuidado, ela é uma ferramenta poderosa se usada sem cautela — nada de ceder demais, a ponto de a venda não ser um bom negócio para você.

4. **Implementação —** Chega até ser repetitivo falar, aliás, tratamos do assunto há 18 anos na revista *VendaMais*, mas é incrível a quantidade de vendedores que acha que a venda acaba depois de o cliente assinar o cheque ou passar o cartão, não sei se por preguiça ou ingenuidade/desconhecimento de técnicas de vendas. Mas o fato é que isso acontece — e muito. E, em grandes vendas, isso é requerido mais fortemente, a maioria delas envolve implementação, instalação, suporte pós-venda ou algum outro contato permanente com o cliente.

Melhor estratégia: dê todo o suporte de que o cliente precisa após a venda, mantenha-se em contato para saber qual é o resultado que ele vem obtendo com a aquisição e se precisa de mais alguma coisa. Ao fazer isso, certamente surgirão outras oportunidades de vendas.

"O.k. Como se fosse fácil colocar tudo isso em prática", você deve estar pensando. E não é mesmo, pelas experiências que tivemos, sabemos disso. Mas é compreender tudo isso, como o cliente se envolve com o nosso produto ou serviço e de que forma ele o ajuda, que torna a nossa carreira muito mais prazerosa e instigante, não é mesmo? Então, use essas técnicas, desenvolva-se, atenda com excelência e torne-se um VENDEDOR que alcança grandes clientes.

Como ser um mestre nas vendas complexas

Por Raúl Candeloro

Vendas complexas são aquelas que:

» Envolvem um processo longo de cultivo do cliente.

» Devem levar em conta um círculo de influência, que opina no processo de decisão.

» Tem produtos ou serviços cujos benefícios/características/funções precisam de verificação técnica.

» Geralmente, tem um valor elevado.

Jeff Thull, presidente da Prime Resource Group e consultor especializado no assunto, escreveu um livro que se chama *Mastering the complex sale*, ou seja, como se tornar um mestre em vendas complexas (o livro ainda não tem tradução para o português).

O livro traz dez dicas simples, mas muito eficazes, que podem ajudar até mesmo quem não trabalha com esse tipo de venda a melhorar seus resultados.

Vamos ver, então, como fazer para tornar-se um mestre em vendas complexas:

1. **Nem toda venda é boa.** De acordo com Jeff Thull, podemos dizer que cerca de 35% das vendas efetuadas são de má qualidade. De uma forma ou de outra, deixam o cliente desapontado ou custam mais para a empresa do que realmente deveriam, baixando consideravelmente a margem de lucro.

   Muitas vezes, os vendedores estão tão preocupados em atingir metas e fechar vendas que não se interessam se a venda foi boa para a empresa ou para o cliente.

   Mas um bom vendedor tem plena consciência de que, se o negócio não for bom para todos os envolvidos — vendedor, cliente e empresa —, ele não deveria ser realizado. Ou seja, um vendedor não tem apenas de aprender a lidar com o "não" dos clientes, mas precisa também aprender a dizer "não". Ao fazer isso, vendedores podem não fechar algumas vendas em curto prazo, mas acabam criando oportunidades e possibilidades muito maiores de sucesso no futuro.

2. **Sucessos espetaculares geralmente acontecem com apresentações nada espetaculares.** Se você ler muitos livros sobre vendas ou assistir a algumas palestras motivacionais, começará a achar que o vendedor deve ter uma apresentação espetacular, um superscript, uma oratória perfeita etc. Não é nada disso, na verdade. Se você acompanhar seus campeões de vendas, notará que fazem o feijão com arroz muito bem. Pode até chamar de feijoada, se preferir — mas continua sendo o feijão com arroz. Eles se preparam antes de ligar ou visitar um cliente, prestam atenção no que o cliente diz para poder argumentar melhor, preocupam-se em cumprir o que foi prometido e com a satisfação do cliente.

   Ou seja, se você realmente quiser vender mais, é muito melhor dedicar seu tempo para entender a realidade do cliente, quais são suas necessidades, seus anseios e como o produto ou serviço que você vende pode ajudá-lo a resolver esse problema. Se, depois de tudo isso, você ainda quiser ser criativo, ótimo. Mas primeiro garanta o feijão com arroz bem-feito.

3. **Não deixe o cliente fazer um autodiagnóstico.** Você não vai ao médico para dizer a ele o que tem e qual remédio precisa tomar. Vai lá porque o especialista é ele e quer uma opinião de confiança. Com o bom vendedor é a mesma coisa. Isso não significa que o cliente não seja inteligente — significa apenas que o *expert* é você.

   A maioria dos clientes não passa o dia inteiro envolvido com seu produto/serviço do jeito que você passa. Muitas vezes, em vendas complexas ou em produtos e serviços de valor mais alto, uma compra acontece uma vez por ano — às vezes, até mais.

   Por outro lado, bons vendedores conhecem todo tipo de cliente, dezenas de formas como seus produtos ou serviços são utilizados, as dúvidas e até mesmo preconceitos mais comuns etc. Um vendedor realmente profissional assume a iniciativa com uma postura clara de consultor e especialista.

4. **Você tem concorrentes — ou seja, seus clientes possuem opções.** Quando você estiver com seus clientes, não se refira aos concorrentes como "concorrentes", fazendo perguntas do tipo: "com quais dos nossos concorrentes você já conversou?".

   Esse tipo de frase passa uma imagem já desgastada do vendedor e faz parecer que você está mais preocupado com o concorrente do que com ele, o cliente. Um exemplo de pergunta melhor seria: "quais são as outras opções que você está considerando? Por quê?". Assim, você descobre o que realmente interessa, que é o que o cliente está pensando.

5. **Nunca peça para o cliente comprar.** Se você tem de fazer isso, alguma coisa aconteceu — e é culpa sua. Se você fez o diagnóstico corretamente e o cliente reconheceu que seu produto ou serviço resolve o problema dele, o fechamento deveria ser apenas mais um passo natural de um processo benfeito. Técnicas de fechamento são quase desnecessárias quando o cliente entende que o que está comprando é realmente a melhor opção e a melhor relação custo-benefício.

6. **Credibilidade se conquista fazendo perguntas, não contando histórias.** Todo prospect espera que o vendedor fale bem do seu produto ou serviço, da sua empresa etc. Ou seja, o cliente "filtra" tudo que o vendedor fala e, muitas vezes, nem leva a sério.

O que realmente diferencia um vendedor são as perguntas inteligentes que ele faz. Perguntas inteligentes fazem o cliente pensar e ajudam você a entender melhor sua situação. O resultado de uma conversa com perguntas inteligentes é que tanto a venda quanto o relacionamento ganham em qualidade.

Quando um cliente escuta um vendedor fazendo perguntas inteligentes, logo compreende que está na frente de alguém que entende do que está falando — ou seja, um consultor que é *expert* na área. Daí a importância de fazer perguntas inteligentes — e prestar atenção nas respostas.

7. **Esteja sempre de saída.** Infelizmente, a maioria dos clientes já teve experiências desagradáveis com vendedores inconvenientes que não aceitam um "não" como resposta. Muitos vendedores costumam confundir persistência com inconveniência.

   É uma diferença sutil, mas importante, que diferencia os vendedores campeões do restante. Ao aceitar o ponto do vista do cliente, a tensão entre vendedor e cliente diminui drasticamente. Deixa de ser uma relação de adversários para ser uma relação de cooperação.

   Assim, mesmo que o cliente não compre agora, ficará com uma boa impressão e deixará a porta aberta para (quem sabe?) comprar no futuro.

8. **Não se envolva emocionalmente.** Vendedores não devem ter problemas — quem têm problemas são os clientes. Um vendedor profissional trabalha de forma metódica e objetiva, para entender os desafios que o cliente enfrenta e ajudá-lo a resolvê-los.

   Muitos vendedores, com foco apenas nas necessidades próprias (fechar a venda, receber a comissão, atingir a meta) parecem "esfomeados", como se o mundo do cliente girasse ao redor de suas necessidades, e não o contrário. A ideia é chegar a um acordo que seja mutuamente benéfico.

   Vendedores que deixam suas necessidades emocionais influenciarem o processo da venda acabam sempre oferecendo soluções inadequadas (às vezes, até mais caras ou desnecessariamente complexas).

   Pode ser que, em curto prazo, uma venda maior seja feita — mas, se o cliente não ficar satisfeito, não comprará no futuro nem indicará sua empresa para outros interessados.

9. **Clientes raramente dizem a verdade — pelo menos no começo.** Aprendemos a ter cuidado com o que dizemos muito cedo. Muitas vezes, ser 100% sincero pode trazer consequências negativas.

   É preciso que o cliente tenha muita confiança no vendedor para realmente “se abrir”. Um bom vendedor deve entender isso e investir no cultivo do relacionamento. Isso leva tempo, mas é fundamental em todo tipo de venda, principalmente nas mais complexas e de ciclo mais longo.

10. **Você não pode vender para um grupo.** Uma receita garantida de fracasso é fazer uma apresentação para um grupo, sem antes ter identificado e respondido às perspectivas mais importantes de cada indivíduo.

Ao fazer uma apresentação para um grupo, não deveriam existir surpresas para ninguém. A apresentação deveria ser uma recapitulação organizada de tudo que foi conversado com cada um. Isso não apenas faz que todos entendam o impacto da decisão na sua vida, no seu trabalho, mas também faz que você tenha o apoio silencioso de todos.

Afinal de contas, você estará apenas repetindo coisas com que todos já concordaram antes. Assim, sua apresentação deveria ser apenas uma mera formalidade antes de fechar a venda — o passo final que mostra que você entende perfeitamente a situação, as necessidades de cada um e que sua solução responde de maneira ideal a tudo isso.

Note que todos esses passos para lidar com vendas complexas são, na verdade, simples. É isto o que o cliente realmente quer: simplicidade.

Vendedores e empresas que conseguem simplificar e agilizar os assuntos mais complexos são os que acabam sempre tendo a lealdade e fidelidade dos clientes.

Mentalidade milionária ou mentalidade pobre?

Por Raúl Candeloro

Sempre gostei de dinheiro. Quando criança, colecionava moedas, notas e selos esperando que um dia se valorizassem. Quando me perguntavam o que queria ser quando crescesse, sempre respondia: "milionário", o que irritava profundamente meu pai, que dizia que eu precisava escolher uma profissão primeiro, ser bom nela e aí, sim, seria milionário.

Não sabia bem responder por que queria ser milionário. Parecia muito legal ter dinheiro, por que não então ser milionário? Como disse Woody Allen, "é melhor ser rico do que pobre, nem que seja somente por questões financeiras". A melhor coisa de ter dinheiro é não ter que se preocupar com a falta dele.

A verdade é que o dinheiro faz parte da vida, mas raramente se fala sobre ele. Não se fala de dinheiro na escola, o que acho um erro tremendo (basta ver uma pesquisa recente que mostra que mais de 60% dos brasileiros não sabem quanto de juros pagam em uma compra parcelada). Os pais raramente ensinam os filhos a lidar com o dinheiro. Em alguns grupos sociais, o dinheiro é visto como "sujo", algo muito próximo do pecado e do mal. E também algumas posturas, francamente hipócritas, quando se critica o dinheiro em público, mas nos bastidores faz-se de tudo para tê-lo.

Tudo isso faz que parte do nosso dia a dia seja tão mal compreendido. Basta ver como a questão "dinheiro" é muitas vezes a maior fonte de conflitos em casamentos. Uma das primeiras coisas que as pessoas precisam começar a entender é o modelo mental que nos criaram quando crianças. Relembre a atitude de seus pais e de sua família em relação ao dinheiro. Crescendo nesse ambiente, você acha que foi condicionado para o sucesso, para a mediocridade ou para o fracasso financeiro?

Esse condicionamento influencia de maneira dramática o que significa dinheiro na sua vida. Status? Liberdade? Prazer? Segurança? Sucesso? Esse tipo de programação mental também leva você a tomar outras decisões importantes. Por exemplo, você foi condicionado a gastar, a guardar ou a investir dinheiro? A ter uma renda alta, média ou baixa? Qual destes pensamentos reflete melhor o que pensa sua família: quando tiver dinheiro, vou administrá-lo melhor ou, quando administrá-lo melhor, vou ter mais dinheiro?

Isso é muito importante em vendas, porque já encontrei dezenas de situações em que vendedores subutilizavam todo o seu potencial ou as oportunidades que tinham para vender mais. É muito comum encontrar vendedores que batem a meta no dia 25 e param de vender, atingem um patamar de comissões ou rendimento e param de vender, mesmo tendo potencial para vender duas ou três vezes mais, só que se acomodam.

O que determina isso é, na maioria das vezes, um modelo mental. As pessoas têm uma área de conforto mental em relação ao sucesso financeiro e, se saem dele, para cima ou para baixo, fazem de tudo para voltar ao estado de conforto. Se a pessoa está confortável e feliz com mil reais por mês, pode ter certeza de que é por ali que vai encontrá-la. É o que Harv Eker, autor de *Os segredos da mente milionária*, chama de "termostato mental".

A mesma coisa acontece com o sucesso. Quando você vê o sucesso dos outros, isso o motiva ou desmotiva? Cansei de receber e-mails de líderes que não querem fazer campanhas de vendas e premiar os melhores, porque isso pode desmotivar o restante. É a meritocracia de cabeça para baixo: não vamos falar dos bons, porque os ruins podem se magoar. E acontece todos os dias! Como diz Eker em seu livro, "pessoas de mentalidade pobre ressentem-se com a riqueza e o sucesso dos outros. Pessoas de mentalidade rica admiram outras pessoas ricas e bem-sucedidas".

APÊNDICE

Lista de autores, matérias e artigos publicados

André Silva

- 8 maneiras de vender valor para seus clientes

André Santos

- O que é melhor: prospectar por telefone ou visitar pessoalmente?

Antônio Carlos Cavalcanti

- Vamos reativar clientes!

Beatriz Teixeira de Freitas

- Poder do testemunhal para aumentar a sua credibilidade

Brasílio Andrade Neto

- 13 desculpas em vendas
- 66 coisas que você tem de saber sobre seus clientes
- Clientes e concorrentes

Carlos Alberto Júlio

- Trate seus clientes como eles querem ser tratados

César Frazão

- Meu cliente comprou de mim e ficou decepcionado. E, agora, o que eu faço?
- Recupere seus clientes inativos!

Cláudio Queiroz

- Decifra-me ou te ignoro

Conrado Navarro

- Onde investir seu dinheiro?

Fabiano Brum

- Venda adicional — a verdadeira venda

Fernando Lucena

- Vai um adicional aí?

João Alberto Costenaro

- Adicionar valor, e não preço
- As 4 chaves de decisão de compra do cliente
- Perguntas são essenciais
- Quando o cliente não deixa claras suas necessidades...

João Baptista Vilhena

- De quem é a culpa?
- O que é necessário aprender para ter sucesso em vendas?
- O que os clientes compram?
- Qual é a melhor hora para falar o preço?
- Você conhece seus clientes?

José Teofilo Neto

- Recuperação de inativos: do planejamento à execução

Luis Paulo Luppa

- Prospecção à la Pit Bull
- Conhecendo a concorrência

Marcelo Caetano

- O que você sabe sobre o cliente que não compra?
- Você sabe quanto gasta de desconto por ano?

Marcelo Ortega

- 5 formas de agir quando sobram clientes e falta tempo
- Mix de produtos

Paulo Ferreira

- Como organizar e gerenciar uma carteira de clientes
- Vamos reativar clientes!

Raúl Candeloro

- 1/Meta/PCX
- 11 lições que os maiores vendedores usam para aprender e continuar motivados
- 12 passos para o sucesso
- 20 ações para agradar seus clientes
- 4 formas de aumentar o valor médio de compra
- 4 motivos pelos quais os clientes dizem "está caro", e o que fazer
- 5 passos para prospectar
- 5 perguntas básicas para melhorar a performance
- 6 motivos mais comuns pelos quais vendedores perdem negócios — e deixam de atingir suas metas!
- A Curva ABC de clientes
- A pergunta definitiva
- A Roda das Vendas
- Acompanha batata frita?
- Administração do tempo para vendedores
- Alcançando grandes clientes
- Aprendendo a aprender
- As 10 melhores estratégias para fechar grandes vendas
- As 12 leis do atendimento pós-venda
- Como lidar com objeções ao preço
- Como ser um mestre nas vendas complexas
- Como você quer gerenciar o seu trabalho — e levar a sua vida
- Mentalidade milionária ou mentalidade pobre?

- Motivadores de compra
- Não está na hora de aumentar seus preços?
- O poder do foco
- O que você vai parar de fazer este ano?
- Pensando como o cliente
- Seja a melhor indicação dos seus clientes
- Será que seus clientes o recomendam? (Colaboração: Evelise Toporoski)
- SPIN® Selling
- Sua empresa é uma máquina de recomendações?

Sandra Camelier

- Clientes inativos: Parte do problema ou da solução?
- E-mail marketing: teste o que mais importa e aumente as suas vendas
- Por que cartas vendem tão bem?

Silvia Campos

- Negociações mais tranquilas, apenas fazendo *follow-up*
- Negociando por e-mail
- O preço nunca é tudo numa negociação

Redação Liderança

- 5W2H (Colaboração: Cione dos Santos)
- Até quando sua empresa será igual às outras? (Por Cristiane Dias)
- Você sabe o que é a estratégia do Oceano Azul?

Redação VendaMais

- Ajudar outros vendedores: vale a pena? (Por Larissa Moutinho)
- Aumente sua presença no bolso de seu cliente (Por Cleverson Uliana e Karen Jardzwski)
- Carta de um cliente insatisfeito
- Ciclo PDCA — Aprenda a utilizar essa ferramenta e aumente suas vendas!
- Como enriquecer vendendo (Por Cleverson Uliana — Colaboração: Felipe Vanini e Marco Aurélio Marcondes)

- Estratégias para driblar a concorrência (Por Brasílio Andrade Neto, Cleverson Uliana e Karen Jardzwskii)
- Faça da lealdade sua estratégia (Por Cleverson Uliana — Colaboração: Andreza Agibert e Marco Aurélio Marcondes)
- Lidando com consumidores furiosos
- Net Promoter Score — A ferramenta que mede o índice de satisfação do cliente (Colaboração: Brasílio Andrade Neto, Jennifer Santos e Mateus Redivo)
- O diário de um cliente que queria comprar e o de um vendedor que fez de tudo para não vender (Por Larissa Moutinho com a colaboração de especialistas)
- Organização e planejamento
- Passos da Venda — O caminho para o sucesso (Por Cleverson Uliana — Colaboração: Marco Aurélio Marcondes e Natasha Schiebel)
- Plano de visitas (Por Pauline Machado)
- Recuperação de clientes inativos (Por Cleverson Uliana)
- Sim, você pode parar de dar descontos
- Vale a pena "demitir" clientes? (Por Larissa Moutinho)
- Venda relacional (Por Brasílio Andrade Neto e Karen Jardzwski)

Nota dos autores: os textos de artigos e matérias publicadas neste livro foram extraídos das revistas da Editora Quantum. Neste sentido, é possível que pessoas e empresas citadas nos textos possam ter mudado de empresa ou de cargo e as empresas possam ter mudado de nome ou site na internet.

Impresso na Rotaplan Gráfica e Editora LTDA
www.rotaplangrafica.com.br
Tel.: 21-2201-1444